Walther Rohdich

„Siehe, ein Mensch“: Jesus
Versuch einer Lebensbeschreibung

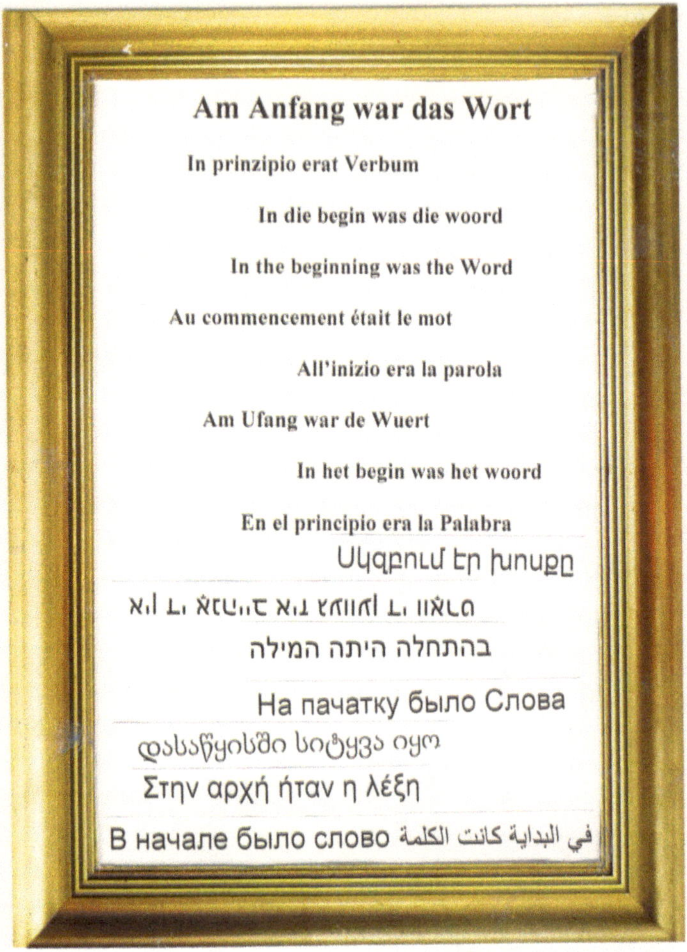
Am Anfang war das Wort
In prinzipio erat Verbum
In die begin was die woord
In the beginning was the Word
Au commencement était le mot
All'inizio era la parola
Am Ufang war de Wuert
In het begin was het woord
En el principio era la Palabra
Սկզբում էր խոսքը
בהתחלה היתה המילה
На пачатку было Слова
დასაწყისში სიტყვა იყო
Στην αρχή ήταν η λέξη
В начале было слово في البداية كانت الكلمة

W a l t h e r   R o h d i c h

„Siehe, ein Mensch“: Jesus

Versuch einer Lebensbeschreibung

Bibliografische Information der Deutschen Nationalbibliothek:
Die Deutsche Nationalbibliothek verzeichnet diese Publikation in der Deutschen Nationalbibliografie; detaillierte bibliografische Daten sind im Internet über http://portal.dnb.de abrufbar.

ISBN 978-3-96103-531-1

www.rediroma-verlag.de
14,95 Euro (D)

Inhaltsverzeichnis

Teil eins

Kindheit

Jugendzeit

Wanderzeit

Unser Titel

„Siehe ein Mensch - Ecce homo“ soll Roms Statthalter Pontius Pilatus, über den wir noch einiges lesen oder hören werden, bei der Vorführung Jesu gerufen haben, Und zwar in dem Tonfall, den jedermann anzuschlagen versucht, wenn es heißen soll, „nur ein Mensch!“ Denn dieser Mann war ihm als „gefährlich für Rom und Judäa“ geschildert worden.

„Ecce homo“ heißt auf deutsch „Siehe ein Mensch!“ Wir haben uns die Mühe gemacht, diese zwei lateinischen Wörter in eine Reihe heutiger Sprachen zu übersetzen. Hier sind sie nach dem Alphabet geordnet.

Afrikaans	Hier is die man
Englisch	Behold the man
Französisch	Voici l‘homme
Isländisch	Sjáið manni-nn
Italienisch	ecco l‘uomo
Luxemburgisch	Kuckt de Mann
Niederländisch	Zie de mens
Polnisch	oto cztowiek
Spanisch	He aquíel hombre
Schwedisch	Se människan
Tschechisch	hle člověk
Türkisch	adami Hani
Ungarisch	ime az ember

Ein Lexikon empfiehlt den Deutschen, statt „Ekke“ lieber „Ek-ze“ auszusprechen. Die wörtliche Übersetzung aus dem griechischen Urtext lautet „Siehe, der Mensch“. Es gibt aber auch andere Übersetzungen, so wie unterschiedliche Übersetzungen der Bibel bestehen:

Sehet, welch ein Mensch.
Seht, da ist der Mensch.
Hier ist er, der Mensch.
Seht ihn euch an, diesen Menschen.
Da, seht ihn euch an, den Menschen.

Die ersten Darstellungen der Szene, wie Jesus dem Pilatus vorgeführt wird, stammen aus dem 9. und 10. Jahrhundert. Im Mittelalter fanden jene Darstellungen großes Interesse, die sein Leiden, seine Passion „zum Erbarmen“ hervorhoben. Es ist klar, dass seitdem alle Medien wetteiferten, in Bild und Ton Jesu Leiden darzustellen. Jesus Christus hat im Verlauf von 2.000 Jahren viele Namen erhalten, wir zählen nur die im Deutschen auf und folgen dem Alphabet: zweiter Adam, Alpha, Brot des Lebens, Sohn Davids, Ebenbild Gottes, Fürst des Lebens, Gesetzgeber, guter Hirte, Hohepriester, Knecht Gottes, König, Lamm Gottes, Lehrer, Licht, Meister, Menschensohn, Messias, Mittler, Morgenstern, Omega, Retter, Sohn Gottes.

Vorwort

Heute gibt es immer noch Buchautoren, die ihr Werk folgendermaßen, ein Beispiel dies nur, so anfangen lassen: „Man schrieb das Jahr 9 unserer Zeitrechnung, als Cheruskerfürst Arminius (Hermann) den Römer Quinctilius Varus in einer Schlacht im Teutoburger Wald besiegte...“
Was, werte Leserschaft, ist an dieser Formulierung falsch? Ganz einfach: Weder rechnete noch schrieb man damals so, denn es gab unsere Zeitrechnung, - man formuliert auch gern „nach Christi Geburt“ -, noch gar nicht und im Jahr 1 interessierte die Menschheit alles andere mehr und intensiver als die Geburt eines Knaben in Nazareth! Bleiben wir vorerst beim oben angeführten Datum. Wie errechneten die Römer, welche damals fast den ganzen Mittelmeerraum beherrschten, das Jahr 9 unserer heutigen Zeitrechnung. Sie, diese Römer, welche ja auch Jesu Heimat fest im Griff hielten, hatten ihre eigene Zeitrechnung, die sich ebenso auf Ungewissheiten stützte wie andere auch: Eine Jahreszählung „seit der Gründung Roms“, lateinisch *ab*

urbe condita – nur: Das Datum dieser Gründung war wissenschaftlich nicht bekannt.

Wir kommen noch einmal auf unsere ersten Zeilen zurück: Die Autoren sollten und können statt „man schrieb das Jahr...“ „Es geschah im Jahr 9 unserer Zeitrechnung“ oder „nach Jesu oder Christi Geburt“ schreiben. Wie man sich auch drehen oder wenden mag – dies ist die einfachste und verständlichste Methode, sonst hätte sie sich nicht eingebürgert. Zugleich löst sie ja auch das Problem, Ereignisse „vor Christi Geburt“ zu datieren: Indem man alle Daten „rückwärts“ zählt; das ist eine sehr praktische Erfindung! Man muss noch nicht einmal „vor“ oder „nach“ sagen und schreiben, wenn man mehrere Jahre, zum Beispiel bei einem Lebenslauf, angeben möchte. Zum Beispiel A.B. lebte von 100 bis 40 oder ein anderer A.B. von 100 bis 160. Und so sind wir beim Anfang angekommen: Jesus wurde im letzten vorchristlichen Jahr 1 gezeugt und im ersten nachchristlichen 1 geboren!

„Puer natus est“

Soll Maria, welche während ihrer Mädchenzeit Magd bei einem römischen Offizier gewesen ist, ihrem Ehemann Josef gesagt haben, als sie vom Bach zurückkam, wo sie entbunden hatte. Ein schreiendes, quiekendes Baby im wollenen Bündel in den Armen und selbst sehr glücklich aussehend: „Ein Junge ist geboren.“ Das geschah im Jahr 1 der Zeitrechnung, die noch Jahrhunderte brauchte, um eine Norm zu werden. Es ging alles langsam voran damals in Galiläa, zumal im 200-Seelen-Dorf Nazareth. Josef freute sich natürlich sehr, legte seine segnende Hand auf das kleine, noch feuchte Köpfchen, worauf das Kind sofort mit beseeltem Gesicht einschlief. Da bekam Josef Zeit, dem kleinen Jesus, - so hatten er und Maria sich schon vor Tagen auf den Namen geeinigt -, die hölzerne selbstgebaute Wiege mit Stroh auszustaffieren und ein Schaffell zum

Zudecken darüberzulegen. Maria legte Jesus in die Wiege, Josef deckte ihn fürsorglich zu, legte ein Mückennetz auf und befahl dem römischen Molosser Herschel, der ihm zugelaufen war, auf Kind und Mutter aufzupassen.
„Ich brauche nur einen sechsten Teil des Tages zum Ausruhen", sagte Maria und legte sich ins frische und duftende Grummetheu, das Josef in seiner Eigenschaft als Selbstversorger gestern eingeholt hatte. Sofort schlief Maria ein und begann ihre Vorstellungen und Erinnerungen zu träumen – während Herschel kein Auge von der Wiege ließ und Esel Asinus vom Heu aß. Auch er war der geborene Aufpasser und schrie sein I-A ins Morgenland, wenn sich ein Fremder oder etwas Fremdes dem Grundstück näherte.
„Jesus" ist die Kurzform des hebräischen Josua oder Jeschua und bedeutet Heilsbringer, Retter und Erlöser. Dieser Namensvorschlag kam von Maria, als sie Josef verkündete, „gesegneten Leibes zu sein". Lange hatten die beiden einfachen und grundehrlichen Eheleute auf Nachwuchs gewartet, - wie viele Ehepaare vor und nach ihnen -, und alles hier Unbeschreibliche versucht. Bis Maria, freilich stickum und klammheimlich, von einer Wunderfrau am See Genezareth hörte, die jede Intimität des Beischlafs zu kennen vorgab und gegen Zahlung von Naturalien preisgab.
„Soll ich dort mal hinwandern, Josef?"
Josef war nicht begeistert, seine junge und nach damaligen Ansichten auch attraktive Frau so mirnichtsdirnichts allein eine Tageswanderung nach Magdala machen zu lassen. Aber als Maria versicherte, sich als Leprakranke herzurichten und sagte, „dass Männer nichts bei Wunderfrauen zu suchen haben", willigte er ein und brachte sie zu einem Fischer, der zwischen Nazareth und dem See mit seinem Eselskarren hin und herfuhr, um Geschäfte zu machen. Und zu dritt ging es gegen Morgen los: Maria auf dem hinteren Wagen zwischen Fässern, die nach Fisch stanken, und in einem hölzernen, von Josef gezimmerten Käfig ein Fer-

kel beruhigend, das sie der Mutter fortgenommen hatte, und auf dem Bock Petrus der Fischer von Nazareth – (nicht zu verwechseln mit einem später bekannt gewordenen Apostel gleichen Namens!)

* * * * * *

Maria Magdalena, 55 und natürlich keine Wunderfrau, die an Wunder glaubte, saß im Schatten einer Zeder vor ihrem Schuppenhäuschen oder Häuschenschuppen und sah das Gefährt des Petrus ankommen. Etwa je eine Kundin pro Tag behandelte sie, und stets ging‘s um Liebessachen, Männertreue, Frauenlust und Kinderkriegen. Sie selbst hatte ihren Mann verloren, als er einen römischen Legionär verprügeln wollte, mehr nicht, ihm aber zu lange den Hals abschnürte. Er wurde ans Kreuz geschlagen.
„Das ist wohl“, erzählte sie Maria, nachdem das Ferkelchen in der engen Stallbox untergebracht und ihr Gast mit einem Fruchtsaft bedient worden war, „die härteste Art von Hinrichtung, die sich Menschen ausgedacht haben. Ich habe damals genau zugeschaut und bin unterm Kreuz sitzengeblieben, bis Jascha, das war mein Mann, sich nicht mehr muckte. Trink, junge Frau, das wird dir guttun.“
Maria Magdalena machte eine Pause, als würde sie noch von der Erinnerung sprachlos gemacht.
„Jascha musste selbst das Loch ausheben, in welches das Kreuz eingelassen wurde, jede Handvoll Zeit länger zu leben muss ausgenutzt werden. Derweil die Henkersknechte auswürfelten, wer ihn annageln sollte. Als Jascha eine Pause machen wollte, wurde sie gewährt und ihm ein Becher dünnen Wein gereicht. Ich hatte noch ein Hühnerbein im Korb, das durfte er aufessen. Da kam ein römischer Hauptmann und teilte den Knechten mit, dass der Verurteilte derartig begnadigt sei, dass er nicht aufgenagelt, sondern mit Stricken ans Kreuz gebunden werden sollte. Eine Gna-

de das? Dann war's soweit. Jascha durfte noch helfen, den Querbalken zu befestigen, dann nagelte man in Höhe seines Hinterns einen Holm auf, wie das bei Kreuzigungen üblich ist: Der Gekreuzigte sitzt sozusagen auf dem Holz, er reitet auf ihm, womit seine Todesqualen, wie beabsichtigt, erheblich verlängert werden. Ich durfte mich von Jascha verabschieden, küsste ihn, dann hoben die Henker das Kreuz an und ließen seinen Fuß ins ausgehobene Erdloch gleiten. Dann die Erde ins Loch zurück geschaufelt und festgetreten - beendet war die Hinrichtung. Ich setzte mich unters Kreuz und wartete auf Jaschas Tod. Zuschauer und Angehörige durften ihm Essen und Trinken nach oben reichen: Fleisch- und Brotstücke an einer langen Stange, auch einen nassen Schwamm bis vor seinen Mund, damit er ihn aussaugen konnte. Wie lange er da hing, junge Frau? In der Nacht fielen mir seine letzten Küttel auf den Kopf und seine Pippi lief am Stamm herunter in meinen Nacken. Am nächsten Mittag bekam er einen Hitzschlag, der seinen Kopf nach vorne kippen ließ. Wir holten eine Leiter, banden ihn los und ich tat ihn in die fest zugenagelte Kiste, auf der ich jetzt sitze. Wenn man, junge Frau, so etwas mitgemacht hat, denkt man anders über die so genannte Obrigkeit als andere Leute. Seitdem hasse ich die Römer noch mehr als unsere Schriftgelehrten und hoffe auf Änderungen in unserem Land. Jahwe verdamme die Römer!"
Maria Magdalena klopfte ans Holz, aber niemand antwortete.
„Jetzt bist du dran", sagte sie, „mir dein Leid zu klagen."

Maria griff weit zurück und begann mit ihrer Jungmädchenzeit:
„Gerade waren meine Freundinnen und ich 14, 15 und 16 geworden, da begannen die Verwandten von Heirat, Familie und Kinderkriegen zu sprechen. Je älter die Erzählerinnen waren, desto erregender und fantasievoller malten sie

sowohl die Hochzeitsnacht als auch alle weiteren Nächte im gemeinsamen Bett aus."
Maria verzichtete darauf, ihre ehelichen Enttäuschungen der Wunderfrau mitzuteilen, nur so viel gab sie zu, „dass alle Bemühungen bis auf den heutigen Tag ergebnislos geblieben seien". Was soll ich tun, was soll Josef tun, was können wir tun, Frau?"
Intimität hin – Schüchternheit her! Maria musste eine ihrer „Bemühungen" berichten. Und siehe da und höre zu: Da wusste Maria Magdalena Bescheid!
„Ihr jungen Leute", erklärte sie, „seid viel zu ungeduldig und habt's immer zu eilig. Mein dringender Rat und Vorschlag ist, dass du morgen früh, bevor du mit Petrus nach Nazareth zurückfährst, durch meinen Dornbuschwald hin- und hergehst und dass du beim nächsten Mal, wenn dein Josef fertig ist, zwanzigmal langsam bis Hundert zählst und dabei im Bett liegenbleibst und dich nicht rührst. Hast du das verstanden und wirst du es tun?"
„Ja, wenn du es anordnest. Aber warum durch den Dornwald gehen?"
„Weil das, nach meiner Erfahrung, dazu führt, - indem du deine Schmerzen von den Stacheln mutig erträgst -, dass es ein außerordentliches Kind, nur selten vorkommendes Kind wird. Begreifst du das?"
„Nein."
„Ich auch nicht. Aber tu, was ich dir sage und gib mir später Nachricht, ob's geklappt hat oder nicht."
Dass es geklappt hat, haben wir ja schon erfahren! Kehren wir also in den Stall zurück, wo Herschel und Asinus überm schlafenden Jesus und der träumenden Maria wachen. Josef hat sich in seine Tischlerwerkstatt begeben, um Spielzeug für seinen Sprössling herzustellen. Er hatte natürlich bemerkt, dass Maria an den Füßen und Armen von Stichen übersät war.

„Haben dich die Genezareth-Bremsen so gestochen?“, fragte er.
„Nein“, antwortete sie ehrlich, „ich musste durch einen Dornwald gehen, Josef.“
Josef, fürwahr kein großer Dichter und Denker, aber ein Naturmusiker ersten Grades, griff sich seine Klampfe, dichtete und komponierte in einem Rutsch ein bis heute volkstümliches Lied. Hier sein Inhalt in Kurzform:

„Maria durch ein Dornwald ging, der hat in
sieben Jahren kein Laub getragen.
Was trug Maria unterm Herzen?
Ein kleines Kindlein ohne Schmerzen.
Als das Kindlein durch den Wald getragen,
da haben die Dornen Rosen getragen.“

* * * * * *

„Was tut ein Neugeborenes, wenn es aus seinem ersten Schlaf erwacht?“
Diese Frage haben sich junge Eltern seit der Menschwerdung gestellt und zu 99,99 Prozent erfahren, dass ihr Kind zu schreien beginnt – das gehört sozusagen zum Handwerk der Kleinstkinder. Noch eine Frage gibt es: Ab wann können diese sehen? Als Josef in den Stall kam, um nach Frau und Kind zu sehen und Maria daran zu erinnern, dass nur sie es sei, die Jesus ernähren könne, da erhob sich Maria und begann, ihre Bluse aufzuknöpfen: Ja, ihre Milch war eingeschossen und tropfte bereits aus ihren „Behältern“. Da traten Maria und Josef zum ersten Mal an Jesu Wiege und sahen ein Kind, das anders aussah als alle Säuglinge, welche sie bei der Verwandt- und Bekanntschaft je gesehen hatten. Und weil Maria und Josef so erstaunt taten, dass Herschel sich aufrichtete und Asinus herbei trat, kam es an diesem Tag des Jahres 1 zu dieser erstaunlichen Bildkomposition: Acht Augenpaare blickten in die Wiege und ent-

deckten ein Kind, das mit zwei klugen und scheinbar wissenden Augen ihnen entgegenblickte. Herschel reagierte mit einem anerkennenden und freudigen „Wuff", Asinus „bellte" in seiner Sprache mit und Klein-Jesus erschrak nicht.

Diese Augen waren es, - wir greifen ein wenig vor -, welche später alle Mitmenschen Jesu in den Bann schlugen; waren sie nun seine Freunde und Kameraden oder seine Feinde und Verräter! Was dieser kleine Knirps, - eine später, besonders in Berlin benutzte Bezeichnung für wackere Kinder -, nun dachte und sah oder nicht: Als Maria ihn hochnahm und ihm eine ihrer prallen Brustwarzen ins Mäulchen steckte, da kam er wie alle Säuglinge auf den Geschmack und saugte beide Milchquellen ratzeputz leer – so jedenfalls beschrieben es seine Eltern allen, die es hören wollten. Danach zeigte Maria, dass sie auch ohne Erfahrung eine treu sorgende und richtig handelnde Mutter war: Jesus auf dem Arm halten, seinen Rücken leicht beklopfen und ihn ansprechen, bis jene Geräusche ertönten, die ein sehr viel späterer Anhänger und Verfechter Jesu „Rülpser" nannte und die heute noch als Beweis erlebten Sattseins gelten. Danach schlief Jesus den Schlaf aller Gerechten und Unschuldigen. Ehe wir seinen zweiten Tag beschreiben, wenden wir uns der Allgemeinheit jener Zeit zu…

Land und Leute

Das Land. Palästina war zur Zeit Jesu Geburt kein Schlaraffenland, auch keins zum Honigschlecken, auch kein Heiliges, sondern ein unheiliges Land seit es neben vielen Tieren auch den Homo sapiens beherbergen musste. Dieser, stets auf Vermehrung und Wanderschaft bedacht, kam wohl von Norden oder Osten heran und befand diesen Landstrich bis zum Zweistromland hinauf als bewohnbar. Sollten schon einige Zeitgenossen dort sesshaft gewesen sein, so hat er sie entweder assimiliert, versklavt oder ausgerottet. (Dieser Vorgang, glauben Pessimisten, ist noch nicht abgeschlossen). Aber es erschien ein neuer Besitzergreifender nach dem anderen, und jeder musste tüchtiger sein als sein Vorgänger. Es scheint so zu sein, dass von Anfang an bis in die Zeit Jesu, die wir hier abhandeln, es nicht einen Friedenstag gegeben hat!

Lassen wir die Zeit, die uns hier interessiert, in einer Kurzfassung abrollen – es ist die Römerzeit. Dieses Volk „dort hinten im Westen“ hatte nichts anderes im Sinn, als seine Herrschaft rundum übers ganze Mittelmeer, - wie wir es heute nennen -, auszudehnen, damit der neue Name „Mare nostrum – unser Meer“ endlich bewahrheitet werde. Um alles verständlich darzulegen, müssen wir diese „christliche Zeitrechnung“ eher benutzen, als sie eingeführt wurde.

Im Jahr 63 v. Chr. war es den Römern unter ihrem Anführer Pompeius endlich gelungen, das östliche Küstenland Palästina zu erobern. Über die Blutbäder, die damit einhergingen, regt sich heute niemand mehr auf. Aber natürlich waren die Eroberer darauf aus, dass Ruhe einkehrte und die Bevölkerung voller Hoffnung auf Frieden ihrem Lebenserwerb nachging – nur dann kann man Steuern abkassieren. Dazu verhilft, das wussten die Römer aus Erfahrung, ein einheimischer König, der locker aber verbindlich dem Kaiser oder Senat von Rom gehorchte, also von „Roms Gnaden“ war. Dazu bot sich Herodes an, welcher in der Geschichte lakonisch „der Große“ genannt wird und der von 40 bis 4 regierte. Nun, in gewisser Art und Weise war er groß, denn wer in diesem Landstrich der Erde ein paar Jahrzehnte den Frieden bewahren konnte, war als groß anzusehen.

Herodes trat als Vollstrecker König Davids auf, ließ bauen, sowohl Wohnungen als auch Tempel und ignorierte all jene Heilsbringer, Verkünder und Propheten, die hier wie Pilze aus dem Boden schossen. Noch vergingen vier Jahre bis zu Jesu Geburt, da starb Herodes. Seine letzten Jahre waren durch Familienfehden und Krankheiten geprägt, aber er war nicht so krank, dass er seine mit ihm rivalisierenden Söhne nicht hinzurichten vermochte. Einen gleichnamigen Sohn aus vierter Ehe bestimmte er zu seinem Nachfolger. Damit sind wir im Jahr 1 angelangt.

* * * * * *

Die Bezeichnung „Heiliges Land“- (Terra sancta) – ist eine allgemeine für Jerusalem, Palästina und Kanaa. Heilig deshalb, weil es laut Altem Testament das Land der Verheißung sein sollte.

„Und bevor die Römer kamen?“, fragte Maria ihren Josef, „weißt du darüber Bescheid?“

Sie saßen der Hitze wegen unter dem Vordach und sprachen, während Klein-Jesus schlief, über die Geschichte Israels. Maria wunderte sich, dass Josef so klar und deutlich lesen konnte, obwohl er mit dem Schreiben seine Schwierigkeiten hatte – nicht sonderbar für einen Mann, der aus grobem Holz Balken, Latten, Leisten, Bretter, Kisten und Särge machen konnte. Er nahm ein Buch zur Hand, das er von seinem Vater geerbt hatte und las vor:

„Der Hohepriester Jason erlaubte vor 170 Jahren den Bau eines griechischen Gymnasiums für alle, dennoch stürzte ihn Menelaos zwei Jahre später. Dies löste einen der zahlreichen Bürgerkriege aus, unter denen die Region von alters her zu leiden hatte. Nach diesem Aufstand kamen die so genannten Makkabäer an die Macht. Judas Makkabäus gelang es, die theokratische Verfassung wiederherzustellen. Später sicherte er sich mit den Römern ab und gewann seine volle Autonomie zurück.“

Maria war eingeschlafen, weil sie diesem Vortag mit den vielen Fremdwörtern kein Interesse abgewinnen konnte.

Die Leute. Besser erging es ihr, als sie Jesus, der schon ein kleiner Windelkacker geworden war, säuberte, einkremte und neu wickelte – Verrichtungen, die er vor Freude quiekend und mit den Beinen strampelnd über sich ergehen ließ. „Jetzt, Josef", fragte sie, „wo wir den kleinen Kerl besitzen, fällt mir ein, dass ich kaum etwas über dich weiß, so von früher her. Erzähl doch mal."

Und er erzählte, wobei Jesus ihn, wie er es sich bereits angewöhnt hatte, unentwegt beobachtete:

„Das ist schnell getan, Maria. Von meiner Kindheit hier in Nazareth weiß ich nur so viel, dass ich früh zur Schule gehen durfte, um Latein, Schreiben und Rechnen zu lernen, das jeder Holz- und Steinhandwerker lernen sollte, wie mein Vater Jakob sagte, der es zu einem ehrbaren Handwerk bringen wollte. Ab 6 hieß es nachmittags in der Holzwerkstatt mithelfen, sägen, stemmen, meißeln, bohren und schleifen, dass ein Muskelkater den anderen ablöste und mir das Sägemehl aus den Ohren quoll. Abends fiel ich wie tot aufs Stroh und träumte von Engeln, die mir Befehle ihres Herrn überbrachten, wie sie behaupteten, aber am anderen Morgen blieb gar keine Zeit, sie auszuführen. So bekam ich bald den Namen Träumer, aber wer von meinen Kameraden mich so nannte, kriegte was hinter die Ohren. Mit 12, wo andere Kinder von Handwerkern in die Lehre gehen, konnte ich bei Vater nichts mehr lernen und ging mit Samuel, genannt Schmulchen, auf Wanderschaft. So lernte ich Samarien, Dekapolis, Jerusalem, Bethlehem und Judäa kennen. Als Vater starb, ging ich nach Nazareth zurück, übernahm die Werkstatt und machte deine, Maria, Bekanntschaft – das war Liebe auf den zweiten Blick."

Damit war der Erzählabend noch nicht zu Ende, denn Josef reklamierte nun, von Maria so viel wie gar nichts zu wissen.

„Woher stammt dein Name?"

„Die Griechen sagen Mariam, die Hebräer Mirjam, meine Mutter rief stets Maria. Meine Familie, von der ich kaum etwas weiß, war hier schon lange ansässig, niemand konnte schreiben und lesen, man wurde auch so mit Eltern, Großeltern, Geschwistern, dem Gesinde und Vieh fertig – Arbeit war Dreiviertel Leben. Eine Frau, die mit 20 noch nicht verheiratet war, galt als Fehler der Fortpflanzung und konnte von der Familie nur unter Wert verheiratet werden. Eine normale Ehefrau bekam, nachdem sie im Januar niedergekommen war, im November oder Dezember das nächste Kind und dann so weiter alle zehn bis elf Monate ein weiteres. Willst du mir, Josef, das zumuten?"
Wollte er nicht. Marias Neugier war noch nicht gestillt:
„Josef, stimmt es, was die Leute sich erzählen: Dass du von König David abstammst?"
„Genaues weiß ich nicht, Maria. Aber ich glaube nicht, dass es stimmt. Weil König David vor 800 Jahren gelebt hat. Und wer von uns Lebenden, besonders kleine arme Schlucker wie wir, besitzt wohl einen Stammbaum, der so weit zurück reicht?"
Andere Leute. Nachdem König Herodes 4 v. Chr. gestorben war, explodierten alle bisher aufgestauten Enttäuschungen und Aggressionen, mochten sie verschiedenartig aussehen, mit einem Urknall auseinander. Da gab es einen frühen Judas, der Aufstände in Galiläa veranstaltete, andere selbst ernannte Propheten verhießen Gotteswunder und eine politische Veränderung nach der anderen.

* * * * * *

Um fast die gleiche Zeit setzte der römische Augur Xenius Dragon sein vom ihm selbst gebasteltes „Besteck" ab und atmete auf:
„Ich glaube, ich hab's", sagte er, „es ist eine Nova."

Sein Bruder Quintus, ebenfalls Augur, also am Tag Vogelschauer und in der Dunkelheit Sterngucker, stimmte ihm bei:
„Ja, Bruder, ein neuer Stern. Nach meinen Berechnungen steht er über dem See Genezareth in Galiläa. Und es ist schade, dass wir nicht hinkönnen."
Es waren jene Mittelmeernächte angebrochen, die so klare Sicht boten, dass auch Nichtastronomen sich für Gestirne interessierten. So waren die Gebrüder Dragon auf den Stern gekommen. Und sie berichteten Kaiser Augustus davon, der nicht nur den Prophezeiungen seiner Auguren traute, sondern ihnen auch erlaubt hatte, nachts auf Sternejagd zu gehen.
„Wenn die Nova über dem See Genezareth steht", schlug er vor, „der ja auf unserem Reichsgebiet liegt, muss es dort auch eine Stadt geben, nach der wir den Stern benennen können."
Und im Nu befahl er einen Veteran her, der nach zehn Jahren Legionärsdienst in Galiläa jetzt bei ihm im Palast als Besenschwinger diente, und der, befragt, sofort Nazareth nannte.
„Also", befahl der Kaiser, „nennen wir ihn Stern von Nazareth!"

Dieser Meinung war auch Maria Magdalena, die wir schon kennengelernt haben. Sie huschte nach der Dämmerung in Josefs Werkstatt und sagte vorerst nichts, sondern machte jene uralte Geste, mit der ein Mensch dem anderen gebietet, still zu sein: Nämlich den Zeigefinger auf den geschlossenen Mund zu legen.
„Wo ist deine Frau, Josef?", fragte sie dann, „oder besser, hole sie her."
„Sie stillt soeben den kleinen Jesus", antwortete er, „wer bist du, Weib?"

„Ich habe Maria vor etwas mehr als neun Monaten geraten, durch meinen Dornenwald zu gehen. Hat sie nichts davon erzählt."
„Doch, hat sie. Und warum willst du dich bei uns verstecken?"
„Weil ich in Magdala einen römischen Offizier erstochen habe. Dann, auf der Flucht, ehe man ihn fand, habe ich den Stern über eurem Haus gesehen und habe eine Woche nächtlichen Fußmarsches gebraucht, das Haus zu finden. Bringst du mich jetzt zu Maria oder willst du mich den Römern übergeben?"
„Weder – noch", antwortete Josef, „erst muss ich wissen, ob du eine kaltblütige Mörderin bist oder aus einer Notlage gehandelt hast."
Diese Notlage sah nach Maria Magdalenas Schilderung so aus: Er sei entgegen seiner Befugnis und der Befehle des Kaisers Augustus in Roma über sie hergefallen wie ein erregter Hengst es mit einer Stute tat. Doch sie habe, im Leben schlau geworden, überall in ihren zwei Zimmern Dolche versteckt untergebracht und einen greifen und ihm in den Rücken jagen können, „von hinten ins Herz hinein, als er es sich auf meinem Bauch bequem zu machen begann" - schwupps, der ist nun mausetot und tut keiner galiläischen Frau mehr etwas an. Jetzt kannste mich, Josef, den römischen Behörden übergeben."
Das tat dieser nicht, schlug aber vor, diese mörderische Geschichte Maria nicht mitzuteilen.
„Und welchen Stern meinst du?", fragte Josef dann.
„Geh vor deine Werkstatt", erklärte Maria Magdalena, „und schau steil nach oben!"
Das tat Josef und holte dann Maria herbei, die mit Jesus auf dem Arm zu ihm kam.
„Dort", sagte er und zeigte nach oben, „ein neuer Stern über unserem Haus."

Aber ein anderes Wunder geschah: Jesus benahm sich so, als wären diese Worte an ihn gerichtet gewesen, richtete seine Blick nach oben, was ihm ja nicht leicht fiel, weil er in Marias Armen lag, und versuchte sowohl seinen rechten Arm dem Stern entgegen zu recken als auch ein Wort zu lallen, - vielleicht „da“ -, was ihm nicht gelang.

* * * * * *

Was Josef, Maria, Maria Magdalena und auch Jesus nicht wussten war, dass ein Trio von Sterneguckern zu ihnen unterwegs war und bald ankommen würde. Die Herren, - um solche schien es sich zu handeln -, waren beritten und ziemlich „orientalisch“ gekleidet.
„In wenigen Augenblicken“, sagte der eine und blickte noch einmal forschend auf den Stern, „sind wir da. Ob man uns noch empfangen wird, Kollegen?“
„Könige dürfen kommen wann sie wollen“, sagte der eine.
„Aber ein starker Köter bellt schon“, sagte der andere.
Alle drei Pferde spürten den Stall, der sich beim Haus befand, und wieherten laut und fordernd. Das hörte Maria Magdalena am lautesten und sie verschwand in einem Husch im Garten. Josef kam vom Grundstück auf den Weg und sah diese drei sehr seltsam uniformierten Reiter im Licht seiner Öllampe.
„Meine Herren, wollt ihr zu uns?“
Statt einer Antwort erklärte der Wortführer und wies mit einem Arm nach oben:
„Der Stern über dir, Meister, hat uns hergeleitet. Wir sind Könige aus dem Morgenland weit von hier und heißen Balthasar, Melchior und Kaspar.“
„Dann seid ihr hier falsch“, antwortete Josef, „es gibt keinen König, der uns kleine Leute aufsuchen wird.“

Herschel und Asinus schienen anderer Meinung zu sein und auch Maria Magdalena, die in diesen Königen keine Gefahr für sich sah.
„Aber ich sehe", sagte Melchior, „dass ihr ein Kleinkind habt."
„Und einen Esel im Stall", sagte Balthasar.
„Und einen braven Hund", fügte Kaspar hinzu.
„Und wir wollen von euch nur ein Dach überm Kopf", sagte Melchior.
„Und für unsere Pferde auch", sagte Balthasar.
„Und für die Pferde Hafer und Wasser", sagte Kaspar.
„Essen und Trinken für uns haben wir mitgebracht", sagten sie unisono.
„Wir wollen vorm Schlafengehen nur noch das Kind sehen", fügten sie hinzu.
Maria kam heran und präsentierte den eingeschlafenen Jesus. Die Gäste, wie man sie ja nun nennen konnte, waren abgestiegen und verbeugten sich vor Jesus mit tiefen Bücklingen und gezogenen Kronen.
„Ist das hier alles ein Schabernack?", fragte Josef Maria Magdalena.
Sie antwortete nicht und fragte stattdessen Melchior:
„Von wem haben Sie, Hohe Herren, über Jesu Geburt erfahren?"
„Durch den Engel des Herrn, junge Frau, der uns den Weg mit ‚immer dem Stern von Nazareth nach' wies."
Es war fast Mitternacht geworden, der Ortsnachtwächter rief die Stunde aus und bald hörte man aus dem Stall das Schnarchen von Königen und das Schnaufen und Scharren von Hund, Esel und Pferden - „Gute Nacht alle zusammen – Nox omnibus bonis!"

Mit dem Hellwerden erhob sich Maria Magdalena von ihrer Lagerstatt, um den hohen Herren beim Wachwerden zu helfen und ihnen ein Frühstück zu bereiten.

„Sie sind weg“, empörte sie sich, „einfach abgehauen“, und sie weckte Maria und Josef. Beide empörten sich ebenfalls und beschlossen, gegen Fremde in Zukunft weniger gastfreundlich zu sein. Doch da entdeckte Josef Goldglänzendes im Stroh: die drei Königskronen!
„Ob sie echtes Gold sind?“, fragte er sich.
„Klar“, sagte Maria Magdalena und biss eine Krone an.
Dann war sie wieder einmal die Ideengeberin: „Wenn wir sie jetzt einem jüdischen Händler oder dem römischen Präfekten anbieten, sehen wir sie nie wieder. Also“, sie ging resolut in die Werkstatt und kam mit einem Spaten zurück, „also vergraben wir sie im Garten und du, Josef, wirst sie nach einiger Zeit finden und den Behörden als Fund aus altisraelischer Epoche präsentieren – einverstanden?“
Waren sie natürlich, auch Jesus, der die Bemühungen seines Vaters mit echter Heiterkeit beobachtete – hier fiel wieder auf, wie sehr er sich für tätige Menschen interessierte.

* * * * * *

Der unverhoffte Besuch der drei Könige hatte in der stets wachsamen Maria eine Warnklingel ertönen lassen:
„Wie sagen die Römer noch?“, fragte sie Josef und Maria Magdalena, „wenn Menschen, Tiere, Pflanzen und Gegenstände sich verändern?“
„Metamorphose“, antwortete Josef.
„Ja“, stimmte Maria zu, „wir müssen mit Maria Magdalena eine solche machen.“
Und sie erinnerte daran, dass die römischen Besatzer noch immer nach dem Mörder des Offiziers in Magdala forschten.
„Die geben so schnell nicht auf und kreuzigen zu ihrem Vergnügen.“

„Was weißt du, Maria?“, fragte Josef entsetzt, „von dieser Sache?“
„Durch Maria Magdalena selbst. Sie sprach im Traum davon.“
Da war auch diese entsetzt. Und in einer Gemeinschaftsarbeit eines Vormittags mutierte sie von einer „ältlichen Vettel“ zur mittelprächtigen Jungfer: Indem Maria ihre blonde Haartracht in dekorative Zöpfe verwandelte, ihr tristes graues Armeleutegewand in ein kornblumenblaues Jungmädchenkleid mit kupferner Spange und ihre strohenen Sandalen und mittelhackigen Schuhe umfunktionierte.
„Man scheint an einen Mörder zu glauben“, sagte Josef beruhigend, „aber man kann ja nie wissen, ob das eine List ist. Maria, wir müssen aufpassen“, fuhr er fort, „dass kein heiliger König kommt, und uns Maria Magdalena wegheiratet.“
Allgemeine Heiterkeit, an der auch Jesus teilnahm.

Dieser war nun dreißig Tage alt geworden und anderen Säuglingen um wenigstens ein halbes Jahr voraus. Dies kam, wusste Maria Magdalena zu behaupten, „weil wir uns intensiv um ihn kümmern, während viele Eltern ihre Kinder abseits stellen und mit in Branntwein getunkte Mohrrüben ruhig, sozusagen besoffen machen.“ Wir zählen jetzt hier auf, mit welchen erstaunlich modernen Methoden diese drei „Erziehungsberechtigten“ aus Jesus einen aufgeweckten Knaben, intelligenten Jüngling und hochgebildeten Erwachsenen machten.
Erstens: Wenn einer oder eine von ihnen oder alle drei im Garten an Haus und Werkstatt arbeiteten, stellten sie Jesu Wiege in den Schatten nebenan. Da dauerte es nur Augenblicke, bis er zu murren anfing und andere Zeichen von Missvergnügen äußerte.
„Er hört uns und möchte uns sehen!“, sagte Maria Magdalena.

Das stimmte. Da baute Josef, weil Jesus nicht auf dem Boden liegen sollte, ein tragbares Gestell in Kniehöhe, auf das Jesus auf einem Lammfell zu liegen kam und das so mit einem hölzernen Geländer ausgestattet war, dass sich Jesus nicht herausrollen konnte. Ein Stoffschirm gegen die Sonne konnte aufgespannt werden. Und siehe da: Wenn Klein-Jesus sein Köpfchen hin und her bewegte, konnte er „seine Leute“ bei der Arbeit beobachten und sie ihn - da machte Gartenarbeit noch mehr Spaß als sonst!

Ein willkommener Nebeneffekt trat auf, der Jesus eine Riesenfreude bereitete: Josef hatte am Babygestell zwei beinlange Stangen angebracht, welche den Sonnenschutz halten sollten. Auf diese setzten sich nun Gartenvögel, nicht um Jesus zu unterhalten, - was sie dann doch taten -, sondern um ihre Liedchen zur Revierverteidigung zu schmettern: Spatzen (Passer), Nachtigall (Luscinia), Rotkehlchen (Rubecula), Buchfink (Fringilla), Singdrossel (Turdus) und Schwalbe (Hirundo). Durch seine Rückenlage konnte Jesus außerdem die am meist blauen Himmel hin und herfliegenden Vögel beobachten, und wenn dann ein bunter Schmetterling sich auf sein Köpfchen setzte, kannte seine kindliche Freud keine Grenzen mehr.

Zweitens: Wie Josef der Gedanke kam, seinen Sohn mit auf jene Gänge in der Gemeinde mitzunehmen, die geschäftlich und beruflich waren, wusste er später nicht mehr zu sagen. Auf jeden Fall begann er ihn mehr und mehr zu vermissen, je „älter“ und aufnahmefähiger er wurde. Da fiel im Haushalt ein bisher unbekanntes Wort: Kinderwagen. Josef schlug sich wegen früherer Begriffsstutzigkeit an den Kopf:
„Heureka, ich hab‘s!“
Und nur drei Tage dauerte es, bis Josef ihn fabriziert hatte. (Auf einer heutigen Messe würde das Produkt entweder nicht zugelassen oder zu hohen Preisen verkauft werden.)

Vier Räder, natürlich, doch hölzern und nicht eisenbeschlagen, keine Federung, aber sonst alles, was damalige Kinderwagenschieber benötigten: Handgriff, untere Ablage, Abdeckung gegen Regen und Sonne und einen Bremsstab, der einfach in die Speichen gesteckt wurde. Auf den Rat Maria Magdalenas hin war die Konstruktion so gebaut, dass Wagenführer (-führerin) und Insasse sich gegenseitig anschauen konnten.
„Ha!“, rief Josef nach der ersten Fahrt, „das hättet ihr sehen und hören sollen, dieses Aufsehen!“
Und er zählte die Kommentare und neuen Namen Jesu auf, welche die Betrachter von sich gaben: ein Gotteskind, Kind Gottes, Jehovas Enkelkind, Jahwes Ebenbild, ein Minimessias, künftiger Erlöser und dergleichen mehr. Jesus selbst bedachte jeden mit einem Lächeln und dem Blick seiner tiefen Augen.

Drittens: Wir greifen zeitlich vor und handeln hier jene Neuerungen ab, die Josef fertigte, als Jesus sitzen und Hände, Arme und Füße verstandesmäßig bewegen konnte. Einen zweirädrigen Kinderwagen, in dem Jesus sitzen konnte; eine im Garten untergebrachte Vogelfutterstelle, wo eigene und fremde Zugvögel, die regelmäßig vom Norden der Erde einfielen und ebenso regelmäßig nach einem halben Jahr dorthin zurückflogen, ihren Reiseproviant futtern konnten – natürlich unter lebhafter Beobachtung Jesu. Welch ein Abenteuer, als er Kekse knabbern konnte und ein frecher Sperling (Spatz) ihm ein Stück aus den Fingern nahm!

Viertens ist eine Erfindung Marias zu nennen: das „Mampfibrett“, (von „mampfen“ = essen hergeleitet). Als Jesus sitzen konnte, wollte er bei allen Mahlzeiten mit am Tisch sitzen. Dazu baute Josef ihm einen Hochstuhl mit vorgebautem Brett, auf das der Teller mit der Mahlzeit stehen konnte. Jesus aß von Anfang an wie üblich mit einem Löffel rechtshändig und bevorzugte später die Gabel, mit der er einzelne Brocken Fleisch, Wurst, Gemüse und Brot aufspießen konnte. Sein Mampfibrett blieb im Haushalt bestehen, bis er diesen verließ.

Fünftens: Wie sich herausstellte, war Maria Magdalena eine musikalische Kapazität. Als sie ihm, während er auf dem Hochgestell lag und ihre Hände die hölzerne, von Josef geschnitzte Flöte an den Mund setzte, als also die ersten Töne von

„So nimm denn meine Hände und führe mich,
ich mag allein nicht gehen..."

durch die klare Luft des Gartens in seine Öhrchen drangen, da durchzog ein „Leuchten der Ewigkeit" sein Gesicht und zum ersten Mal dachten seine Eltern, „er ist nicht ganz richtig im Kopf". Aber das stimmte deshalb nicht, weil ihn nach einem Dutzend Tönen der Schlaf übermannte. So führte Maria Magdalena das „In-den-Schlaf-Singen" ein, wobei einmal die Flöte, dann die geliebte Klampfe das Singen begleiteten. Jesu Favorit wurde die zweite Strophe von „Geh aus mein Herz und suche Freud":

„Die Bäume stehen voller Laub,
das Erdreich decket seinen Staub mit einem grünen Kleide;
Narzissen und der Tulipan, die ziehen sich viel schöner an,
als Salomonis Seide."

Noch einmal das Land. Es sollte nicht zur Ruhe kommen, dieses Land. Wer gerade an der Macht war, tat nichts anderes als es auszusaugen. Der römische Statthalter Quirinus unterstellte nun Judäa, das ist die Provinz um Jerusalem, der direkten Verwaltung Roms, wodurch er die Möglichkeit bekam, eine Volkszählung zu veranstalten, um Steuern einzutreiben. Die Folge war, dass viele Bürger nach Norden abzogen, um in Galiläa ein neues Leben zu beginnen.
„Zu diesen gehöre auch ich", sagte Levi Jonathan zu Josef, der ihn als Steinarbeiter in seine Werkstatt aufgenommen hatte, „ihr glaubt nicht, welch ein Kuddelmuddel (Durchei-

nander) in Jerusalem herrscht. Da geht es um die Alleinherrschaft Gottes in einer Stadt, die auf der Landkarte nur Stecknadelgröße erreicht. Pharisäer, Zeloten, gewaltsame Vertreibung der Römer, wie die auch immer stattfinden soll! Während die Sadduzäer es mit den Römern halten und bei jeder Störung der öffentlichen Sicherheit fürchten, dass die doch recht interessante Menge von Reisenden ausbleiben könnte.“

Levi schaute Jesus an, der ihn betrachtete – sie mochten sich offensichtlich. Levi zog ein Papyrus aus der Jackentasche und bat, sein neues judäisches Vaterunser vorlesen zu dürfen. Er durfte. Seine Stimme war die eines Predigers und Josef mutmaßte, dass er ein Anhänger der Essener war, die am Toten Meer hausten:

„Oh Herr im Himmel, unser Vater, warum bist du nicht auf Erden,
um von deinen Schäflein recht erkannt zu werden?
Über den Wolken und verborgen, siehst du gar nicht unsere Sorgen.
Hinter den Bergen versteckt, hast du uns noch nicht entdeckt.
Schon immer, nicht nur heute, kümmern dich scheinbar kaum arme Leute.
Doch Reiche werden immer frecher, ihre Paläste tragen gold‘ne Dächer.
Der kleine Mann weiß nicht wohin – hat das Leben noch ‚nen Sinn?
Schick uns herab mal einen Mann, der deine Tempel säubern kann.“

Maria, Maria Magdalena und Josef schwiegen bedrückt, bis Josef sagte:

„Das ist schon Aufruhr, mein lieber Levi, mit dem wir als Handwerkerfamilie nichts zu tun haben wollen. Entweder du verbrennst jetzt hier im Ofen das Papyrus oder musst uns verlassen.“

Das Gedicht verbrannte, Levi blieb. Er durfte sogar von den schon zitierten Essenern berichten, bei denen er eine Zeitlang Maurerarbeiten an ihren Felsenhöhlen verrichtete.
„Die Gegend am Toten Meer ist ja alles andere als einladend. Wer da lebt, muss sich ja einen Gottesstaat zurechtbiegen. Sie reden von Befolgung biblischer Gottesgebote und von Reinheitsgesetzen, fantasieren von Machtübernahme. Sie sollen ehelos leben und ohne Privatbesitz – wer‘s glaubt, wird selig.“
Dazu wusste Maria Magdalena etwas zu sagen:
„Pharisäer sehen ihr Heil ebenfalls in einer strengen Befolgung ihrer Thora, das soll ein Gesetzbuch sein, und sie wollen das alltägliche Leben der jüdischen Gesellschaft erneuern. Untereinander diskutieren sie pausenlos und so ermüdend, dass viele Menschen dabei aus den Latschen kippen, was wichtiger sei: rigorose Gesetzestreue oder eine den Menschen angepasste.“
„Mir scheint“, kommentierte Maria, „dass die Hälfte der Menschheit und hier bei uns im Heiligen Land sogar Dreiviertel einen Sonnenstich in der Rübe (im Kopf) haben und der Rest nicht zurechnungsfähig ist. Vielleicht sollten wir auswandern und Bürger Roms werden.“

* * * * * *

Derweil wurden rundum in Galiläa, Bethsaida, Kana, Babylon, Genezareth, Äthiopien und Vorderasien jene Kinder geboren, - also etwa zeitgleich mit Jesus, welche einst seine Gefährten sein sollten und sich Apostel nannten. Wer ist ein Apostel, was tut er? Apostel ist ein griechischer Begriff und bedeutet Sendbote und Gesandter. Ein Mann also, der im Auftrag eines Höheren handelt und ihm in gewisser Weise gehorcht und von ihm abhängig ist. (Wir greifen vor und verraten, dass Jesus später eine ganze Reihe von ihnen, namentlich nennen wir zwölf, beschäftigen wird). Alle wurden zwischen dem Jahr 1 und 5 geboren: Petrus, Andreas, Jakobus, Philippus, Bartholomäus, Thomas, Matthäus, Simon, Thaddäus, Judas Ischariot und Judas Thaddäus. Der Lauf der Geschichte wollte es so, dass ihre Namen ins ewige Buch der Berühmtheiten eingeschrieben wurden. Es fällt auf, dass der Beruf „Fischer" am häufigsten genannt wird. Das sollte uns heute nicht verwundern, denn alle Gewässer der damaligen Zeit besaßen einen Fisch- und Krebsreichtum, der uns heute unvorstellbar erscheint. Die Ernten dieser Gewässer konnten auf Pferdefuhrwerken meilenweit exportiert werden. Und die Provinzen des Vorderen Orients waren früher wasserreicher und damit fruchtbarer als heute.

Weil die hier in Frage stehenden Provinzen und Ländereien zum römischen Reich gehören, müssen wir die Hauptstadt dieses Reiches aufsuchen und uns dort schlau machen: Roma. Denn schließlich waren auch die Bürger Palästinas Untertanen des in Rom herrschenden Kaisers. Er hieß Oktavian und als Herrscher Augustus. Noch nicht lange gab es in der Hauptstadt einen Kaiser, denn noch im vorigen Jahrhundert, - nach der hier für uns gültigen Zeitrechnung -, war das römische Reich eine Republik, in der Senat und gewählte Konsuln das Sagen hatten. Zwar galt noch immer der Wahlspruch „Senatus populusque Romanus", abgekürzt SPQR, aber Augustus, der sich später als Gott in den Himmel aufnehmen ließ, brauchte den Senat nur noch der Form halber.

Zu seiner Zeit soll Roma von einer Million Bürgern bewohnt gewesen sein. Diese benötigten Tausende Schiffsladungen Getreide, um gesättigt werden zu können, und diese mussten von Afrika und Ägypten importiert werden. Blieben diese Ladungen wegen schlechter Ernten oder Räubereien der Seepiraten aus, dann drohten Aufstände des „römischen Plebs", welche die Reichen und Betuchten der

Stadt in Lebensgefahr brachten. Wie hoch in dieser Stadt der Anteil von Sklaven und Halbfreien wirklich war, kann nur geschätzt werden. Auf jeden Fall waren sie es, die den Reichen ein Luxusleben in Saus und Braus und unmoralischer Ausschweifungen gestatteten. Es brodelte eigentlich immer in dieser Stadt und sie bevorzugt war es, wo die Bevölkerung auf Erlöser, Heilsbringer und andere Menschheitsbeglücker wartete.

Häuslichkeiten

Ehe wir damit beginnen, Jesu Jugend-Lebenslauf darzustellen, wollen wir nicht nur nach Nazareth zurückkehren, sondern auch das Alltagsleben dort allgemein und den Haushalt Josefs im Besonderen zu beschreiben versuchen. Drei Erwachsene und ein Kleinkind – die sollten sich verstehen! Auf verschiedene Anfragen hin galt Maria Magdalena nun als Schwester Josefs, die, nachdem ihr Mann aus einem Feldzug nicht heimgekehrt war, hier Familienanschluss gefunden hatte. Zur Zeit liefen auch in Galiläa Kontrollen der Zöllner und anderer unliebsamer Zeitgenossen, um Gewerbetreibende und Selbständige von Abhängigen und Sklaven trennen zu können.

Nach einem Jahr Ruhe, in dem Jesus sich zu einem munteren „Kleinbürger“ mausern konnte, stand eines Morgens Amtszöllner Merkantilius Penuntius vorm Haus und begehrte Einlass. Er war von Geburt und Erziehung her ein auskömmlicher Zeitgenosse, aber durch seinen Beruf „verdorben“ worden: Überall wurde er abwehrend, unfreundlich und scheelblickend empfangen, „als ob ich es sei, der Gesetze und Verordnungen erließe“. Maria Magdalena, „mit dem Leben auf Du“, wie man zu Recht behaupten konnte, empfing Merkantilius nicht nur mit freundlichem Lächeln, sondern auch mit Jesus auf dem Arm und führte ihn in den schattigen Garten. Dort spürte der Zöllner, dass

ihn ein unerklärbares Wohlwollen umgab, welches ihm in seinem Berufsleben noch nicht untergekommen war.
„Halte doch einmal unseren kleinen Jesus“, sagte Maria Magdalena und drückte ihm diesen in die Arme, „ich hole derweil den Meister und die Meisterin.“
Als die drei zurückkamen, vergaßen sie beim Anblick der nun zu beschreibenden Szenerie alle Unbilden und Gefahren, die damals mit dem Besuch „Amtlicher“ einhergingen: Merkantilius hatte Jesus vor sich auf den Knien sitzen und beide schäkerten zum Herzerweichen. Jesus zupfte den Bart und spielte dann mit der silbernen Spange, welche die Toga oben zusammenhielt, so lange, bis Merkantilius nachgab und sie ihm auslieferte. Dabei machte er das uralte, leider im Alten Testament nicht beschriebene Spiel, das überall „Hoppe, hoppe Reiter“, (in allen Sprachen wohl), hieß, aber als Worttext variabel war; hier erklang (gesummt):
„Wozu sind Soldaten da? - zum Marschieren in die weite weite Welt!“

Werte Leserschaft – wären deine Augen da trocken geblieben, hätte dein Herz nicht auch sekundenlang ausgesetzt? Tatsache ist, dass dieser Zöllner vergaß, warum er hergekommen war. Als Jesus etwas Ruhe gab und zufrieden war, auf dem Schoß sitzend alle Anwesenden beobachten zu können, fragte Merkantilius, sich im Garten umsehend:
„Warum hast du, Josef, hier noch keinen Fischteich angelegt?“
Josef verstand nicht, so dass Merkantilius nachlegte:
„Dieser kleine Bach hier, im Sommer mag er ein Rinnsal sein, könnte einen Teich speisen, wenn du ein entsprechendes Loch gräbst und das Wasser aufstaust. Da könntest du essbare Fische halten. Selbst wenn du und deine Familie keine Fischesser sein solltet, kannst du hier Frischfisch jeden Tag verkaufen – ich würde dein erster Kunde sein.“

Josef brauchte nicht lange zu überlegen, denn es hatte sich bereits herausgestellt, dass Jesus ein Fischesser erster Garnitur werden würde.
„Klar“, sagte Josef, „das machen wir.“

Merkantilius rückte noch immer nicht damit heraus, dass er dienstlich hergekommen sei. Aber immerhin, jetzt wurde er halbamtlich:
„Auf unserem Amt ist zur Sprache gestellt worden, dass über eurem Haus hier nachts ein Licht brennen soll. Was hat es damit auf sich, soll ich fragen?“
Da wusste die stets misstrauische Maria Magdalena Rat:
„Ja, Herr Zollinspektor, das stimmt. Aber es ist die Nova von Nazareth, die manchmal leuchtet.“
„Was ist eine Nova?“
„Ein neuer Stern, sagen die Astronomen und nennen ihn den Stern von Nazareth. Aber auch sie wissen nicht, warum er mal leuchtet, mal nicht.“
„Es werden sich manchmal Wolken vor ihn schieben“, versuchte Merkantilius zu erklären.“
„Nein“, erklärte Maria Magdalena dagegen, „er leuchtet nur jenen, die des Herrn sind.“
„Wessen Herrn, Frau?“
„Nun, des Herrn! Versuche heute Nacht, Herr, ihn zu entdecken.“
„Werde ich tun, jawohl, und dann vielleicht noch einmal bei euch hereinschauen.“

Um Merkantilius, der nach Ansicht der Familie ein „prima Kerl“ sein müsste, nicht schon gehen zu lassen, „wo doch unser Jesus auf dir eingeschlafen ist“, fragte Maria Magdalena:
„Du scheinst kinderlos zu sein, oder?“
„Ja, leider. Es will und will nicht klappen.“
Ein Zug von Traurigkeit huschte über sein Gesicht.

„Halt heute Abend nach dem Stern Ausschau", riet Maria Magdalena, „und geh dann mit deinem Weib durch den Dornwald und versuch's anschließend noch einmal. Versprochen?"
„Versprochen."
Wir verraten vorab, dass Merkantilius brav alles tat, was Maria Magdalena ihm angeraten hatte: Nach dem Stern von Nazareth Ausschau halten – was klappte; danach mit seiner Frau durch den Dornwald spazieren – was klappte; hernach das bisher Vergebliche nachholen – was klappte; zirka neun Monate später Vater zu sein – was klappte; seitdem jedes Mal den Stern sehen, wenn er es wollte – was klappte; und schließlich, nach Jahrzehnten, seinen Sohn Andreas Apostel Jesu werden zu lassen – was auch klappte! Und schließlich Merkantilius Penuntius selbst, der einst gefürchtete Zoll- und Steuereintreiber? Er trieb immer noch ein, denn wovon sollte er sonst wohl leben, aber seine Methoden wechselten von inhuman zu human über, wären wohl echt christlich geworden, wenn er nicht vor Einführung dieser neuen Religion verschieden wäre. Wir verlassen ihn deshalb, werden von seinem Sohn Andreas noch hören und verfolgen nun staunend, was der Stern von Nazareth so alles anrichtete.

* * * * * *

Doch zuerst zum Verursacher des Spektakels. Wir haben schon erfahren, dass er es faustdick hinter den Ohren hatte und er ein frühreifer Junge zu werden schien. Seine rein körperliche Entwicklung passte zu seiner geistigen. Wir wissen nicht, ob es zu seiner Zeit schon den Begriff „Intelligenz-Bestie" gab, haben aber die Übersetzung ins Lateinische gefunden: „Intelligenti bestia". Wir wollen einmal sowohl seinen geistigen als auch seinen körperlichen Werdegang in Zahlen fassbar machen.

Erstens, die wichtigsten Fragen verstehen im Alter von 8 Monaten: „Jesus, wo ist der Mond?“ Sofort zuckte sein Kopf in den abendlichen Himmel, aber natürlich war der Mond nicht jedes Mal zu sehen. „Jesulein, wo fliegen die Störche?“ Ruckzuck, den Kopf nach oben, aber auch diese waren nicht immer zu sehen. „Kleiner Jesus, wie macht Herschel?“ Da wollte er bellen, aber die Stimmbänder machten noch nicht mit. „Hallo Jesus, möchtest du dein Fläschchen?“ Klar, er nickte.
Zweitens die selbständig verrichtete Notdurft. Ein wichtiger Akt für Mütter, denn die Windeln fallen weg und das Popoabwischen ist auch schnell erlernt. Das kleine Geschäft machte Jesus ab 2 Jahren in den Abfluss des Fischteiches, das große in einen bequem zu handhabenden Holzeimer.
Drittens das Nicht-mehr-Fütternmüssen. Seinen Brei mit dem Löffel zu essen versuchte Jesus schon mit 1, da ging aber die Hälfte daneben. Doch mit Eindreiviertel schnappte er sich die erste Gabel und spießte mit ihr Fleisch-, Brot- und Gemüsestücke auf.
Viertens das Köpfchen nicht mehr stützen zu müssen und wie ein Erwachsener sitzen zu können. Da war Jesus ein halbes Jahr alt.
Fünftens laut und deutlich Mama, Papa, Maria Magdalena und Herschel zu rufen und sich diebisch zu freuen, wenn sie „angetanzt“ kamen – mit Eineinhalb wohl eine beachtliche Leistung!
Sechstens nun die Kriechphase zu überwinden, sich erst an Menschen- oder Tischbeinen hochzuziehen und dann, wie die Eltern und Maria Magdalena es vormachen, aus der Sitz- und Liegelage in einem Rutsch aufstehen – da war Jesus 18 Monate alt.

* * * * * *

Im Jahr 3 war Jesus 2 und lief überall herum. Wie herrlich müssen doch für Kinder die damals autofreien Weiler, Dörfer, Städte und Landstraßen gewesen sein! Und in Kleindörfern wie Nazareth der Umstand, dass jeder jeden kannte. Kinderreichtum war hoch, Kindersterblichkeit ebenfalls. Josef von Nazareth war ein angesehener Bürger, aber wie reich er war, wusste niemand. Erinnern wir uns: In seinem Garten ruhten unterirdisch die Goldkronen der Morgenlandkönige, von denen niemand wusste, wo ihre Königreiche lagen. Für den Fall, dass Josef sie zu Bargeld machen sollte, hatte Maria Magdalena bereits ein Konzept entwickelt:
„Errichte hier auf deinem Grundstück, das groß genug ist, eine offene hölzerne Halle, die als Schulraum dienen kann. Ich schlage vor, sie zu bauen, wenn Jesus 4 oder 5 ist und mit anderen Kindern von 6 hier zur Schule gehen kann. Lass ihn um Jehovas willen nicht ohne Schulbesuch ins Leben hinaus."
Wir kommen auf dieses Thema zurück, wenn die Zeit reif ist.

Jetzt, ob Josefs Familie es wollte oder nicht, kamen unruhige Tage auf sie zu. Die schon mehrfach erwähnten drei Könige mussten daheim so viel vom Stern von Nazareth und von Kleinjesu berichtet, erzählt, geschwärmt und übertrieben haben, dass sich Hunderte einen Heiland suchende und erwartende Bürger und Zeitgenossen neue Schuhe, Stiefel und Sandalen zulegten, sonstige Reiseutensilien besorgten und eine Wanderung begannen, deren Richtung die Könige verraten hatten:
„Immer dem Stern von Nazareth nach, Leute!"
„Und wie soll das tagsüber funktionieren, Herr?"
„Schnurstracks in der Richtung bleiben, die ihr euch vor dem Hellwerden eingeprägt habt."

Niemand weiß heute, wie viel aufgebrochen und nie angekommen sind. Denn dieser Stern hatte es in sich, wie wir schon kapiert haben werden: Er leuchtete nur jenen, die des Herrn waren!

Das sah in der Praxis so aus. Der Wanderer, - Frauen waren nicht dabei, die Zeiten waren ihnen zu lausig -, brach mit der Abenddämmerung auf und wenn er den Stern leuchten und glitzern sah, war er des Herrn. Es gab, wie sich herausstellte, drei Grade, des Herrn zu sein: Den der Unerschütterlichkeit – da mochte kommen was wollte, zum Beispiel der Wüstenlöwe, ein räuberischer Beduine oder ein Unwetter mit rundum einschlagenden Blitzen und vor Donner platzenden Trommelfellen; den des Mutes, der einmal abhandenkommen konnte, wenn zum Beispiel ein Rudel Libanonwölfe Jagd auf Wanderer machten; und schließlich den des Wankelmütigen, der erst, wie man heute sagen würde, „große Backe hat", aber beim ersten Hühnerauge aufgibt.

Fassen wir einen dieses Grades ab. Er war munter während der Dämmerung aufgebrochen und weil er des Herrn und guten Willens war, leuchtete ihm der Stern von Nazareth strahlend entgegen. Schon um Mitternacht bekam er wegen schlechten Schuhwerks Blasen an den Füßen und seine Wanderlaune sank um 50 Prozent. Aber noch sah er den Stern, wenn auch matter. Nach einer Stunde Wanderns fasste er als guter Kaufmann, der er war, den Entschluss, Bilanz zu ziehen. Das hätte ich vor Antritt der Reise tun sollen, bilanzierte er jetzt unter dem Genuss leichten Jordanweins, machte kehrt und sah sich nach einer Viertelstunde noch einmal um – potzdonner, der Stern war nicht mehr zu sehen! Also, hieß seine heimliche Bilanz, war's nichts anderes als ein Gerücht und Windei!

Doch Leute seinesgleichen waren hier eine Minderheit; die Mehrheit zog munter vorwärts. Einer der Händler, die rund um den See Genezareth gute Geschäfte machten, wurde bei Josef vorstellig und warnte ihn, „dass ganze Rotten Gläubiger, Heiliger und wohl auch Scheinheiliger unterwegs nach Nazareth seien“.

„Und was wollen die hier?“, fragte Josef und beobachtete Jesus, den er bei der Hand hielt.

„Den kommenden Messias sehen, er wohnt hier in Nazareth.“

„Das müsste ich doch wissen, Mann.“

„Du kennst ihn, Mann, du hast ihn ja an der Hand.“

„Was ist ein Messias, Papa?“, fragte Jesus.

Die Antwort übernahm Maria Magdalena:

„Das Wort bedeutet ‚Gesalbter‘, mein Junge, so bezeichnen wir den von Gott eingesetzten König.“

„Und wer ist Gott?“

„Unser höchster König.“

„Darf ich den mal sehen, kommt er auch zu uns ins Haus?“

„Sehen nie, denn er ist unsichtbar, aber er kommt ins Haus aller Menschen, die des Herrn sind.“

„Hängt das mit dem Stern zusammen, der über unserem Haus hängt und den alle Leute sehen wollen?“

(Heute würden wir ungeduldigen Menschen solch ein Kind als „Nervensäge“ bezeichnen). Der Händler warnte noch einmal im Abgang und schlug vor, „den vielen gläubigen Touristen, die bald vor eurer Tür stehen werden, je einen Schekel für den Anblick auf Jesus abzuverlangen und im Übrigen euer Grundstück einzuzäunen“.

Das geschah mit Hilfe aller Arbeitshände rechtzeitig vor dem Eintreffen der Gläubigen.

„Das war ein guter Rat des Mannes“, sagte Maria und schlug vor, im Eingang des Hauses eine Tonne aufzustellen, in deren Schlitz man eine Münze werfen konnte.

„Lass uns drüberschreiben ‚eine Spende für die Armen Israels – Jehova wird danken‘, dann klingt es nicht so geldgierig.“

„Wenn wir genug Geld eingesammelt haben“, versprach Maria Magdalena dem aufmerksamen Jesus, „kannst du in der Stadt Jerusalem, wo es viele Arme geben soll, jedem eine Münze schenken. Würdest du das gerne tun, Jesulein?“
Wollte er natürlich.

* * * * * *

Ehe wir dem Rummel um den Stern von Nazareth weiter folgen, wollen wir ein Kapitel einfügen, das Jesus von einer Seite zeigt, die bisher nicht bekannt geworden ist: seine Tierliebe. Er war nun 5 und tatsächlich ein vollwertiger Mensch, der auf dem Grundstück seiner Eltern umherlief, sein Wesen trieb und auch in der Nachbarschaft bekannt und beliebt wurde. Die stets aufmerksame Maria Magdalena war es, die als erste bemerkte, „dass er nicht von dieser Welt sein kann“.
„Wie meinst du das?“, fragte Maria konsterniert.
„Schau ihn dir an“, riet Maria Magdalena.
Jesus saß am schon um die Hälfte vergrößerten Gartenteich und angelte. Denn er hatte seine Mutter mitgehört, „dass ich nicht weiß, was wir heute essen sollen“ - ein Seufzer, der auch heute noch ertönen soll. Jesus hockte auf einem vom Vater gefertigten Gartenstuhl, knotete den Angelhaken an den Bindfaden, diesen an den Stock und ließ diese Konstruktion ins Wasser gleiten. Kein Fisch biss an.
„Das allein ist schon ungewöhnlich“, sagte Maria Magdalena.
„Ja“, stimmte Maria zu, „sie beißen sonst immer an, weil wir sie hungrig halten.“
Aber die Fische, dicke Portionsburschen dabei, von denen zwei für ein Mittagessen reichen würden, hatten sich alle am Ufer vor Jesus versammelt und wären zu ihm aufs Land gestiegen, hätten sie Beine gehabt. Als Jesus sich zu ihnen

niederbeugte und eine Hand ins Wasser hielt, wollten sie gestreichelt werden und lutschten mit ihren runden Mäulern seine Finger ab. Jesu Hand war natürlich zu klein, sie aus dem Wasser zu heben.
„Hier ist einer", rief Jesus in den Garten hinein, „den ich heute zu Mittag essen möchte."
Maria Magdalena schlich sich, mit einem Fangnetz bewaffnet, ans Ufer und fuhr mit dem Netz unter die beschuppte Gesellschaft. Fünf kapitale Karpfen fischte sie aus dem Teich und legte die gar nicht zappelnden Tiere vor Jesus ins Gras. Er sortierte sie nach Größe und Schönheit und teilte sie ein: der für Papa, jener für Mama und so weiter , der letzte für Herschel, der ebenso wie Jesus gelernt hatte, auf Gräten achtzugeben – guten Appetit allerseits!

Dass Jesus mit Haustieren auf Du stand, war nicht außergewöhnlich. Obwohl er alles Geflügel abgöttisch liebte, - und Gegenliebe fand -, kannte er keine Bedenken, ihr Fleisch zu essen und eine Hühnersuppe zur Lieblingssuppe zu erheben. Mit Ganter Anser, der Fremden gern an die Kniekehlen ging, stand Jesus auf Duzfuß, aß ihn aber mit Appetit, als er geschlachtet wurde, ehe er als Vierjähriger zu zäh wurde. Jesus pflegte auch seine Hasen mit Hingabe, überantwortete aber seinen liebsten Rammler dem Beil eines Tischlergesellen, als er Hunger auf ihn bekam. Die häuslichen Ziegen stanken Jesus zu viel, und Schaflämmlein sahen ihm zu unschuldig aus, um sie zu töten, auszuweiden und in den Steinofen zu schieben.

Wenn jetzt bei Jesu Familie der Eindruck entstanden sein sollte, er habe Tiere nur zum „Fressen" gern, so wurde sie, diese Familie, bald eines Besseren belehrt. Erinnern wir uns, dass Maria und Maria Magdalena es verstanden hatten, einen Mustergarten zu schaffen, der nicht nur Nahrung für den Haushalt, sondern auch seinen Bewohnern nette und behagliche Stunden bereiten sollte: den zwei- bis vierbeinigen Besuchern, geflügelte wie behaarte, fliegenden, wühlenden und auch kriechenden. Zählen wir einige Tierarten auf, die es vor dem Gartenumbau hier nicht gab. Erstens den syrischen Goldhamster, ein quirliger Bursche, der sofort feststellte, dass Klein-Jesus stets ein paar Leckerbissen zu verteilen hatte. In seiner Armbeuge zu schmusen, während Jesus schlief, wurde seine Leidenschaft, bis er sein ihm von der Evolution vorgeschriebenes kurzes Leben beendigte. Zweitens die Prachtlibellen mit handlanger Flügelspannweite, die es hier vorher nicht gegeben hat – klar, ihre Jungen wachsen im Wasser heran! Drittens: Dort im Teich lebten jetzt Sumpfschildkröten, sonst ganz scheue Tiere, aber wenn Jesus kam und Fischreste anbot, schnappten sie freundschaftlich zu. In einem Baum, viertens, den Josef auf Wunsch Jesu ausgehölt hatte, nistete, wohnte und verschlief ein Siebenschläfer den Tag und kam nur aus der Höhle hervor, wenn es dämmerte oder Jesus ihn mit einer Flötenserenade ins Freie lockte.

Zu erwähnen sind auch die Singvögel, welche im Heiligen Land besonders zahlreich vorkommen, wenn die Zugvogelzeit zu Winteranfang und Winterende im Gange ist.

„Viele dieser kleinen Vögel“, erzählte ein Händler und malte mit einem Stöckchen die „kalten Länder des Nordens jenseits der Berge“ in den Sand, „wohnen dort nur im Sommer, wenn sie ihre Nahrung finden können. Wird es ihnen zu kalt und ist ihr Futter ausgestorben, müssen sie in wärmere Gegenden abfliegen.“

„Wer weist ihnen den Weg?“, fragte Jesus.

„Der Herr tut es, mein Junge.“

Es gab aber auch einheimische Vögel, die nicht fortflogen. Sie besuchten Jesus täglich, pickten ihm sein Frühstück aus der Hand, suchten sein Haar nach Essbarem ab und bedankten sich durch freudigen Gesang.

„Bei Jeremias steht geschrieben“, sagte Maria Magdalena, „dass der Storch am Himmel kennt seine Zeiten und Turtel-

tauben, Schwalben und Kraniche ebenso, wenn sie fortfliegen müssen."
„Wer ist Jeremias?", fragte Jesus.
„Ein Prophet", antwortete Maria Magdalena.
„Was macht ein Prophet?"
„Er prophezeit. Das ist, als wenn er wüsste, was morgen, übermorgen, nächsten Monat und Jahre danach passiert."
„Wie kann er das wissen?"
Maria Magdalena kam allmählich in Erklärungsnot, doch sie half sich aus:
„Durch den Herrn, mein Junge."

Ein richtiges gefährliches Tierabenteuer erlebte Jesus, als er an einem Morgen, gerade 6 geworden, seinen Vater zu einem wichtigen Kunden begleiten durfte. Am Ortsrand von Nazareth gab's Aufregung: Denn Bulle Bonasus, der schon über 500 Kühen zu Kälbern und Milch verholfen hatte, nun aber lahmhüftig geworden war, sollte allem Fleischlichen zugeführt werden. Können Tiere, vor allem unsere Haustiere, welche ja den Menschen durch und durch kennenlernen, ahnen, was diese am Ende ihres Lebens vorhaben? Bonasus jedenfalls gefiel es nicht, aus dem Stall gezerrt und an einem Halfter durchs Dorf geführt zu werden. Und weil er immer friedfertiger war als seine anderen Artgenossen, hatte sein Besitzer darauf verzichtet, ihm den obligaten Nasenring zu verpassen.

Nun, auf halbem Weg zum Schlachter, blieb Bonasius einfach stehen oder ließ seinen Herrn stehen. Kein Schmeicheln half, kein Locken, kein derber Knüppelschlag auf den Hintern. Da kam ein Helfer heran, der eine Figur besaß, dass man ihm ansehen konnte, das Zubodenwerfen eines Bullen könnte ihm keine Schwierigkeiten bereiten. Er wurde aber durch Bonasius durch Hufescharren, ehernem Röhren und Kopfsenken gewarnt. Heutzutage würde man ein störrisches Vieh wie Bonasus auf offener Straße erschießen.

Jetzt aber, im Jahr 7, fragte Jesus seinen Vater, was mit diesem Tier denn los sei und wurde aufgeklärt.
„Gut“, sagte Jesus, „ich mache das.“
Als der Stier ihn kommen sah, schnaufte er erleichtert und senkte den dicken Kopf mit den kurzen Hörnern ergeben zu Boden. Jesus ging um ihn herum, beklopfte seinen Hintern, seinen Nacken und Hals und kraulte ihn zwischen den Hornansätzen. Bonasus grunzte wohlgefällig und ließ einen Strom von Schnott aus seinen Nüstern träufeln. Ebenso andachtsvoll wie er verhielten sich die vielen Zuschauer, auch sie stöhnten laut auf, als Jesus sich jetzt dem linken Ohr des Bullen zuneigte und ganz offensichtlich etwas hineinflüsterte. Als Antwort darauf brüllte Bonasus befreit auf, ließ Jesus die Führleine aufnehmen und folgte diesem in Richtung Schlachthof, wiederum gefolgt vom freudig aufatmenden Besitzer. Jetzt konnte Jesus die beiden alleinlassen und zum Vater zurückkehren. Unterwegs hörte er es im Volk flüstern und murmeln, „Er ist des Herrn“, „Er wird der Messias sein“ und dergleichen mehr.
„Was hast du dem armen Kerl ins Ohr gesagt?“, fragte Josef.
„Ach nicht viel“, antwortete Jesus, „nur ‚Gehe hin zum Herrn, er liebt alles Getier‘“.

* * * * * *

„Papa?“, fragte Jesus und zog seinen Vater zum Gartenteich, „kann man Krokodile essen?“
Im Gartenteich lag eines Morgens ein mannslanges Krokodil und sonnte sich, nachdem es die Fische verschlungen hatte.
„Ja“, antwortete Josef, „das Fleisch des Schwanzes soll leckerer sein als eine Rinderlende.“
„Dann soll es unser Sabbathbraten werden“, befahl Jesus, „ich werde es fangen.“

Er holte sich ein Lederhalfter mit einer Schlinge daran, ging zum Reptil, das ihn ganz ungiftig erwartete und sich sein spitzes Maul von der Schlinge umschließen sich, ohne sich zu mucken. Es jedoch aus dem Wasser zu ziehen überstieg natürlich die Kräfte auch des außergewöhnlichsten Kindes, so dass ein Maurerarbeiter Josefs sich erbat, „das Miststück zu erledigen“. Schließlich mussten drei Arbeiter Hand anlegen, das sich nun mit allen Kräften wehrende Reptil an Land zu ziehen und mit 25 Knüppelhieben „zu erledigen“ - welch ein Festessen am Sabbath!
„Ja“, sagte Jesus dazu, „die Wege des Herrn sind unergründlich.“

Zu Jesu weiteren Verhältnissen gegenüber wilden und auch zahmen Tieren können wir nur mitteilen, dass sie sich alle außerhalb der menschlichen Vorstellungskraft verhielten und einmalig waren. Erstens, dass Wüstenlöwe Leo die Flucht ergriff, als Jesus ihm mit erhobenem Zeigefinger drohte; zweitens, als Wasserbüffelbulle Maximus im Sturmangriff innehielt, als er Jesus an seiner Tränke stehen sah; drittens brach auch Puffotter Angelika, eine Giftschlange, welche in Afrika und im vorderen Orient bis nach Byzanz hinauf die meisten Todesfälle verursachte, ihren Angriff auf Jesus ab und ließ sich von Josefs Holzklotschen tottreten; viertens war da noch das Straußenmännchen Sabre, das dicht am Seeufer das Gelege seines Weibchens bebrütete und die ersten geschlüpften Küken bewachte. Josef wollte eines für die Küche greifen, erhielt aber einen Fußtritt des Männchens, dass er zu Boden fiel. Jesus kam ganz offen heran, steckte sich ein Junges in Hühnergröße unter die Joppe und ging davon. Es gäbe noch einige Tierabenteuer Jesu zu berichten, sie alle offenbarten, dass nicht nur seine Mitmenschen, sondern eigentlich alle Lebewesen seiner Heimat in ihm einen Besonderen, Gesalbten und Erwarteten sahen - „Vielleicht“, sagte

Maria Magdalena offen heraus, „sehen alle Tiere den Stern von Nazareth und sind des Herrn.“
„Auch Läuse, Zecken, Moskitos und Viehbremsen?“, stellte Josef zur Diskussion – man wurde sich nicht einig!

* * * * * *

Nun endlich näherten sich von allen Seiten Trupps der Sternwanderer dem Dorf Nazareth. Über 50 Prozent der Aufgebrochenen hatten unterwegs schlappgemacht, teils aus gesundheitlichen und religiösen Gründen, zum Teil weil für sie das Licht erlosch und sie keinen anderen Ausweg sahen, als heimzukehren; sie sparten freilich das Eintrittsgeld von einem Schekel. Alle, die des Herrn und nun angekommen waren, wussten nicht, was ihnen bevorstand, denn eine Offenbarung irgendeines Apostels oder Jüngers oder Führers gab es nicht. Und weil sie nicht aufdringlich und unhöflich sein wollten, gingen sie taktisch klug vor: Sie lagerten bis zum Abend im Weichbild Nazareths, und als es fast dunkel wurde, so dass der Stern zu sehen war, gingen sie ins Dorf vor, bis sie vor einem eingezäunten Areal standen und sich, - soll man es glauben oder nicht? -, direkt unterm Stern befanden. „Wir sind angekommen“, diese Nachricht durcheilte ihre Reihen. Ließ alle niederknien und den Choral singen „Bis hierher hat uns der Herr gebracht in seiner großem Güte“. Alle Bewohner Nazareths schliefen oder taten so als wenn. Alle Bewohner von Josefs Anwesen schliefen nicht und beobachteten durch Gucklöcher im Zaun, dass die Pilger in Ordnung abzogen.
„Morgen müssen wir früh aufstehen“, sagte Maria, „und die Schule fällt aus.“
„Kommen die alle meinetwegen?“, fragte Jesus.
„Ja“, antwortete seine Mutter, „sei nett zu ihnen. Sie sind die vom Herrn Geleiteten.“

„Ich werde sie alle segnen", sagte Jesus, „auch diejenigen, welche keinen Schekel bezahlen wollen oder nicht zu mir niederknien können."
Schullehrerin Maria Magdalena hatte Jesus beigebracht, wie man segnet. Am liebsten hätte sie ihn das Taufen gelehrt, verzichtete aber wegen seines jugendlichen Alters auf diesen Plan. Womit die ganze Familie nicht gerechnet hatte? Dass über hundert Pilger lieber Devotionalien, Andenken und Lebensmittel schenkten als Schekel zu zahlen.

Es ist in keinem Evangelium verzeichnet, was sich hier in Nazareth im Jahr 7 ereignete. Jesus war nun 6 und machte körperlich den Eindruck eines achtjährigen und geistig den Eindruck eines zehnjährigen Jungen. Das bewiesen seine letzten Worte, ehe das Tor geöffnet wurde:

„Morgenstund hat Gold und Silber im Mund."

Ja, Satanas, Luzifer, auch Teufel genannt, trat mit den Pilgern ein. Wir werden darauf noch zurückkommen. Es ist nie ermittelt worden, wie viel Prozent der Pilger hier einen gestandenen Mann als Heiland und Messias erwartet hatten. Denn niemand wagte mehr durchblicken zu lassen, ob er enttäuscht sei oder nicht, als „dieser Mann" nun vor ihnen stand und „seinen Mann" stand. Jetzt zahlte es sich aus, dass Maria Magdalena „ihren" Jesus gelehrt hatte, stets gute Sprüche parat zu haben. Ein Dutzend lernte Jesus einen Tag vorher auswendig und mit theatralischer Gestik und mildem Gesichtsausdruck vorzutragen. Hier sind also die ersten zwölf, die sich nach jedem zwölften Pilger wiederholten:
„Gehe heim in Frieden" einem Großvater, der es geschafft hatte herzukommen.
„Der Herr sei mit dir" an einen werdenden Vater.
„Lass dich nicht mit falschen Göttern ein" einem scheinbar Heiligen.
„Der Herr nimmt auch dich an" zu einem Leprakranken.

„Zum Herrn allein sei stille“ einem Schwätzer zugedacht.
„Der Herr ist zuverlässiger als Silber und Gold“ einem Kaufmann.
„Sei wachsam“ einem Zöllner, den sein Beruf anekelte.
„Werde nicht müde, Gutes zu tun“ einem Tempeldiener.
„Ein Armer gefällt dem Herrn mehr als ein Lügner“ einem Pharisäer.
„Ihr alle seid Brüder“ zu zwei sich zankenden Brüdern.
„Danke dem Herrn, denn er ist freundlich“ einem Misantropen.
„Werde nicht müde, den Herrn zu loben“ einem Tempelprediger.
Alle erhielten Jesu Segen, indem er ihnen die Hände auf die Schultern legte und daran erinnerte, auf das „Licht des Herrn“ zu achten, „damit es dir nicht ausgehe“. Viele der gesegneten Männer, - Frauen trauten sich erst am nächsten Tag her -, die vorher keinen Obolus in die Tonne gesteckt hatten, taten dies nun nachträglich. Ein Schild verkündete den Pilgern, dass Jesus eine Mittagspause und eine Nachmittagsunterbrechung benötige.
Das verstanden sie und einer weissagte sogar:
„Herr, du wirst morgen einen Muskelkater haben.“
„Was ist ein Muskelkater, Herr, eine besonders starke Katze vielleicht?“
So wusste Jesus jeder Situation die Stirn zu bieten. Der uns schon bekannte Zöllner fragte Josef hinter hohler Hand:
„Was macht ihr mit den vielen Schekels und anderen Münzen, die in die Tonne klimpern?“
„Die wird Jesus in Bethlehem und Jerusalem unter arme Leute bringen.“
„Das ist gut“, stimmte der Zöllner zu, „dann braucht ihr sie nicht zu versteuern.“

Es ist klar, dass sich unter den vielen redlichen Pilgern auch einige befanden, „die falschen Herzens“ waren – ebenso ist klar, dass Jesus sie mit einem Blick entlarvte.
„Wie hast du hergefunden?“, fragte Jesus einen Mann, der wie ein geborener Rabbiner aussah und Jesus wie ein Richter betrachtete.
„Wie meinst du das, Junge?“
„Weil du den Stern nicht gesehen hast, darum!“
„Welchen Stern meinst du, Junge?“
„Den von Nazareth. Und nun pack dich, denn dem Herrn sind jene ein Gräuel, die falschen Herzens sind.“
Einen anderen Täuscher fertigte Jesus ähnlich ab:
„Wer eine Grube gräbt, fällt selbst hinein.“

* * * * * *

Nach einer Woche derartiger Arbeit und hoher Anstrengungen, die, wie Maria Magdalena sagte, „ein Kind niemals unbeschadet überstehen kann“, ebbte der Strom der Pilger merklich ab und versiegte allmählich. Obwohl sich Jesus in dieser fraglichen Zeit körperlich nicht verändert haben konnte, wirkte er doch nun reifer, erfahrener und als versierter Kenner menschlicher Schwächen und Stärken. Neunzig Prozent aller Pilger beiderlei Geschlechts, so schätzte die Familie, werden nun als Säer und Pflanzer heimkehren und säen und pflanzen: in der Familie, in den Fischereien, auf den Bauernhöfen, in Tempeln und Bethäusern, und als Befehlende und Befehlsempfänger in den römischen Legionen.

Als der so genannte Alltag wieder einzog und die Sabbathstimmung abgeklungen war, konnte Josef ein Anliegen zur Sprache bringen, das ihm am Herzen lag und ausgeführt werden sollte, „ehe Jesus uns über den Kopf wächst“ - er meinte damit die Schule.

„Mein Vater Jakobus hat mir gesagt“, argumentierte er jetzt, „an guten Schulen erkenne man ein gutes Land.“
„Dieses wahre Wort“, erzählte Maria später, „scheint der Herr nicht nur gehört, sondern auch erhört zu haben. Denn kaum war es verklungen, pochte es am Hoftor und ein Mann begehrte Einlass, der nur vom Herrn gesandt sein konnte.“

Dieser Mann war ein Exote, hier nie Gesehenes, völlig Unbekanntes, eine Laune der Natur und ein Scherz der Schöpfung: Größer als der stärkste Fischer Kapernaums, blauäugig wie der See bei gutem Wetter, blond wie der Wüstenmähnenlöwe, mit Fäusten wie Hämmer in der Schmiede und Schuhen, die jede giftige Otter zu Brei stampfen würden, geräte sie je unter sie. Alle Betrachter dieser menschlichen Rarität hielten den Atem an und überlegten, wie man sich zu verhalten habe – nur Jesus nicht. Er stellte sich neben den Besucher und bildete mit ihm, von der Größe her, das biblische Paar David und Goliath. Und Jesus sagte eine Einmaligkeit:
„Er hat den Stern von Nazareth am Tag gesehen.“

Nun teilen wir mit, was es mit dem seltenen Besuch auf sich hatte, frei nach dessen eigenen Worten:
„Ich bin ein Germane namens Ermano, dessen Großeltern mit den von Rom gefürchteten Teutonen ins Land Italia kamen, wo der Kaiser wohnt, dessen Untertanen ihr seid. Der Teutonen Heimat liegt weit hoch oben im Norden, wo ein Winter sechs Monate dauert und das Meer am Land nagt wie eine Ratte am Brotkrumen. Ich habe den Kaiser in Roma gesehen, diente bei seinen Prätorianern und habe den Auftrag erhalten, hier in Galiläa den Gerüchten nachzugehen, dass ein neuer Messias das Volk unruhig und widersetzlich gegen die Obrigkeit mache. Habe ich den Messias gefunden?“
„Hast du ihn gefunden?“, fragte Jesus.

„Nein, junger Mann, noch nicht."
„Was wirst du mit ihm machen, wenn du ihn gefunden hast?"
„Ihn in die Arme nehmen, anbeten und ewig dienen."
„Was heißt ewig?"
„Solange er lebt oder ich lebe."
„So knie nieder, damit ich dich segne!"
Ermano gehorchte und Jesus segnete ihn „im Namen des Herrn", indem er beide Hände auf seine prächtigen blonden Haare legte und sagte, „du bist mein erster Jünger solange wir leben."

Brach ein Erdteil zusammen, hielt die Erdrotation an, öffnete sich der Himmel, jubilierte „das Gevögel" in der Luft, liefen die Bewohner des Sees herbei und ließen Taschendiebe ihre Opfer ungeschoren? Nein und dreimal nein! Doch Maria Magdalena, welche diesen „Klotz von Kerl" anschaute wie ein Verdurstender der Wüste einen Becher Met anstarren würde, kehrte trotz schierem Herzklabastern die Neugier hervor:
„Wenn du in Roma beim Augustus warst, musst du auch Latein sprechen können."
„Sol lucet omnibus", antwortete Ermano, „die Sonne scheint für alle."
Damit brach doch ein Damm: Der des geheimen Misstrauens, das jeder Mensch entwickeln kann. Aber weil Jesus sich so gut mit Ermano verstand, gab es für die anderen Familienmitglieder kein Bedenken mehr.

Jetzt musste Ermano von sich erzählen und bekennen, dass er hergekommen sei, um Arbeit als Bauhandwerker, Schreiner, Tischler, Maurer und Bauzeichner zu bekommen, „wo ich doch lesen, schreiben, rechnen und zeichnen kann wie kaum einer hier". Wir müssen hier mitteilen, dass Josef schon, gemeinsam mit Maria, darüber nachgedacht hatte, Nazareth zu verlassen und irgendwo am See Genezareth,

„wo viel mehr los ist, einen größeren Betrieb einzurichten als hier, wo wir keinen Platz mehr haben". Darum hatte Josef auch die Errichtung eines Schulraums aufgeschoben. Maria Magdalena war auch einverstanden mitzukommen, „wenn ihr, Maria und Josef, einen Garten mit einplant und eine Schule, deren erste Lehrerin ich sein möchte." Jesus ließ sich mit dem Versprechen locken, dass an einem See schöner zu leben sei als innerhalb eines kleinen Dorfes, das wenig Zukunft habe.
„Und was wird unser Stern machen?", fragte er besorgt.
„Es ist der Stern des Herrn", antwortete Maria, „nicht unserer. Lass den Herrn nur machen."

* * * * * *

Doch Josef, nicht gut auf Obrigkeiten zu sprechen, wies auf eine Sorge hin, die er sich machte:
„Sag, Ermano, wie es kommt, dass man in Rom glaubt, hier könne ein neuer Messias aufgetaucht sein?"
„Nun", antwortete Ermano, „jeder Staat und alle seine Machthaber müssen ihre Ohren, so nennt man Spione, überall haben und herumhorchen, wo auch nur Anfänge von Unruhen und Aufstände aufbrechen könnten. Und alle Syrer, Hebräer, Israeliten und andere, die hier vermischt miteinander auskommen müssen, bilden ein heikles Völkchen, das scharf an die Kandare genommen werden muss. Wenn einige eurer Leute, Josef, den Mund voll nehmen und auf Freiheit vom römischen Joch hoffen, dann müsst ihr euch nicht wundern, dass man ein scharfes Auge auf euch richtet. Und sie wissen in Rom, dass aus einem kleinen Messias ein großer werden kann. Außerdem musst du bedenken, dass man euren kleinen Jesus nur so lange lieben und pflegen wird, wie er eben klein und niedlich ist und dass er schon jetzt bei den Hohepriestern und einigen Rabbinern Argwohn erregt. Wer sich von einem Stern des

Herrn leuchten lässt, behaupten sie, kann auch eine neue Religion auf die Beine stellen – nehmt euch etwas in acht mit Jesus, rate ich!“

Josef und Ermano machten sich auf zum See und fanden bei Kapernaum, dort wo der Jordan in den See mündet, ein Grundstück, das voll und ganz ihren Wünschen entsprach. Dort, als sie es abgingen und ausmaßen und gegen Mittag eine Pause machten und den Fischern beim Fang zusahen, dort also rückte Josef mit seinem zweiten Plan heraus.
„Hast du nicht bemerkt, Ermano“, fragte er, „dass Maria Magdalena dir schöne Augen macht?“
„Doch, habe ich. Ich war früher auch Jäger und weiß zu beobachten.“
„Und?“
„Wir sind uns heimlich schon einig geworden und wollten warten, ob ihr es bemerkt.“
Wie wurde damals geheiratet? Es gab weit und breit keine Behörde wie Standesamt und kirchliche Trauungen, später obligat geworden, gab es auch nicht. Trat der Bräutigam dem Brautvater gegenüber, knallte ein paar Schekel auf den Tisch und forderte ein Einverständnis? War ein ganzer Beischlaf schon die halbe Heirat? Machte man, wie die Skipetaren, einen Brautraub? Oder fragte der Mann artig, „ich halte um die Hand deiner Tochter an?“ Alle diese Fragen könnten mit Ja beantwortet werden.

Doch Ermano und Maria Magdalena besaßen weder Verwandte noch Bekannte, die hätten befragt werden müssen. Aber wenn ein Mädchen, junges oder spätes, einen Blumenstrauß, ein Schmuckstück oder nur ein Versprechen annahm und wenige Tage später eine Fete stieg, dann – ja dann war sie im Hauruckverfahren verheiratet.
„Ja, das machen wir“, rief Ermano auf den See hinaus und umarmte Josef, dass dessen Knochen knirschten, „und ich

werde in deiner Werkstatt arbeiten oder mich im See ertränken."
„Du sollst aber auch Jesu Schullehrer sein", sagte Josef, „denn er muss dieses Latein kennen und können, wenn er einmal in die große Welt hinausgehen will."
„Will er das, Josef?"
„Ja, er fühlt einen Prediger gegen das Böse in sich, wie es noch keinen größeren gegeben haben soll. Und wo muss man mit dem Predigen anfangen?"
„In Rom, wo sonst?"

Nach Nazareth zurückgekehrt überraschte Josef seine Familie mit der Nachricht, dass man nach Kapernaum umziehen werde und Ermano beehrte seine Maria Magdalena mit einem Heiratsantrag. Der wurde angenommen. Als Josef und Maria das unausweichliche Denken anfingen, wie denn alles bezahlt werden solle, war Jesus der einzige, der Rat wusste und sofort zur Tat schreiten wollte.
„Habt ihr denn vergessen", rief er, „dass in unserem Garten ein Schatz vergraben liegt?" Tatsächlich, das hatten sie.
„Ja, die Goldkronen der drei komischen Könige", fügte Jesus hinzu, „sie sind nie gekommen, sie abzuholen, folglich gehören sie uns."
„Und wenn sie nun aus Leder oder Holz sind?", fragte Maria, „was dann?"

Aber sie bestanden natürlich aus getriebenem Gold. Ehe Josef sie bei Nacht und Nebel ausgrub, nur vom Stern beleuchtet und von Herschel bewacht, setzte er sich mit seinem langjährigen und vertrauenswürdigen Händler zusammen, der sie zu Geld machen sollte.
„Ich muss damit bis nach Damaskus ziehen", sagte der, „weg von den Römern und den Philistern und brauche eine Bedeckung, weil kein Mensch ewig wach sein kann und

schlafen muss. Gib mir deinen blonden Germanen mit und bewaffne ihn, damit er abschreckend aussieht."
„Klar", stimmte Josef zu, „er hat mir erzählt, dass er den Hals eines Gegners auf hundert Schritt mit dem Bogen treffen und ein Schwert schwingen kann wie niemand hier in Galiläa."
Dass es bis Damaskus eine gefährliche Reise sein würde, war auch Maria Magdalena klar, aber sie bestand auf eine Hochzeit vorher und sagte, „dass ich bei Misslingen der ganzen Chose lieber eine Witwe sein möchte als ledig". Das war eine klare Sache. Dachte sich auch Jesus und er freute sich, dass Ermano vorher noch ein paar Stunden Latein in einem „Extraunterricht allein für dich" machen wollte. In der Zeit, wo Ermano unterwegs war, wollte Maria Magdalena ihn, Jesus und ein paar Kinder Nazareths im Rechnen, Lesen, Schreiben und „der Geschichte Israels" unterrichten.

* * * * * *

Die Hochzeit war eine Wucht. Obwohl sie ganz sparsam ausgeführt wurde und weder Maria Magdalena noch Ermano sich dem Anlass gemäß einkleiden konnten. Maria war in ihrem Element, denn sie kannte „ihren Moses" und zitierte ihn zwischen Hühnersuppe und Hauptgericht ganz unbefangen:
„Wenn jemand eine Jungfrau betört, die nicht verlobt ist, und liegt ihr bei, muss er sie sich gegen das Heiratsgeld zur Frau erwerben. Falls sich ihr Vater hartnäckig weigert, sie ihm zu geben, soll er das Geld abwiegen nach dem Heiratsgeld für Jungfrauen."
„Die Bibel", sagte eine Nachbarin, die ihren Mann nach einem Kampf mit Straßenräubern verloren hatte und einen neuen Partner suchte, „bezeichnet die Ehe als einen Bund unter Zweien. Warum soll da noch ein Dritter hineinpfu-

schen, dumme Fragen stellen und als Beamter oder Rabbi Gebühren kassieren? Kann das gegenseitige Versprechen, das den Ehebund ausmacht, nicht unter vier Augen erfolgen?“

„Mein erster Mann“, erzählte Maria Magdalena, „ist von den Römern gekreuzigt worden – soll ich da einen Römer fragen, ob ich noch einmal heiraten darf!“

Jesus und die Kinder der Nachbarschaft, die eingeladen waren, saßen am Extratisch und konnten mithören – sofern sie nicht anderweitig beschäftigt waren. Jesus war kein Spielkind im herkömmlichen Sinn, aber was ihm jetzt von einem neunjährigen Jungen vorgeführt wurde, konnte ihn zu einem Spieler machen.

„Mein Vater“, erzählte Hesekiel, „hat dieses Spiel, ein Brettspiel genannt, aus Persien mitgebracht, wo es jedermann zu spielen scheint. Soll ich es dir erklären, wie es geht, Jesus?“

„Ja, das möchte ich lernen. Ist es schwer?“

„Für dich jetzt sofort, ja. Es setzt denken voraus.“

„Ich bin ein Denker, sagt Mutter manchmal.“

„Nun denn, wir werden ja sehen. Es heißt Schach, ein Wort, das wir schwer aussprechen können, und besteht, wie du sehen kannst, aus einem Brett mit dunklen und hellen Feldern, auf denen jeder Spieler 16 Figuren hin und herschieben kann.“

Hesekiel war ein geduldiger Erklärer, Jesus ein ebensolcher Zuhörer, und so dauerte es keine lange Weile, - so viel, wie ein guter Esser zum Vertilgen dreier Mürbebrote benötigte -, bis Hesekiel fragte, „ob du alles begriffen hast?“

Jesus nickte und hatte auch schon einen Feldzugplan.

„Das Spiel ist wie ein richtiger Krieg“, warf er ein, „und Kriege mag ich nicht.“

„Sei keine Memme, Jesus!“

„Was ist eine Memme, Hesekiel?“

„Ein Mensch, der sich leicht fürchtet und Schiss hat.“

„Was ist Schiss?“, fragte Jesus.
„Nun“, kam die pfiffige Antwort, „das, was kleine Kinder in die Hose und Erwachsene in den Lokus machen.“
„Ich hab keinen Schiss, Hesekiel.“

Nach diesem jugendlichen Wortgeplänkel glaubte Hesekiel leichtes Spiel zu haben: Ein paar Bauern vorgeschoben, Läufer, Springer und Türme hinterdrein, die Königin zuschlagen lassen und den König verbergen und beschützen. Bräutigam Ermano kam herbei, kannte das Spiel zwar nicht, begriff aber an den beobachteten Zügen der beiden Spieler, dass hier von einem Kinderspiel keine Rede sein konnte. Jesus hatte unterdessen bei den gegnerischen Bauern ein Gemetzel veranstaltet und Hesekiel so in die Enge getrieben, dass dieser jähzornig aufsprang, dem Tisch einen Tritt versetzte und beleidigt den Ort verließ.
„Du bist ein richtiger Cäsar“, lobte Ermano Jesus.
„Was ist ein Cäsar, Ermano?“
„Cäsar war ein großer Feldherr in Rom, der sowohl in Gallien, Germanien als auch hier in Ägypten sein Unwesen trieb. Als er einmal prompt nach seiner Ankunft den Feind schlug, sandte er eine Kurznachricht nach Rom, die ‚Veni, vidi, vici‘ lautete und ‚Ich kam, sah und siegte‘ verkündete. Später soll er von seinem Sohn ermordet worden sein.“
Ermano sah Jesus so merkwürdig an, dass dieser fragte:
„Was ist an mir, dass du mich betrachtest?“
„Ich denke daran, dass du eigentlich, ehe du voll und ganz erwachsen bist, die Stadt Rom kennenlernen solltest.“
„Aber nur mit dir!“, befahl Jesus konsequent.
Und das wird geschehen!

So ging dieser historische Hochzeitstag seinem Ende entgegen. Die Gäste verließen das gastfreie Haus gesättigt und vom Durst gestillt und tuschelten, ob beide, Ermano und Maria Magdalena, sich beiwohnen würden. Gehört wurde nichts, aber nach der üblichen Schwangerschaftszeit kroch ein kleiner Ermanio ans Licht des Tages – da war der Familienschauplatz schon von Nazareth nach Kapernaum verlegt.

Eine neue Heimat

Kapernaum, auch Kafarnaum geschrieben, war zur Zeit Jesu ein Fischerdorf am Nordufer des Sees Genezareth, in der Nähe von Tabgha und Tiberias. Es war ein Grenzort, wo üblicherweise Truppen stationiert wurden. Die Jordanmündung war nur eine Gehstunde entfernt und Straßen wie die Via Maris und andere waren für den Nordsüd- und Ostwestverkehr von großer Bedeutung. Damaskus im Nordosten war nicht weit und auch nach Ptolemais im Westen am Meer konnte man leicht hinkommen. Wandern zu Fuß war üblich, Pferdegespanne selten, geduldige Esel trugen Lasten tageweit davon. Nach dem Tod Herodes des Älteren im Jahr 4 v. Chr. wuchs die Bedeutung der Stadt noch an, weil sie im aktuellen Erbfall zwischen die Herrschaften Herodes Antipas und Herodes Philippos geriet.

Mit dem Umzug nach Kapernaum im Jahr 10 kam Jesus näher an jenen Fluss heran, der für ihn zum Schicksalsstrom werden sollte: der Jordan. Er fließt, durch zwei Quellflüsse im Hermongebirge gespeist, in fast „gerader" Linie nach Süden, längs durch den See Genezareth und lässt westlich Samaria und östlich Dekapolis liegen. Sein Endziel ist das abflusslose Tote Meer, „das tief unter dem Horizont" liegt. Für das Judentum der Zeit hat der Jordan die Bedeutung, dass das Volk Israel bei der Landnahme Kanaans und der Wanderung durch die Wüste den Fluss überschritt. Wir werden im Zuge unserer Abhandlung erfahren, was der Jordan für Jesus bedeutete.

* * * * * *

„Mit Sack und Pack“ ist zwar kein biblischer Ausdruck, aber es ist sicher, weil es gar keine andere Möglichkeit gab, dass frühe Völker bis in unsere Tage hinein so „fortgezogen“ sind, wenn es ihnen in der alten Heimat nicht mehr passte. Josef und Ermano, zwei „Kerle“, auf die sich jeder Mann und jede Frau verlassen konnte, hatten „logistisch“ vorgesorgt. Und weil einige Bewohner Nazareths inzwischen „die Nasen voll hatten“ von Nazareth, zogen sie mit nach Nordosten. Josef verkaufte das Anwesen „seiner Väter“ etwas wehleidig aber vorteilhaft: Zweitausend Schekel inklusive Garten, Werkstatt und allem Drum und Dran, und außer diesen Schekels klingelten und klapperten weitere fünftausend in Säcken, Säckchen, Koffern, „Rucksäcken“, Seiten- und Hosentaschen: Die hatte ihm sein Händler, der auch in Kapernaum weiter Geschäfte machen wollte, in Jerusalem für sechstausend verhökert.
„Unser Israel und speziell Jerusalem“, hatte ein oberster Krösus beim Ankauf verlauten lassen, „wird bald Könige haben, denen ich dann die Kronen aufsetzen kann.“
Josef und Jesus hatten dem Händler vorher geraten, nach Erhalt des Geldes „schneller als ein Ross laufen oder ein Adler fliegen kann“, die Stadt zu verlassen und auf dem Seeweg über Askalon nach Norden heimzukehren. Das wurde gemacht und gelang. Später erfuhr man, dass der Käufer tatsächlich eine Jagdveranstaltung machte, um an seine Schekels wieder heranzukommen – nun machten diese die Wanderung mit. Josef hatte seine Arbeiter einen Monat vorausgeschickt, damit die wichtigsten Bauten wie Wohnhaus für Ermano und Maria Magdalena und für die eigene Familie schon bei der Ankunft bezugsfertig wären.

So zogen sie dahin: Herschel mit Jesus als Schrittmacher, der er ja einst sein würde, ihm folgte ein Zweier-Pferde-Gespann, das von der schwangeren Maria Magdalena gelenkt wurde, dann der Trupp Aussiedler mit Handkarren

und jenen Gefährten, die man später Bollerwagen nennen wird, dann bepackte Esel und solche, die zweirädrige Karren zogen, noch ein einspänniger Familienwagen, den Maria steuerte, und schließlich Fußvolk mit so viel Gepäck, das tragbar war. Eine Übernachtung bei Kanaa war eingeplant.
„Wer nicht durchhält“, befahl Josef, „soll sich am Wegesrand ausruhen, eine Unterkunft suchen, im Dornenwald schlafen und dann nachkommen.“
Das von Jesus vorgegebene Marschtempo schien am ersten Tag allen Wanderern zu gefallen. Aber nicht einem Stadtwächter vor Kana.
„Halt an, mein Junge!“
„Du hast mir nichts zu befehlen“, antwortete Jesus, „und ich bin nicht dein Junge.“
Und ging weiter.
„Und wessen Junge bist du?“, fragte der Wächter mitgehend.
„Des Herrn Junge.“
„Und wer ist dein Herr?“
„Der Herr.“
Das war ein Dialog so recht nach dem Herzen Ermanos, der aufgeschlossen hatte und den Wächter nun belehrte, dass sie ein Einwanderzug seien und in Kanaa übernachten wollten.
„Das kostet ein paar Schekels.“
„Hol sie dir von Herschel, der trägt unser Reisegeld.“
Herschel stand hinter ihm und knurrte unmissverständlich.
„Du solltest auf die Gebühr verzichten“, riet Ermano, „denn wir werden in eurer Herberge übernachten und dort viel Geld ausgeben.“
Man einigte sich, und am Abend stellte der Wachmann erstaunt fest und machte darauf aufmerksam, „dass über Kanaa ein neuer Stern steht“.
„Siehst du ihn?“, fragte Jesus.

„Ja, er steht sogar über dir, Junge."
„Dann bist du des Herrn, Mann."

Es gab zwar keinen Volksauflauf vor der Herberge, über der nun der Stern stand, aber ein Chor hatte sich aufgestellt und sang mehr schlecht als recht aber innig:

„Der Stern ist aufgegangen, kein andre Sterne prangen
am Himmel hell und klar.
Die Nacht steht still und schweiget
und aus den Lüften steiget der neue Heiland wunderbar."

„Könnt ihr alle den Stern sehen?", fragte Josef die Sänger. Sie bejahten eifrig und wollten nun wissen, „wer von euch ist der Heiland?" Da trat Jesus vor und sagte „Ihr seid alle des Herrn und begnügt euch damit".

* * * * * *

Am nächsten Nachmittag roch man den See eher als man ihn sah, und alle bekamen redlichen Schmacht nach „am Spieß gebratenen Fisch".
„Ich werde fischen gehen", sagte Jesus, „ein paar starke Männer mögen mitkommen und einen Kescher und Körbe mitbringen."
Während die anderen sich damit beschäftigten, Häuser, Ställe, Unterkünfte und Zimmer zu beziehen und sich einzurichten. Am Abend begann der Stern über Kapernaum zu leuchten. Es leuchteten auch sowohl die Lagerfeuer als auch alle hungrigen Augen, als Jesus und Maria Magdalena von Feuer zu Feuer gingen und Hechte, Karpfen, Seeforellen, Jordanlachse und Genezarethaale verteilten – alle diese Leckerbissen waren Jesus „freudig" in den Kescher gesprungen. Als nun auch der Wirt, angeregt von der Vorstellung, „der Herr persönlich sei vom Himmel gestiegen", ein paar Säcke Most springen ließ, da war „des Quinkilierens,

Singens, Tanzens und Freudigseins des Herrn kein Anfang und kein Ende:

„Befiehl du deine Wege
und was dein Herze kränkt,
der allertreusten Pflege des,
der den Himmel lenkt.
Der Wolken, Luft und Winden
gibt Wege, Lauf und Bahn,
der wird auch Wege finden,
da dein Fuß gehen kann."

Wie das auch alles gewesen sein, wie viel die Sage das Geschehen verändert haben mag, alle Teilnehmer dieser abendlichen Fete am See Genezareth gedachten später jedes Jahr einmal: „Wir sind dabei gewesen am Tag des Herrn und der Herr war auch bei uns."

Jesus aber schlief mit Maria Magdalena provisorisch in einem Zimmer, „ich muss sie bewachen", und erträumte „den Auftrag des Herrn, der Menschheit vor Augen zu führen, dass er, der Herr, stets bei ihr, der Menschheit sein werde".

Wir werden jetzt eine Woche in der Berichterstattung auslassen, um der Familie Gelegenheit zu geben, sich neu einzurichten. Jesus aber machte da nicht mit, weil ihm körperliche Arbeit nicht gefiel und weil er hier in Kapernaum des Herrn Himmelszelt studieren wollte.

„Ich muss wissen", hatte er verkündet, „wie Sonne, Mond und Sterne funktionieren. Weiß das einer von euch?"

„Nein. Das ist ja des Herrn Werk."

„Eben drum, heute ist Vollmond", antwortete Jesus, griff sich einen Happen Trockenbrot und ging zu der Stelle, wo der Jordan in den See mündet, etwa gegenüber dem Ort Julias. Dort stand sogar eine Bank, auf der er es sich bequem machen konnte. Als er aß, den Stern von Kapernaum über sich, versammelten sich im Nu tierische Freunde um ihn, um an der Speisung teilzunehmen: Erdhörnchen, Hamster, Kaninchen, Hasen, Vögel, Krokodile und sogar ein sonst scheuer Waran. Jesus ließ abbeißen, zupicken, anknabbern und schnabulieren, vergaß seinen eigenen Hunger nicht und bemerkte wohl, dass sein Brot nicht weniger wurde. Daraus schloss er, dass alle diese Lebewesen des Herrn sein mussten. Inzwischen war es dämmerig geworden, der Stern schaltete sich an und der im ganzen Land berühmte Genezarethvollmond begann aus dem See zu steigen. Jesus wusste, dass er in einem Halbbogen während der Nacht am anderen Ufer des Sees wieder verschwinden würde.

Ehe der Mond sein Licht voll aufdrehte, konnte Jesus in seinem milden rötlichen Licht seine Struktur erkennen: Das waren doch richtige Landschaften mit Gebirgen und so, die er erkennen konnte!

„Ob dort Menschen leben?“, fragte er sich laut.

„Darüber“, kam eine Antwort, „haben sich schon Astronomen und Astrologen vor grauer Vorzeit ihre Köpfe zerbrochen.“

Jesus erschrak nicht, als ein Mann aus dem Dunkel trat und sich neben ihn setzte – er wusste sich unter dem Schutz des Herrn.

„Was tust du hier und wer bist du?“, fragte eine freundliche Stimme.

Jesus hatte vor Tagen mit Ermano abgesprochen, Fremde, die ihn ansprachen oder ziemlich nah herankamen, einer Prüfung zu unterziehen.

„Siehst du den Stern über mir?“, fragte er statt einer Antwort.

„Welchen Stern, junger Mann?“

„Wenn du ihn nicht siehst, fremder Mann“, antwortete Jesus fest, „bist du nicht des Herrn. Mit solchen Leuten spreche ich nicht. Aber ich will dir sagen, dass ich heute in der

klaren Nachtluft des Herrn Gestirne beobachte und meine Schlüsse ziehen möchte."
„Du sprichst immer vom Herrn – wen meinst du damit?"
„Den Herrn eben, der bald hier in Palästina eine neue Zeit anbrechen lassen wird für alle, die sein sind."
Der Besucher, nämlich Rabbiner Simon Samon aus Julias, immer gut informiert über die vielen religiösen Strömungen Palästinas, zuckte nun zusammen und Jesus begann Gefahr zu ahnen. Er wollte ihn ablenken und sagte:
„Du weißt also auch nicht, ob der Mond bewohnt ist oder nicht? Und wenn es nur Drachen wären? Weil du es nicht weißt, muss ich jetzt zu meinen Eltern gehen, ehe sie sich Sorgen machen."
„Wer sind deine Eltern?"
„Josef und Maria von Nazareth."
„Warum von Nazareth?"
„Weil wir dort bis vor kurzem gewohnt haben und jetzt hergezogen sind."
„So bist du Jesus von Nazareth, oder? Der Heiler."
„Ich heile niemanden", antwortete Jesus.
Er war schon auf dem Weg nach Hause, als ihm ein Gedanke kam:
„Siehst du jetzt, Rabbi, den Stern von Kapernaum?"
Simon Samon schaute nach oben und sah ihn.
„Ja, er muss eine Nova sein."
„Du darfst mich jetzt heimbringen", sagte Jesus, „dann weißt du, wo ich wohne und kannst mich morgen besuchen. Wenn du ein guter Lehrer bist, hat mein Vater Arbeit für dich, wenn du welche suchen solltest."

* * * * * *

Zu Hause angekommen, musste Simon Samon, (das war nicht sein richtiger Name!), erst einmal Rede und Antwort stehen:

„Wie heißt du, wer bist du?“
„Johannes der Täufer.“
„Vater“, fragte Jesus, „was ist ein Täufer?“
„Ich taufe all jene“, antwortete Johannes, „die noch nicht des Herrn sind.“
„Und du bist des Herrn?“, fragte Jesus.
„Ja, seit ich dich gesehen habe, Jesus.“
„Aber du sagtest vorhin, meinen Stern nicht gesehen zu haben.“
„Da kannte ich dich noch nicht, Jesus von Nazareth.“
„Und jetzt kennst du mich?“
„In- und auswendig, Herr.“
„Sag nicht Herr zu mir, Johannes, der bin ich nicht.“
Werte Leserschaft, bist du jetzt nicht auch der Meinung, dass mit dem jungen Jesus schwer zu diskutieren ist? Und wie es werden soll, wenn er erst einmal erwachsen ist?

Jetzt riss Josef das Verhör an sich:
„Johannes, du bist etwa zehn Jahre älter als mein Sohn, gerade das Alter, in dem du sein Lehrer sein könntest. Wir machen hier eine Schule auf, haben auch schon einen Lehrer für Latein und eine Lehrerin für Gesang und Musik, es fehlt noch einer für Historie, Religion und Humanität. Willst du das Fach übernehmen?“
„Ich tue alles, um deinem Sohn zu helfen, ein Gelehrter zu werden.“
„Abgemacht?“
„Abgemacht!“
„Ich muss vorher aber noch wissen“, wandte Jesus ein, „was eine Taufe ist?“
„Eine Taufe geht so vor sich“, erklärte Johannes, „dass ich einem Menschen, der des Herrn sein möchte, eine Handvoll Jordanwasser über den Kopf gieße oder ihn einen Augenblick unter Wasser tauche. Kommt er hoch und schüt-

telt sich, ist er getauft und erwartungsvoll geworden zur Ankunft des Herrn."
„Interessant", sagte Jesus und blickte Johannes voll in die Augen.
„Interessant", sagte Josef und blickte nachdenklich auf seinen Sohn.
„Interessant", meinte auch Maria und blickte stolz auf ihren Sohn.
Auch Maria Magdalena, Ermano und ein Geselle sagten „interessant" und freuten sich, dass das „Lehrpersonal der Schule nun komplett" sei. Johannes bat sich aus, „an jedem Sabbath frei zu haben, um Taufkandidaten im Jordan bedienen zu können."
„Was bedeutet deine Taufe für die Menschen?", fragte Jesus.
„Dass sie bereit gemacht werden", antwortete Johannes, „das kommende Königreich, welches der Herr mir offenbart hat, anzunehmen und zu leben. Denn es steht in den Psalmen: ‚Machet die Tore weit und die Türen in der Welt hoch, dass der König der Ehren einziehe!'"
Es fiel niemandem auf, dass Johannes dabei Jesus anstarrte wie die Ägypter es taten, als die erste Pyramide eingeweiht wurde.

Wir wollen nun endlich in den geplanten Schulunterricht einschwenken. Man stelle sich diesen nicht wie einen heutigen vor und bedenke, dass die Schulpflicht in unseren Breiten noch keine 300 Jahre alt ist! Lateinunterricht gab Ermano.
„Diese Sprache", erklärte er vorab, „ist zwar die Sprache eurer Unterdrücker, aber man muss die Sprache seiner Gegner kennen, um ihn, diesen Gegner, eines Tages erfolgreich aus dem Land treiben zu können."
Ermano hatte sich vorbereitet und hängte nun eine „Landkarte" der Mittelmeeranrainer an die Wand, die aus einem

gegerbten und geglätteten Rindsleder bestand. Er hatte mit einem Farbpinsel das Meer ziemlich genau „von der Meerenge im Westen bis Askalon im Osten, von Norditalia bis Tripolitanien“ eingezeichnet. Er erklärte, dass fast alle Küsten des „Mare nostrum“, das heißt „unser Meer“, römisch besetzt seien und dass sich daraus ergab, wie stark und vorläufig unbesiegbar das Kaiserreich sei. Ermano wies auf Sizilien und sagte:
„Sicilia insula est – das heißt: Sizilien ist eine Insel.“
„Sicilia insula est“, wiederholte die Schülerschaft unisono.
„Cis heißt diesseits, trans jenseits“, dozierte Ermano.
Die Klasse wiederholte.
„Amare heißt lieben“, fuhr fort und ließ aufschreiben, „und amo heißt ich liebe, und amo te ich liebe dich.“
Dann schrieb Ermano mit einem Kreidestein Verben zum Auswendiglernen auf eine geschwärzte Holztafel: Nomen – Namen, Omen – Vorzeichen, et – und, Pecunia – Geld, Sol – Sonne, homo – Mensch, deus – Gott und Roma – Rom.

Wir können hier natürlich nicht alle Unterrichtsstunden Ermanos, Johannes‘ und Maria Magdalenas besprechen. Aber nach einer Woche konnte wenigstens Ermano zufrieden sein, wenn er lateinische Redewendungen abfragte und richtige Antworten erhielt:

Homo proponit sed deus disponit – der Mensch denkt, der Herr lenkt.

Sol lucet omnibus – die Sonne scheint für alle.

Bis dat, qui cito dat – doppelt gibt, wer gleich gibt.

Pecunis non olet – Geld stinkt nicht.

Fames est optimus coquus – Hunger ist der beste Koch.

Ut sementem feceris, ita metes – wie du säest, so wirst du ernten.

„Alle diese Sprüche sind auch Lebensweisheiten,“ sagte Ermano abschließend, „die ihr euch merken solltet.“

Maria Magdalena, deren Bauch sich nun merklich wölbte, gab einen mehr musischen Unterricht. Singen konnte sie wie eine Turteltaube auf Capri, zitieren wie Sokrates und lachen wie Odysseus nach einem seiner Streiche.

„Es singe, wem der Herr Gesang gegeben".

„Es lebt der Mensch solang er zitiert."

„Rid'entem dicere verum – lachend die Wahrheit sagen."

Wie pädagogisch wertvoll ihr Unterricht war, darüber können wir uns heute keine Gedanken machen. Immerhin war Johannes so durchgebildet, dass er einen Schulunterricht schon deshalb für notwendig hielt, „dass die Kinder von der Straße kommen, nicht zu früh ins Arbeitsalter geraten und etwas anderes kennenlernen als die Querelen und Sorgen eines überfüllten Elternhauses."

Seine Schulstunden bezogen sich fast ausnahmslos auf die Geschichte Israels, Palästinas, Syriens, Galiläas und Jerusalems.

„Das ist für uns der Nabel der Welt!"

Auch er hatte eine Karte gezeichnet, auf der im Hochformat Vorderasien von Damaskus bis Zoar am Toten Meer und natürlich das Jordantal in voller Länge abgebildet war. Die Schulkinder einschließlich Jesus wussten wenig über die Vergangenheit der von Johannes vorgeführten Landschaft und waren überhaupt nicht gewöhnt, darüber nachzudenken - „Vergangenheit hin, Gegenwart her, Zukunft unbekannt!"

„Israel heißt übersetzt", begann Johannes zu erzählen, „der mit Gott kämpft ist stark. Und das Volk Israel musste immer stark sein. Nach der Rückkehr aus Ägypten führte König Salomon sein Königreich Israel zu einem Höhepunkt, weil er die zwölf Stämme von Juda vereinte. Doch das Königreich verschwand wieder, als Nebukadnezar sein Gebiet

eroberte und die jüdische Bevölkerung ins Babylonische Exil schickte."
Johannes bemerkte, dass die Kinder Begriffe wie „Exil" und „Nebukadnezar" gar nicht kannten und im Gedächtnis unterbringen konnten. Er sprang deshalb beinahe in die Gegenwart vor:
„Vor etwa 75 Jahren eroberte der römische General Pompeius unsere ganze Region und viel mehr für das römische Reich, dessen Hauptstadt Roma sich in Italia befindet."
Johannes' Zeigestock wanderte auf der Karte dorthin – das verstanden die Kinder und sie murmelten beifällig.
„Palästina und Syria", fuhr Johannes fort, „wurden zu römischen Provinzen vereint. Dass der letzte große König Herodes hieß, wissen die meisten von euch wohl, aber als er vor 15 Jahren starb, zerfiel das Reich Israel wegen Streitigkeiten innerhalb der Herodes-Familie, die eigentlich bis heute andauern."
Johannes verkniff sich die Behauptung, dass den Römern diese Entwicklung gefiel, weil man sich Streitende besser beherrschen könne als Geeinigte. Er argwöhnte auch, dass seine politischen Meinungen von den fremden Schülern zu Hause weitergegeben werden und Ärger verursachen könnten. Wie gut er vorausgedacht hatte, stellte sich kurze Zeit später heraus.

* * * * * *

Jesus schien seltsame Begegnungen schier anzulocken. Er war nun ein Zwölfjähriger mit ausgeprägtem Charakter und sicherem Verhalten Erwachsenen gegenüber und begann, bei Diskussionen das Wort an sich zu reißen. Das konnte König Herodes Philippus, Sohn des großen Herodes, am eigenen Leib spüren, und beinahe wäre diese Geschichte schief gegangen: Ein loses Mundwerk Königen gegenüber war damals gefährlicher als Steuerhinterziehungen.

An einem Morgen, kaum war das erste Frühstück eingenommen und die Männer wollten sich zur eingeteilten Arbeit begeben, da trabten ein paar Bewaffnete von Julias heran und verteilten sich auf dem Grundstück. Es folgte eine nach Römerart gebaute vierspännige Kutsche, auf deren Bock zwei Kutscher saßen und hinter ihnen ein Mann, der wie ein König aussah und ein Mädchen von 15 oder so, die des Königs Tochter sein konnte – das überlegte der vors Haus getretene Jesus blitzschnell und hatte richtig geraten: Es waren König Herodes Philippus und Tochter Salome. Jesus stand fest, wartete auf eine Ansprache, während sein Blick auf Salome gerichtet blieb.

„Starr meine Tochter nicht so an!“, befahl Herodes.

Ton, Lautstärke und sonstiges Gehabe seiner Worte waren unmissverständlich grob.

„Sie schaut mich an, König“, sagte Jesus, „ich schaue sie an.“

„Du kennst mich?“

„Jeder Bürger muss seinen König kennen“, antwortete Jesus.

„Sag mir, wer du bist“, befahl Herodes in einem geminderten Tonfall.

„Ich bin Jesus von Nazareth“, antwortete Jesus, „und das sind meine Eltern Josef und Maria von Nazareth.“

Diese waren soeben hinzugetreten.

„Warum Nazareth und nicht Kapernaum?“, fragte Herodes.

Josef, Maria, Maria Magdalena, Ermano, Johannes und die anderen, welche sich vorm Haus eingefunden hatten, fanden es in Ordnung, wie Jesus furchtlos und sicher Rede und Antwort stand.

„Wir sind vor einiger Zeit hier hergezogen“, antwortete er jetzt, „und ich muss dich fragen, König, ob du nicht gesehen hast, dass auch der Stern von Nazareth mit hierher gezogen ist. Er steht jede Nacht über unserem Haus, König.“

Da war sie wieder, diese typische Jesusfalle!

„Vater“, rief Salome, „habe ich dich nicht darauf verwiesen, dass eine Nova über Kapernaum steht?“
„Schnickschnack“, schnitt Herodes seiner Tochter das Wort ab, „Sterne gibt es täglich neue, wie meine Astrologen als Fachleute sagen.“
„Du meinst Astronomen, König“, warf Jesus hin und fuhr sofort an Salome gerichtet fort, „du hast den Stern gesehen, Mädchen?“
„Ja, Jesus, er leuchtete doch heller als alle anderen.“
„Dann bist du des Herrn, Salome.“
„Was soll euer Geschnatter bedeuten?“, rief Herodes empört, „willst du, Jesus, deinen König verspotten!“
„Der Herr bewahre mich davor, König, aber ich muss dir mitteilen, dass du nicht des Herrn bist:“
„Warum nicht, na?“
„Nun, weil du nicht den Stern gesehen hast. Versuch‘s heute Abend noch einmal!“

Hier erscheint eine Schreib- und Lesepause angebracht. Ist es nicht ziemlich anmaßend, wie ein Zwölfjähriger hier mit seinem König umspringt? Und nebenbei überraschend, wie ein König des Morgenlandes mit sich umspringen lässt? Wir machen jetzt weiter, weil diese Schreibpause natürlich nicht stattgefunden hat. Jesus trat jetzt an die Kutsche heran und bat Salome, auszusteigen und sich in der vollen Pracht ihrer jugendlichen Jugendlichkeit zu zeigen. Sie tat‘s und alle hielten den Atem an, wie der allmächtige Vater reagieren werde.
„König Herodes“, sagte Jesus laut genug, dass alle mithören konnten, „warum lässt du deine hübsche Tochter nicht behandeln?“
„Warum sollte ich, na?“
„Weil sie die Krätze hat, darum.“

Ehe ein königliches Donnerwetter oder eine andere meteorologische Himmelmacht über Jesus zusammenbrechen konnte, rief Salome laut und deutlich:
„Das hast du erkannt, Jesus?"
„Ja", antwortete Jesus, „obwohl du die Krätze mit Milch und Honig hast unsichtbar machen wollen."
„Bist du ein Heiler, Jesus?"
„Nein, ich habe nur das Lindern gelernt."
(Wir greifen vor und teilen mit, dass Jesus künftig als Heiler bekannt werden sollte).
Jetzt begann eine Diskussion zwischen Tochter und Vater, der sich aufregte, nicht informiert worden zu sein.
„Ich möchte mich nicht unbedingt einmischen", sagte Jesus jetzt, „habe aber einen Vorschlag zu machen."
„So sprich."
Herodes schien wegen der Sorge um seine geliebte Tochter jeden etwaigen Groll verschluckt zu haben. Josef und Maria schlugen vor, einen Imbiss hier vor dem Haus servieren zu dürfen und durften es auch. Es gab Fladenbrot mit Butter und Blaubeer-Marmelade, warme Milch für die Kinder, kühlen Hermon-Wein für Erwachsene, dann noch kalten Rinderbraten, geräucherten Seefisch und Honigkuchen im Steinofen gebacken. Beim Essen und wie um die Ecke herum fragte der König Johannes:
„Habe ich dich nicht schon einmal gesehen?"
„Ja", antwortete Johannes, „als ich im See bei Hippos zahlreiche Mütter und Kinder taufte. Da kreischten die Kleinen so lustig, dass du, König, aufmerksam wurdest und herbeikamst."
„Und was hat das mit der so genannten Taufe auf sich? Richtet sie sich gegen die Obrigkeit?"
„Sie ist nicht weltlich ausgerichtet, nur für ein Leben nach dem Tod, König."
Jesus half seinem Freund aus und fügte hinzu:

„Da imperium auctoritates, quae est dare de Domino, quod sit a Domino – Gebt der Obrigkeit, was der Obrigkeit ist, und dem Herrn, was des Herrn ist.“
„Wie alt bist du?“, fragte Herodes.
„Zwölf, König.“
„Wie gefährlich schlau und verschlagen“, fragte Herodes Josef und Maria, „wird er mit 20 oder 30 sein?“
„Gefährlich?“, fragte Josef verdutzt, „er schlägt jetzt nicht einmal eine Sumpfmücke tot, die ihn stechen und ansaugen möchte, geschweige denn Könige.“
„Gut gesagt, Josef, aber er soll jetzt erst einmal mir und meiner Tochter die Vorschläge unterbreiten, die er angekündigt hat:“
Salome hatte während der Zeit, beim Kauen und auch Trinken, nichts anderes angehimmelt als Jesus, darum sprach er jetzt zu ihr:
„Es gibt zwei Methoden, deine Haut zu reinigen und zu Sammet und Seide zu machen. Wenn du ein armes Mädchen wärst, würde ich dir jetzt fünf Goldschekel schenken, damit du zum Toten Meer wandern, fahren oder segeln kannst, das die Römer Mare mortuos nennen und das drei, vier oder fünf Tagereisen südlich liegt und auch der Endpunkt des Jordans ist. Sein Wasser ist so salzig, dass man es nicht trinken darf und trägt einen auf dem Rücken liegenden Menschen so sicher, dass er nicht untergehen kann. Nach dem Baden muss man sich mit normalem Wasser abspülen, weil die Haut sonst verbrennt oder verschrumpelt. Das drei- bis viermal am Tag gemacht und zwei bis drei Wochen dabei bleiben – ich sage dir, Mädchen, dass du dich selbst nicht wieder erkennst, wenn du in einen Spiegel blickst.“
Jesus nahm einen Schluck Brombeersaft und schaute sich siegessicher um.
„Stimmt es, was er sagte?“, fragte Herodes Josef und Maria, „oder ist euer Sohn ein Spinner?“

„Was ist ein Spinner?“, fragte Jesus.
„Nun“, erklärte Salome, „ein Spinner oder eine Spinnerin spinnt Schafswolle zu Garn, mit dem man nähen, sticken oder stricken kann. Von ihnen hat man den Begriff abgeleitet zu Leuten, die viel Unsinn reden.“
„Ich rede nie Unsinn“, sagte Jesus.
War er pikiert, beleidigt, eingeschnappt? Man sah ihm nichts an, zumal Herodes nun den zweiten Vorschlag anmahnte.
„Man kann sich das Wasser des Toten Meeres auch nach Hause bringen lassen, wenn man erstens die nötigen Schekel und zweitens einen großen Bottich zum Einsteigen zu Hause hat.“
„Haben wir“, rief Salome, „da kannste sogar noch mit einsteigen. Willste?“
Wollte Jesus freilich nicht. Hätte Herodes auch nicht zugelassen, denn wie alle Fürsten, Kaiser, Könige, Herzöge und andere Generalitäten war auch er darauf versessen, seine Tochter „standesgemäß“ zu verheiraten. Irgendwann gegen Mittag ging die Versammlung zu Ende und der König merkte erst nach halbem Heimweg, dass über sein Thema, warum er hergekommen sei, gar nicht verhandelt wurde: Die Neulinge seines Herrschaftsbereichs nach Steuern und Abgaben befragen zu lassen.
„Der Kerl hat mich eingewickelt“, sagte er zu Salome, „er ist ein Windbeutel und Erzschäker, sage ich dir, liebe Salome.“
„Nicht, wenn meine Totes-Meer-Kur anschlägt. Dann schick ihm gefälligst einen Sack goldene Schekel, er verteilt sie ja sowieso an arme Schlucker.“
„Wer noch was zu schlucken hat, ist nicht arm“, wusste dieser königliche Schlucker und Schluckspecht!

Doch: „Ende gut – alles gut – Tandem tam –
omnibus bonis.“

Die Krätze löste sich auf wie Butter vor der Sonne, eine für Jahre samtene Haut bildete sich und ein Bote brachte einen Sack voller Schekels, freilich keine goldenen…

* * * * * *

Weder Jesus selbst noch alle seine Anhänger und Verwandten hätten geglaubt, sich je noch einmal mit „den Wassern des Toten Meeres“ beschäftigen zu müssen. Aber eine Woche nach dem Königsbesuch geschah das! Jesus saß wieder einmal am Ufer des Sees auf der uns bereits bekannten Bank, als Josefa, 49 und größte „Schwätzerin vor dem Herrn“, ans Wasser trat, ohne ihn gesehen zu haben, und einen Kescher durchs Uferwasser zog. Doch kein Fisch wollte einschlüpfen oder sich keschern lassen.

„Hallo Muttchen!“, rief Jesus, „haste nichts zu essen heute?“

Josefa drehte sich um und Jesus sah ein Gesicht, das einen normalen Bürger Kapernaums „zum Kotzen“ gereicht hätte – aber Jesus, wir wissen es, war kein Normalbürger.

„Komm mir nicht zu nah, Junge!“, rief Josefa, „ich hab die Lepra bekommen, kann dich anstecken und so hässlich machen wie ich bin.“

„Siehst du abends und nachts, Mutter“, fragte Jesus herantretend, „den Stern von Kapernaum?“

„Oh ja, Junge. Ich sah ihn schon über Nazareth, als ich dort war.“

„So bist du des Herrn, Frau, und wirst deine Krankheit loswerden. Ich werde dir fischen helfen, auf dass du heute, morgen und allertage satt wirst.“

Jesus trat barfuß in den See und sofort waren seine Füße von „fetten Speisefischen“ aller Größen umwuselt, welche seine Zehen und Knöchel beschnupperten und mit scharfen Zähnen leicht anraspelten.

„Sieh, Mutter“, sagte er, „halte deinen Kescher unter sie und du wirst zu essen haben.“
Ja, die Fische drängten sich geradezu in das Fangnetz, als könnten sie das warme Anbraten in der Pfanne oder am Spieß gar nicht abwarten.
„Wer bist du?“, fragte Josefa, „dass du so etwas kannst? Du musst des Herrn sein, stimmt‘s?“
„Ich bin Jesus von Nazareth. Hast du von mir gehört?“
„Nein, nur geträumt – es waren herrliche Träume nicht von dieser Welt.“
„Das sind Träume nie, merk dir das. Möchtest du, der du ziemlich mager bist, auch mal anderes Fleisch essen?“
„Ja, der Mensch lebt nicht vom Fisch allein.“
„Da hoppelt gerade ein Wüstenhase angehoppelt“, sagte Jesus, „pack ihn dir und dann ab in den Ofen mit ihm.“
Der Hase verhoffte, (ging in abwartende Stellung, Jägerausdruck), und blieb dort solange, bis Josefa ihn, als sie nach Hause ging, am Schlawittchen nahm. Vorher sah sich Jesus Josefas Gesicht an und kam zum Schluss, dass es, - vielleicht ihr ganzer Körper sogar -, ein Fall fürs Tote Meer war.
„Kennst du das Tote Meer im Süden?“
„Ja, mein Mann war da und ist dort im Suff ertrunken.“
„So weißt du, wie man sich in diesem See verhalten muss?“
Josefa bejahte und Jesus holte dreimal je einen Goldschekel aus der Tasche; (wir haben ja erfahren, dass er immer Geld bei sich haben würde, wenn auch nur ein Stück).
„Hier hast du“, sagte Jesus, „drei goldene Scheckel, je einen für Hin- und Rückreise und fürs Essen und Trinken. Bade im Meer täglich zweimal eine Woche lang und kehre geheilt zurück. Du hast nicht Lepra, sondern Krätze, die entsteht, wenn der Körper nur selten mit Wasser in Berührung kommt.“
„Bist du ein Heiler, Junge?“, fragte Josefa.

Aber da war Jesus bereits von dannen…

„Ja, Wandern, wandern – eine Lust...“

Mit 13 war sich Jesus seiner Macht über Mensch und Tier fast voll bewusst geworden. Er machte nun auf alle Betrachter den Eindruck eines 17-Jährigen und alle seine bekannt gewordenen und unbekannt gebliebenen Abenteuer bestärkten ihn in der Ansicht, ein Favorit zu des Herrn zu sein.
„Vater, was ist ein Favorit?“
Er sagte nicht mehr Vati oder Papa oder Papi. Da musste Ermano einspringen:
„Favorit stammt vom lateinischen Wort favere, was begünstigen heißt. Ein Favorit ist also ein Günstling oder Liebhaber oder beides.“
„Liebhaber? Günstling? Erkläre das in meinem Fall.“
„Nun, du hast den Herrn lieb, nicht wahr, und darum bist du des Herrn Liebhaber. Und der Herr zeigt dir seine Gunst, dann bist du ein Günstling des Herrn. Zufrieden, du Fragesteller?“
„Muss ich drüber nachdenken.“

Das tat er bevorzugt, - und ließ manches dafür stehen und liegen -, am Ufer des Sees Genezareth. Aber bisher war es ihm nicht geglückt, auch nur drei bis fünf Stunden allein an einer heimeligen Uferstelle seinen Gedanken nachzuhängen, den ziehenden Wolken nachzusehen, den Lauf der Sonne zu studieren, mit den Vögeln zu sprechen und ein Gewitter fern bei Gadara zu beobachten.
„Herr“, fragte er jetzt laut in die Luft, „sage mir, ob der Mond eine Kugel oder Scheibe ist und warum er wandert?“
Keine Antwort.
„Herr, zeige mir, ob die Erde eine Kugel oder Scheibe ist?“
Die Antwort blieb aus.

„Herr, offenbare mir, ob ich von hier nach Rom wandern kann?“
Ohne Antwort.
„Herr, sage mir, ob es ein Leben nach dem Tod gibt?“
Die Antwort: „Du stellst Fragen, die auch ein geistlicher Philosoph nicht beantworten kann, geschweige denn ich, der Fischer von Genezareth. Johannes ist mein Name.“
„Setz dich zu mir, Johannes“, sagte Jesus ohne aufzublicken, „damit wir gemeinsam den Sonnenuntergang betrachten können.“
Wieder war es Jesus gelungen, einen wesentlich älteren Mann in seinen Bann zu ziehen.
„Wir können bis zum Dunkeln bleiben, damit du den Stern von Kapernaum sehen kannst. Oder kennst du ihn schon?“
„Ja, er steht immer über dem Haus der Neusiedler.“
„Dann bis du des Herrn, Johannes, genau wie Johannes der Täufer, dein Namensvetter. Kennst du ihn?“
„Ja, er hat mich getauft.“
„Kennst du mich?“
„Ja, du bist Jesus von Nazareth. Sollst ein gutes Verhältnis zu Fischen haben.“
„Willst du es kennenlernen? Ja? Dann lass uns in dein Boot steigen und fischen.“

Und kaum waren sie eingestiegen und war das Boot wie von einer Strömung gefasst tausend Schritt auf den See gedriftet, als der See kochte und über hundert Beschuppte freiwillig ins Boot sprangen.
„Fahr heim“, sagte Jesus, „und zeige mir, wie du sie verarbeitest.“
Das war der „Fischzug von Genezareth“, der erstens alle Menschen hier verwunderte und zweitens hundert Bedürftige und Leute ohne Abendessen satt machte. Jesus aß mit und lernte so Johannes II. kennen, fünf Jahre jünger als er und mit dem Berufsbild „Apostel“ oder „Jünger“ auf die

Welt gekommen – das war der erste von zwölf, die Jesus „in Dienst nahm".

„Das Wandern ist des Fischers Lust?" - „Nein."
„Das Wandern ist des Täufers Lust?" - „Ja."
„Wir beide sollten einmal", schlug Johannes der Täufer vor, „rund um den See Genezareth wandern - ambulate lacus circumvolitavit – damit du das Taufen lernst und Erfahrungen für später sammeln kannst."
Jesus wollte zwar, - wir wissen es bereits -, lieber Handauflegen als Leute mit Wasser begießen und unter Wasser zu drücken, aber Wanderlust hatte ihn doch ergriffen und er wusste, dass junge Handwerker je eher desto besser auf Wanderschaft zu gehen haben.
„Wir werden deinen Stern vermissen", sagte Maria zum Abschied.
„Das ist ganz praktisch", sagte Josef beim Abschied, „da können wir immer verfolgen, wo Jesus sich aufhält."
„Ein Täufer", sagte Johannes, „muss immer arm und strubbelig aussehen, wenn er bei den Leuten ankommen will."
„Du willst sie täuschen?", fragte Jesus harmlos.
Johannes wurde verlegen und ahnte eine von Jesu Fallen und dass dieser ihn dann „Johannes der Täuscher" nennen würde – das mochte er nicht riskieren.
„Nein", sagte er darum, „jeder sei, wer ist. So meinst du es doch, lieber Jesus?"
„Ja, lieber Johannes, der Herr wird sich nie täuschen lassen. Er sieht alles."

Dann war es doch Jesus, der Zeit und Raum in Frage stellte, als sie am nächsten Tag bis Gadara gekommen waren:
„Und wenn die Erde eine Kugel ist, Johannes?"
„Wie meinst du das?"

„Nun, eine Kugel kann man nur ganz und gar betrachten und meinetwegen kontrollieren, wenn sie sich dreht oder man selbst sie umrundet."
„Du sprichst von dieser Erde, Jesus, auf der wir leben?"
„Ja, gibt es noch eine andere?"
„Wer weiß es?"
„Der Herr weiß es, Johannes."
Johannes gab sich geschlagen und fing an zu begreifen, dass Jesus ihn einst an Wortgewaltigkeit und sprachlicher Logik übertreffen würde. Jesus gab nicht nach, als sie nun nahe Gadara an der Ostseite des Sees standen und die Sonne ihre Tagesbahn beenden sahen.
„Johannes", fragte Jesus, „du kennst die Welt besser als ich: Dort, wo die Sonne jetzt eintaucht, ist doch das Meer, welches die Römer Mare nostrum nennen?"
„Ja, so ist es."
„Und morgen früh", Jesus drehte sich um und schaute aufs sich verdunkelnde Arabia, „kommt sie dort wieder hervor."
„So ist es."
„Wie geht das zu, Johannes? Hast du schon darüber nachgedacht?"
Hatte er nicht.
„Ich aber. Entweder ist die Erde eine Scheibe und die Sonne gleitet während der Nacht unter ihr her, oder sie ist eine Kugel, die sich um die Sonne dreht. Dann wäre die Sonne ein fixer Punkt und nicht die Erde."
„Du bist ein richtiger Physikus geworden", staunte Johannes.
„Ja, ich versuche mich in den Herrn einzudenken, der irgendwo sitzt und uns, seine Schäfchen und Lämmlein, dauernd beobachtet."

* * * * * *

Sie übernachteten auf einem Gutshof in der Nähe Pellas direkt am See, den sie am Abend erreichten. Hier musste Jesus zum ersten Mal öfter in seine Tasche greifen, um Übernachtung und Wegzehrung zu bezahlen. Jesus merkte, dass der Bauer den mitwandernden Stern nicht sah. Dafür aber Jesu Hosentasche fixierte.

„Das war mein letzter Schekel", sagte er deshalb und sagte später zu Johannes: „Lass uns nicht in seinem Haus übernachten, denn er ist nicht des Herrn und hat trübe Augen. Ich rieche seine Unredlichkeit."

Gut gerochen! Inzwischen hatte Hofhund Pollux, ein persischer Packer, mit Jesus Freundschaft geschlossen.

„Er hat den Stern gesehen", sagte Johannes andächtig, „und den Herrn gewechselt."

Über dieses Wortspiel hätten sie normalerweise lachen können, jetzt aber gab's nichts zu lachen. Denn kaum sie es sich in einem überdachten Schuppen bequem gemacht, als Pollux leise knurrte und draußen ein Pfiff ertönte, der eindeutig ihm galt. Jesus flüsterte Pollux ins Ohr, sich ruhig zu verhalten und Pollux gehorchte wie ein auf Sklaven angesetzter Hofhund in Rom.

„Er würde uns", sagte Jesus, „für die paar Silberlinge, die er in deiner und meiner Tasche vermutet, verraten oder umbringen. Hast du herausbekommen können, wie sein Name ist?"

„Ja, sein zehnjähriger Sohn sagte Iskariot."

„Was bedeutet der Name?"

„Der Mann aus Kariot", antwortete Johannes unsicher.

Die weitere Wanderung machten sie zu dritt, denn Pollux lief einfach voraus und gab Weg und Gangart vor. Seine Begleitung erwies sich als vorteilhaft, denn ohne ihn hätte es den Jesusglauben wohl nicht gegeben. Zwischen Pella und Amata machte ein Landwirt, der mit zwei Ochsen seinen Acker pflügte, erst große dann zornige Augen, als Je-

sus, Johannes und Pollux durch einen kleinen Zufluss des Sees, ein Bach nur, langsam herankamen.
„Gib acht“, sagte Jesus zu Johannes, „er ist des Satans.“
„Sieh Pollux an, wie er die Haare sträubt.“
„Haltet an, Wanderer!“, rief der Bauer, ein baumlanger Kerl mit Fäusten wie Hämmer, „der Hund gehört euch nicht!“
„Dir auch nicht“, antwortete Jesus und gab Pollux einen Wink, sich vor ihn zu stellen.
„Er heißt Pollux, gehört meinem Nachbarn Judas Iskariot und ihr habt ihn geklaut. Pollux, komm her zu mir!“
Pollux kam nicht und ließ ein warnendes Knurren hören. Jesus beruhigte ihn.
„Na also“, knurrte jetzt der Bauer, „warum nicht gleich so?“
„Wenn du den Hund nimmst“, sagte Jesus, „nimmt jeder von uns sich einen deiner Ochsen. Wähle!“
Jetzt wurde der Bauer fuchtig und wandte sich an Johannes: „Du scheinst der Vater dieses großmäuligen Jungen zu sein, und...“
Weil er sich zu Pollux bückte, um ihm eine Leine anzulegen, war Jesus bei den Ochsen, hatte sie ausgespannt, mit zwei Stockschlägen bedacht und ins Wasser getrieben. Sofort staksten sie hinaus, bis ihnen das Wasser bis zum Bauch reichte, soffen sich voll und legten sich dann wie echte Wasserbüffel ins Nasse – nur ihre wiederkäuenden Köpfe schauten heraus und deren Augen blickten Jesus dankbar an.

Einen Tag später erreichten die Wanderer Gador in Herodes Antipas‘ Land. Noch einen Tag später waren sie in Philadelphia weiter östlich.
„Kennst du diese Gegend, Johannes?“, fragte Jesus.
„Nur dem Namen nach, Jesus, es ist nicht ursprüngliches israelisches, sondern ägyptisches oder griechisches Land.

Die Stadt soll vorbiblisch Rabba geheißen haben, was große Stadt bedeutet und Moses berichtet, dass König David hier gewesen sei. Dann kam der große Alexander und taufte sie in Philadelphia um."
„Was bedeutet dieser seltsame Name?"
„Er ist griechisch und bedeutet Bruderliebe."
„Also genauer gesagt Menschenliebe?"
„Kann man so sagen, Jesus, besonders wenn du so etwas sagst."
Sie waren inzwischen an den Stadtrand gegangen und kamen gar nicht dazu, die alten Anlagen zu bewundern, denn in einem eingezäunten Garten rechterhand versuchte eine ziemlich ältliche, jedenfalls krummrückige und mit der Wirbelsäule knackende Frau ein Stück Acker umzugraben. Ihr noch mehr behinderter Lebensgefährte saß in einem Lehnstuhl dabei und weinte, weil er nicht helfen konnte.
„Sollen wir?", fragte Johannes und kannte schon Jesu Antwort.
„Wir sollen, wollen und müssen."
Samuel, - das war er – und Samuela, - das war sie, guckten herüber, als auch Jesus und Johannes rüberguckten.
„Gelobt sei der Wandersmann", sagte Samuel, „wenn er vom Herrn kommt."
„Wenn nicht", sagte Samuela, „mag er vorübergehen."
„Wir kommen vom Herrn", sagte Johannes.
„Und gehen nicht vorüber", sagte Jesus, „ohne euch geholfen zu haben."
„Gelobt sei der Herr", sagten Samuel und Samuela.

Schnurstracks wie berufliche Landleute packten Jesus und Johannes an. Und im Nu war der Acker mit einem Spaten umgegraben, mit einem Rechen geharkt und mit den an der Seite stehen Stecklingen bepflanzt: Kürbis, Melone, Gurke, Steckrübe, Karotten, Kohlrabi, Radieschen und römischem Krautsalat. Jesus war nicht nur ein richtiger Landarbeiter, sondern heute speziell ein ausgekochtes Schlitzohr geworden – effektiv schlitzohrig, dass Johannes aus dem Staunen nicht mehr herauskam. Wie mochte der Herr darüber denken, wie Jesus „seine Schekel“ unter die beiden alten Leutchen brachte: Sie fielen ihm aus dem Rock so in die aufzugrabende Erde, dass sie wie eine Fundsache aussahen, von ihm eingesammelt und übergeben werden konnten. Samuel schaute dabei zu, seine Augen waren noch das Beste in seinem Körper, und er machte sich seine Gedanken, aber Samuela versuchte einen Erntedanktanz hinzulegen, verhaspelte sich mit ihren Beinen und legte sich hin.

* * * * * *

Eine hier übliche Gastfreundschaft befahl den beiden alten Leuten, Jesus und Johannes ins benachbarte Haus zum Schmaus zu laden. Am Arm von Samuela konnte Samuel die paar Schritte dorthin machen, während Jesus und Johannes den Stuhl transportierten.
„Dieser Stuhl“, sagte Jesus versonnen und betrachtete ihn von allen Seiten. Johannes meinte seine Geistesblitze sehen und spüren zu können.
„Samuel“, sagte Jesus, „ich bin der Sohn eines Wagners und Holztischlers, auch Zimmermann genannt, und würde dir, wohntest du in Kapernaum, einen fahrbaren Sessel machen.“
„Einen was?“, fragten Samuel und Samuela und merkten erst jetzt, dass sie die Namen ihrer Besucher nicht kannten.
„Nennt uns“, bat Samuel, „eure Namen, damit wir euch ansprechen können.“
Johannes stellte Jesus und sich vor. Während Samuela Brotlaibe auf den Tisch stellte, Butter dazu, zwei Wurstsorten, einen festen und einen weichen Käse auch noch, danach einen frisch duftendem Fruchtbrotaufstrich, den sie

Marmelade nannte. Dieser Käse! Jesus konnte nicht umhin, ihn zu begutachten.
„Ich mache dir eine Stulle, wie ihr Israelis ja sagt, mit dem Käse drauf und dann die Marmelade darüber. Ich fürchte nur..."
„Fürchte dich nicht, Mutter."
„...ich fürchte nur, dass wir euch dann nicht wieder loswerden."
„Nenn uns einfach den Namen des Käses, dann gehen wir..."
„Philadelphia, junger Mann."
Werte Leserschaft, zuckst du nicht auch zusammen unter der Vorstellung, dass es diesen Käse unter diesem Namen noch immer und weltweit gibt – „Ja, die Wege des Herrn sind unergründlich – Ita et investigabiles viae Domini est scriptor!"

Zum ersten Mal auf ihrer Reise aßen Jesus und Johannes wie Peräer oder griechische Scheunendrescher. Das Recht an der eigenen Persönlichkeit verbietet es, nähere Angaben über diese Orgie und ihre Teilnehmer zu veröffentlichen: Samuel, Samuela, gemeinsamer Sohn Simuel, dessen Frau Simuela, Johannes und Jesus. Nur Samuel ließ sich vom Essen nicht beeinflussen:
„Du also bist Jesus von Nazareth?"
„Jetzt eigentlich Jesus von Kapernaum."
„Nein", behauptete Samuel, „der Geburtsort zählt. Es gibt einen Stern von Nazareth, weißt du das, hast du ihn schon gesehen?"
„Ich kriege immer Nackenschmerzen, wenn ich hingucke", antwortete Jesus, „hast du ihn, Samuel schon beobachtet?"
„Ja, gestern über Gadar. Ward ihr dort?"
„Waren wir, gefiel uns nicht", antwortete Johannes.
„Du, Samuel, bist des Herrn."

„Danke, lieber Jesus, ich weiß nun Bescheid, danke im Namen des Herrn.“

Johannes wollte auf sein Thema kommen:
„Erzähl uns, Samuel, von dieser Stadt. Du hast den großen Alexander vielleicht noch kennengelernt?“
„Dann wäre ich, Johannes, über dreihundert Jahre alt. Sehe ich so aus?“
Alle, vom Apfelwein leicht angeheitert, lachten und freuten sich der frohen Stunde, welche mit den Gästen eingekehrt war.
„Diesen Narren von König“, erzählte Samuel weiter, „hätte ich freilich hier gern angesprochen.“
„Und was hätteste ihm gesagt?“
„Was willst du, König Griechenlands, hier bei uns? Warum bleibst du nicht zu Haus bei Frau und Kindern und deinen vielen notleidenden Untertanen? Dann hätte er mich wohl einen Kopf kürzer machen lassen. Übrigens ihr Fremden, hier in Philadelphia werden Verbrecher geköpft, nicht ans Kreuz geschlagen. Das eine ist so fürchterlich wie das andere, oder?“
Jetzt brachte der etwas schwatzhafte Samuel das Gespräch auf seinen Sessel.
„Was, guter Jesus, gefällt dir an meinem Sessel nicht?“
„Dass er nicht fahrbar ist, Samuel.“
Das kein Ende nehmende Erstaunen kürzte Jesus ab:
„Stell dir vor, Samuel, dass dich dann einer deiner Verwandten oder wer auch immer in der Stadt herumfahren könnte. Vielleicht kennst du einen Zimmermann, der dir ein solches Gerät herstellen kann.“
„Kennen?“, triumphierte Samuel, „es sitzt einer hier im Raum – mein Sohn Simuel!“
Nun erbat Jesus einen Kreidestift und er zeichnete auf dem Tisch das Modell auf. Dann gab er Simuel Anweisungen zu den Rädern und mahnte ihn, immer einen Querstock parat

zu haben, „den man zwischen die Radspeichen schiebt, damit der Sessel bei dem hier unebenen und abfallenden Gelände gestoppt werden kann“.
„Wir haben eine Kammer frei“, sagte Samuela dazwischen, „denn ihr müsst bei uns übernachten.“
Bevor es soweit war, bat Samuel Jesus, mit ihm noch kurz vors Haus zu treten.
„Ich sehe mir so gern den Nachthimmel an“, log Samuel. Und Jesus tat, als wüsste er nicht Bescheid.
„Sieh, Jesus von Nazareth“, sagte Samuel unter Tränen, „diesen Stern. Er steht über unserem Haus!“
„Damit“, antwortete Jesus, „ist das Haus mit seinen Bewohnern des Herrn.“
„Und du bist, Jesus, wie die Griechen sagen, Christos der Gesalbte, der Tüchtige, der Nützliche, der mit dem biblischen Hoheitstitel – gib es zu!“
„Ich weiß es nicht, Samuel. Kennst du einen Glauben ohne Zweifel?“
„Ja, durchaus und seit heute – du wirst derjenige sein, auf den euer Volk wartet.“
„Werde es sein, wie du sagst, also ist es nicht sicher. Es laufen, heißt es, viele Gesalbte über des Herrn Acker.“
„Aber sie bestellen ihn nicht wie du. Ich jedenfalls werde, wenn mein Automobil, - heißt es nicht so im Lateinischen -, mich mobil macht, in ganz Philadelphia deinen Namen verkünden und deine Ankunft, sagen wir mal in den nächsten zehn bis zwanzig Jahren, wenn ich‘s überlebe, ankündigen.“
Das geschah dann auch, denn der Herr weigerte sich solange, Samuel und Samuela abzuberufen…

* * * * * *

Nach einem Abschied voller Wehmut, Hoffnung, Tränen und „vielleicht Wiedersehen“ trabten unsere Wanderer leichtfüßig, aber mit Lebensmittel beladen, gen Hesbon zurück an den Jordan und setzten bei Livias ans westliche Ufer über. Da war es dann bis Bethlehem über Hyrkanium nur ein strammer Tagesmarsch. Sie hatten beschlossen, des Wanderns durchaus nicht müde, am westlichen Ufer des Jordans stromauf nach Hause zu gehen.

„Wer Bethlehem gesehen hat“, sagte ihnen ein Begleiter einer kurzen Strecke, „muss auch Jerusalem besuchen.“

In Bethlehem veranstalteten Jesus und Johannes eine Armenspeisung, weil ihnen das Geschleppe von Brot, Obst, Braten, Äpfeln, Pampelmusen und Trinkbarem zuviel ihren Rücken belastete. Sie setzten sich unter eine Gruppe von Bürgern, die heute jeder Zuschauer zu „Pennern dritter Klasse“ einordnen würde. Sie lästerten in scharfer und bereits alkoholisierter Zunge alle Götter dieser Erde von A bis Omega, also von Ares bis Odysseus, der Ungerechtigkeiten solange, bis zwei städtische Sittenwächter beschlossen, dem Spuk ein Ende zu bereiten – da traten Jesus und Johannes auf den Plan.

„Habter noch Platz für zwei hungrige Wandersleut, Leute?“ Hatten diese zwölf Burschen und öffneten ihren Kreis.

„Nur zu, Kameraden, hungern ist in Gesellschaft erträglicher als allein.“

„Niemand soll heute frieren“, verkündete Jesus.

Er übt schon das Predigen, dachte sich Johannes. Jesus trug alle Lebensmittel, die er und Johannes von Frau Samuela erhalten hatten und welche noch nicht aufgegessen worden waren, in die Mitte des Kreises und stapelte sie auf – Johannes wunderte sich, dass es mehr waren als sie bekommen und dass die Fladenbrote aus Philadelphia sich wie syrische Hamster vermehrt hatten.

„Suum cuique“, sagte Jesus, „jedem das Seine und keine Rangeleien. Zeigt den beiden Römern dort, dass ihr euch benehmen könnt.“

Einer der Soldaten trat heran und fragte:

„Du sprichst unsere römische Sprache so gut – bist du ein entsprungener Römer?“
„Wie sollte ich, du Söldner, wenn ich in Nazareth geboren bin! Im Übrigen solltest du dich befleißigen, eure Sprache zu pflegen und hier nicht ordinär und flegelhaft herumzukommandieren. Komm her und iss mit uns, dein Kamerad auch!“
Er haut sie alle in den Bann, dachte sich Johannes.

Inzwischen waren Touristen, - Bethlehem wurde von vielen besucht -, herangetreten und Einheimische auch. Hier gab es jenes Völkergemisch im Kleinen, das in Jerusalem im Großen stattfand: Weiße, gelbe, hellbraune, dunkelbraune und schwarze Bewohner von Asien und Afrika, Hispanier, Malteser, Karthager, Phönizier, Griechen, Skythen, Germanen, Sarazenen und Ägypter – da zog sich mancher Hebräer und Israelit ins eigene Heim zurück und wünschte sich einen Eisenbesen zum Auskehren. Jetzt aber waren viele Anlieger human gestimmten und brachten Kannen und Humpen herbei, „damit ihr nicht verdursten müsst“: Brunnenwasser, Milch, Gebrautes, dünnen Wein und neuerdings auch Tee, dessen Benutzung von den Arabern hergeholt worden war. Jesu und Johannes zwölf „Freunde“ kamen in Schwatzstimmung, wuchsen im Gebrauch des Hebräischen über sich hinaus und zelebrierten Trinksprüche am laufenden Band sozusagen. Wir listen sie von eins bis zwölf auf, um sie nicht der ewigen Vergessenheit anheimfallen zu lassen.

Eins: Flüssig Brot macht Wangen rot.
Zwei: Alles ist vergänglich, nur Durst bleibt lebenslänglich.
Drei: Unseren täglichen Durst gib uns heute.
Vier: Unseren heutigen Durst gib uns täglich.
Fünf: Wer Liebe mag und Einigkeit, darf trinken auch ne Kleinigkeit.

Sechs: So jung trinken wir nie wieder zusammen.
Sieben: Lass dich nicht lumpen, noch einen Humpen.
Acht: Nüchtern bin ich schüchtern.
Neun: Nimmst du täglich einen Tropfen, wird dein Herz stets freudig klopfen.
Zehn: Lieber einen Bauch vom Trinken als einen Buckel vom Arbeiten.
Elf: Man soll das Bier nicht vorm Kater loben.
Zwölf: Von der Wiege bis zur Bahre ist der Wein das einzig Wahre.

Jesus und Johannes hörten interessiert und wohlwollend zu. Aber wie das in angeheiterten Gesellschaften so ist: Einer der Zwölf merkte, dass Jesus nicht zu ihnen gehören, hier vielleicht nur ein Exempel statuieren wollte, und rief:
„Der Nazarener soll auch etwas sagen!"
Da fiel sein neuer Name zum ersten Mal: Nazarener! Und dieser Mann aus Nazareth fasste nun den Plan, den zwölf angetütelten und inzwischen gesättigten Männern „vom Volk" seine schon ausgedachten aber noch nicht geschriebenen Werke mündlich vorzutragen.
„Ich tue dieses jetzt", sagte er zu Johannes, „damit du mithören und später kritisieren kannst – einverstanden?"
„Einverstanden."
„Herhören Leute!" Jesu Stimme schallte weiter als alles bisherige Gelächter, so dass die Bewohner der anliegenden Häuser mithören konnten. „Also Leute, ihr sollt die erste Predigt Jesu von Nazareth hören und könnt euren Kindern und Kindeskindern später sagen ‚Ich bin dabeigewesen'".
„Erstens", sagte Jesus, „Euer Vater ist im Himmel.
Zweitens: Sein Name ist geheiligt.
Drittens: Sein Reich kommt.
Viertens: Sein Wille geschieht auf Erden wie im Himmel.
Fünftens: Euer täglich Brot gibt er euch heute.
Sechstens: Er vergibt euch eure Schulden.

Siebtens: Er führt euch nicht in Versuchung.
Achtens: Er erlöst euch vom Übel.
Neuntens: Denn sein ist das Reich...
Zehntens: ...und die Kraft…
Elftens:...die Herrlichkeit…
Zwölftens: ...und die Ewigkeit."
Jesus erhob sich, nahm seine Sachen auf, Johannes tat es ebenso und sie verließen den Ort ohne Abschied und dergleichen mehr. Einige Leute, aber nicht alle riefen:
„Seht den Stern über uns!"
„Ja, der Stern von Bethlehem ist da!"
„Das ist der Stern des Herrn!"
„So war der junge Mann, Leute, der euch das Abendessen spendierte, der Herr."
„Wo ist er abgeblieben, hinterher, sucht ihn!"
Sie schwärmten aus, aber niemand sah und fand Jesus und Johannes.

Sie übernachteten in der Herberge und verließen Bethlehem am frühen Morgen, um die Stadt der Städte, nämlich Jerusalem, zeitig zu erreichen.
„Dort soll es", warnte Johannes, „über Mittag heiß wie in der Hölle sein."
„Kennst du die Hölle?", fragte Jesus.
Kannte Johannes nicht.
„Gibt es sie denn, Jesus?", fragte er.
„Ich denke", antwortete Jesus, „nur gedanklich. Jeder Herrschende dieser Erde glaubt, etwas in der Hinterhand haben zu müssen, eine Drohung für kritische und verbrecherische Untertanen sozusagen, und wenn es eine Religion ist."
„Der Herr, unser Vater", ergänzte Johannes, „wird es nicht zulassen, dass seine Kinder, die wir ja alle sind, irgendwo im Feuer braten und tausend Jahre und mehr schmoren müssen."

„Das hast du gut gesagt“, lobte Jesus seinen Freund, „du könntest statt Täufer auch Prediger sein. Würdest du mitkommen, wenn ich einmal auf eine Predigerreise gehe?“
„Nein, Jesus“, antwortete Johannes fest, „lass mich taufen: Einmal ein Täufer – immer ein Täufer.“

* * * * * *

Die Geschichte der Stadt Jerusalem ist es wert, näher vorgestellt zu werden. Was konnten Menschen der Zeit, wie Jesus, Johannes und andere, über diese Stadt wissen? Wer interessierte sich damals für Geschichte? Der so genannte „kleine Mann“ oder die „einfache Frau“ gewiss nicht. Auch die Stadtoberen blickten lieber vor als zurück. Oder in die Ferne, ob der argböse Feind anmarschiere. In der frühen Menschheitsgeschichte wuchsen aus Familienverbänden Gemeinden, daraus Anweiler, dann Dörfer, kleine wie große, aus diesen Städte bis zu heutigen mit über zwanzig Millionen Einwohnern. Lagen die frühen Städte an strategisch wichtigen Punkten oder im fruchtbaren Land, kamen rasch und immer wieder nach und nach jene Eroberer, welche die Weiterentwicklung der Menschheit am Kochen hielten.

So, grob dargestellt, mag die Geschichte Jerusalems bis zum Erscheinen Jesu abgelaufen sein. Hier ein ganz kurzer Abriss der Geschichte.
997 bis 932: Die Zeit König Davids und Salomos, Stadtbefestigung und Bau des ersten Tempels.
932 bis 587: Jerusalem ist Hauptstadt des Königreichs Juda.
586 bis 333: Zerstörung durch die Babylonier und Beginn des so genannten Exils. Danach Rückkehr unter der Herrschaft der Perser. Errichtung des zweiten Tempels.
164 bis 63: Herrschaft der Hasmonäer. Jüdische Unabhängigkeit und Ausbreitung Judäas. Beginn der römischen Fremdherrschaft bis 324 n. Jesus.

37 v. bis 6 n. Jesus Herrschaft der „Herodes", Ausbau des zweiten Tempels.
6 bis 41: Römische Präfektur über Judäa, ab 26 unter Pontius Pilatus.

Auch wenn wir uns vom heutigen Jerusalem ganz freizumachen versuchen, müssen wir uns Fragen stellen: Welche Stadt außer Rom war damals bekannter? Welche beherbergte die meisten Priester, Medizinmänner, Propheten, Heilsbringer, Scharlatane und wirklich vom Glauben an den Herrn Befangene? Es gab eine Vorzeit „vor" König David. Aber Jerusalems Geschichte beginnt mit diesem König. Er soll ein „Deubelmordskerl" gewesen sein, wenn man der Überlieferung allen Glauben schenken will. Um die so genannte Zeitenwende waren Stadt und Land reif für entschlossene und gierige Eroberer, die diesmal vom Westen kamen: die Römer Italias. Da gab es in der Stadt schon eines der unerwähnten Weltwunder: Das Tempelgelände mit einem Fassungsvermögen von 300.000 Menschen. Kann man das glauben? Wissen wir doch, dass antike Zahlenangaben zum Beispiel über Bewohner und Schlachtteilnehmer entweder von Rechenkünstlern oder -moglern stammen müssen!

* * * * * *

„Hier möchte ich weder wohnen noch sterben", sagte Jesus und starrte auf die bunt gescheckte Menschenmenge, welche sich durch die schmalen Gassen der Altstadt schob.
„Hier kann man erleben", fügte Johannes hinzu, „dass der Mensch als Masse kaum zu ertragen ist."
Auf einer alten Bank sitzend unterhielten sich Jesus und Johannes, die man wohl als Realisten ansehen kann, darüber, wie diese Menschenmassen hier arbeiteten, lebten,

aßen, schliefen, ihr Essen herbekamen und es sowohl in fester als auch flüssiger Form wieder abgaben.
„Ja“, sagte Johannes, „qui manducat quamdiu puteat – es stinkt der Mensch solange er isst.“
„Darum lass uns zu Golgatha hinaufgehen“, schlug Jesus vor, „dort ist bessere Luft und wie haben einen schönen Ausblick auf die Stadt.“
Über die Unterstadt, wo sie König Davids Grab besuchten, kamen sie zur Oberstadt und vorbei am Palast Herodes nach Golgatha. Da sahen sie den Tempel und blickten ins Kidrontal hinab. Doch es war nichts mit der Ruhe und dem Ausruhen auf Golgatha! Denn sie sahen jetzt erst, dass eine Hinrichtung vorbereitet wurde.
„Komm“, riet Johannes, „ich kann so etwas nicht sehen.“
„Ich auch nicht“, gestand Jesus, „aber ich muss wissen, was der Delinquent, der jetzt gekreuzigt werden soll, getan hat.“
Jesus hatte seit zwei Tagen durchaus Johannes‘ keimenden Unwillen bemerkt, und jetzt sagte er:
„Johannes, alter Freund, ich sehe dir an, dass du der Reise überdrüssig bist. Es ist noch weit bis Kapernaum und ich werde noch viele Halts machen, wo‘s nötig sein sollte. Verlass mich hier, wenn du willst. Wir sehen uns später wieder, Freund.“

Johannes druckste herum, sprach von Taufen im Jordan, die er verpassen würde.
„Klar“, sagte Jesus, „deine Arbeit ist dem Herrn wichtiger als meine, und nun geh mit dem Herrn. Vale – Auf Wiedersehen!“
„Der Herr sei mit dir“, sagte Johannes, „Dominus vobiscum!“

Da stand ein römischer Hauptmann mit drei Legionären, die einen Mann bewachten, der auf dem Querbalken eines

Kreuzes saß und an den Händen gefesselt war. Eine Frau mit zwei Kindern stand bei ihm, gab ihm zu essen und zu trinken. Jesus ging zu ihr und fragte sie:
„Was hat dein Mann getan, dass er hier gelandet ist?"
„Wer bist du, dass du interessiert bist?"
„Ich bin Jesus von Nazareth."
„Ach, der berühmte Nazarener, der alles kann? Dann bitte ihn beim Hauptmann frei."
„Herr Hauptmann", fragte Jesus, „was hat der Mann getan, dass er gekreuzigt werden soll?"
„Wer bist du, dass du fragst?"
„Ich bin Jesus von Nazareth."
„Aha, Nazareth, dort oben am See Genezareth?"
„Wohne aber in Kapernaum direkt am See, wohin meine Eltern gezogen sind. Kennst du die Gegend?"
„Bin dort stationiert. Vielleicht treffen wir uns dort einmal."
„Vielleicht. Aber nun meine Frage, bitte."

Jesus erfuhr, dass der Verurteilte namens Kalfator ein Syrer sei, der damals, als die Nachricht vom Tod des ehemals syrischen Statthalters Quinctilius Varus in Germanien hier bekannt wurde, vor Freude getanzt und gerufen habe, „endlich ist der römische Blutsauger weg".
„Da haben wir ihn gepackt, um ihn zu kreuzigen, aber jemand half ihm zu entfliehen, jetzt wagte er sich hervor und wir packten ihn wieder."
„Er scheint mir ein mutiger Mann zu sein. Gibt es keine Möglichkeit, ihn zu retten, zum Beispiel in deine Truppe aufzunehmen, Hauptmann."
„Du scheinst ein Menschenfreund zu sein, Jesus."
Der Ton klang drohend. Jesus wusste, dass die römische Besatzungsmacht nicht lange fackelte, ihre Widersacher ans Kreuz zu schlagen oder den Löwen zum Fraß vorzuwerfen.

„Das ist meine Berufung“, antwortete er dennoch, „und ich weiß auch, dass ein Mann wie du, Hauptmann von Kapernaum, die Ausführung des Urteil mildern kann, zum Beispiel...“

„Zum Beispiel, Jesus?“

„...das schmerzhafte Aufnageln durch Festbinden zu ersetzen. Tu es, Hauptmann, der Herr wird‘s dir danken, wenn einmal dein letzter Augenblick schlagen sollte.“

„Welcher Herr, Jesus?“

So konnte man Jesus nicht in die Klemme bringen.

„Der Herr, der auch Wege findet, da dein Fuß gehen kann“, antwortete er.

Da durfte er hingehen und dem Delinquenten die „frohe“ Nachricht bringen.

„Du wirst nicht angenagelt, Kalfator. Und sieh zu, dass du noch vor der Nacht stirbst. Dann darf deine Familie dich abheben und mit nach Hause nehmen. Und hab in Zukunft nicht so ein vorlautes Maul, verstanden?“

„Was bis du, Herr?“

„Des Herrn, Kalfator. Dominus vobiscum!“

* * * * * *

Im Grunde seines Herzens war Jesus froh, den Rückweg nach Kapernaum allein machen zu können. Er war auf dieser Wanderung nun 16 und ein „ganzer Kerl“ geworden, wie Maria Magdalena so wohl formulieren würde. Er bemerkte es auch daran, dass auf allen Wegen, die auch von der jungen Weiblichkeit Jerusalems begangen wurden, zum Beispiel um den Tempel herum, Glühaugen derselben ihn intensiv und sehr traulich begutachteten. „Heimliche Aufforderung“ nannte Jesus dies Verhalten, das er durchaus zur Erhaltung und Vermehrung eines Volkes akzeptierte und sich damit im Herrn einig war, aber…? Er wusste selbst

nicht, was mit ihm war, und hatte auch vom Herrn noch keinen Wink bekommen.
„Warum hast du nicht geheiratet?“, fragte er während der Reise einmal seinen Begleiter.
„Weil ich noch keine Passende gefunden habe, Jesus.“

In Jericho, schon nahe dem Jordan, legte Jesus eine Tagespause ein. Die Ehrwürdigkeit der Stadt zwang ihn dazu. Was wusste er von ihrer Geschichte? Nichts! Hielt der Herr seine Hand über sie? Sie nennt sich „älteste Stadt der Welt“, aber was ist die Welt? Darüber nachzudenken war hier der richtige Boden.
„Man sieht“, sagte eine Stimme vor Jesus, der ein wenig eingeduselt war, „dass du ein Denker bist. Aber auch ein Dichter?“
„Was ist ein Dichter?“, fragte Jesus.
„Ich bin einer.“
„Was dichtest du, Wasserrohre oder Schiffslecks?“
„Donner und Doria, das hat mich noch niemand gefragt.“
Der Flucher setzte sich zu Jesus und schwieg erst einmal, dann fragt er:
„Du bist ein Reisender, möchtest du durch die Stadt geführt werden? Kostet nur einen Scheckel.“
„Wucherer, steht irgendwo in unserer Bibel, sind verflucht. Ich bin einverstanden, wenn du für einen halben Schekel einem Armen der Stadt zu essen gibst.“
„Das ist für einen Armen ein Vermögen, junger Mann.“
„Eben. Lass uns losgehen.“

Im Lauf des Tages, den Jesus schließlich im Haus des Dichters beendete, erfuhr er natürlich nicht nur dessen Namen Hesekiel, sondern auch das Wichtigste Jerichos.
„Für israelische Pilger“, erzählte Hesekiel so langsam wie er ging, „war unsere Stadt schon immer die letzte Station vor Jerusalem. Hier begann ein beschwerlicher Anstieg und

manche machten schlapp. Denn die Stadt liegt in einer Senke und ist damit ein idealer Aufenthaltsort im Winter."
„Es sollen", warf Jesus ein, „hier nur Reiche gebaut haben. Weißt du, dass ein Kamel eher durch ein Nadelöhr geht als ein Reicher in den Himmel kommt? Bist du ein Reicher?"
„Ja, ein sehr Reicher – an Erfahrung, junger Mann, denn mein Alter ist schon dreistellig."
„Weißt du", fragte Jesus, „dass es ein Gesetzt gibt, das erlaubt, ertappten und überführten Lügnern die Zunge rauszureißen – ich betone reißen und nicht schneiden!"
„Nun gut", gab Hesekiel zu, „ich habe übertrieben. Aber neunzig bin ich."
„Gratuliere."
Hesekiel berichtete weiter: „Es wurde viel um diese Stadt gekämpft. Das Buch Josua teilt mit, dass Jericho bei der Landnahme Kanaans von den Israeliten erobert und zerstört wurde. Die Bibel erzählt auch die grausame Geschichte, wenn sie wieder aufgebaut werden sollte: Dessen erstes Kind solle sterben, sein jüngstes auch."
„Und wie war das mit den Posaunen von Jericho?", fragte Jesus.
„Nun, sie sollen so laut geblasen haben, dass die Stadtmauern einstürzten."
„Wer's glaubt", sagte Jesus, „mag selig werden."
„Gut gesagt, junger Mann. Wie heißt du eigentlich, wo kommst du her?"
„Ich bin Jesus von Nazareth, komme aber von Kapernaum her."
„Bist du der, von dem verkündet wird?"
„Ja, wenn du es so auszudrücken beliebst."
„Und was machst du hier?"
„Ich wandere rund um den Jordan, um das Gebiet und die Bevölkerung kennenzulernen, denen ich in Zukunft predigen werde."

„Verzeih mir meine Neugier. Was willst du predigen? Doch wohl nicht die vielen Unglaubwürdigkeiten des Alten Testaments fortsetzen?“
„Nein, es wird wohl eine neues geben.“

Diese beiden unermüdlichen Fragesteller und Fragenbeantworter waren nun allmählich, wie von Hesekiel geplant, seinem Haus näher gekommen und die Dämmerung war hereingebrochen. Der Stern, dachte Jesus, mein Stern! Unauffällig schielte er nach oben. Nicht unauffällig genug, denn Hesekiel fragte:
„Ich lade dich ein, die Nacht in meinem bescheidenen Haus zu verbringen, nebst Abendessen und Frühstück, versteht sich.“
„Ich danke dir. Hast du Familie?“
„Ja, mein Enkel mit seiner Frau lebt bei uns. Er ist ein Arzt, Knochenbrecher und so, Einrenker, Operateur und Hustenstiller. - Wird er über meinem Haus leuchten?“, fragte Hesekiel abrupt.
„Ich sehe ihn schon und du doch auch, verstell dich nicht, Hesekiel. Wenn du nicht aufrichtig zu mir bist, wirst du sein Licht nicht sehen.“
„Leuchtet er nur für dich, für mich oder meine ganze Familie?
„Das weiß der Herr allein. Du jedenfalls bist des Herrn, wenn du mir erlaubst, zwei oder drei Tage bei deinem Enkel in die Lehre zu gehen. Das habe ich immer gesucht.“

* * * * * *

Ist man nicht auch bass erstaunt, wie dieser junge Mann immer wieder „seine Leute“ herumkriegt, für ihn da zu sein? Warum eigentlich wollte er „Medizin studieren“, wenn auch wohl nur in einem der kürzesten Studiengänge der Welt? Er hat es beim Abschied Hesekiel verraten:

„Die Menschen gehen mich schon jetzt an, ihnen Wunder zu tun und sie zu heilen. Wer von uns kann denn so etwas? Um aber nicht immer nein zu sagen oder bedauernd mit dem Kopf zu schütteln, brauche ich ein Grundwissen der Handgriffe und Arzneien, die helfen und lindern können. Der Herr bringt aus der Erde Heilmittel hervor, die wir nicht verschmähen sollten. Ich habe mir euren Spruch am Eingang des Zimmers gemerkt, wo dein Enkel die Kranken empfängt: ‚Schätze den Arzt, weil man ihn braucht, denn auch ihn hat der Herr erschaffen'".

Begleiten wir also jetzt Jesus in seiner neuen Eigenschaft als Medizinstudent in Jericho. Wie bei heutigen Arztpraxen auch stand ein Dutzend Patienten mit Sonnenaufgang vorm Arzthaus und wartete stehend oder sitzend auf einen Termin. Hesekiels Enkel hieß Jordanus, seine Frau, die als „MTA" aushalf, Jordania. Bezahlt wurde mit allem, was ein Patient gern oder zögernd hergeben konnte: Ein Huhn, ein Schock Eier, Butter, Obst, Pemmikan (luftgetrocknetes Fleisch), getrocknete Bohnen, Hirse, Arbeitskraft und Hilfsarbeit, Krankenpflege, Schekel und alle hier gängigen Münzen.

Hier war es, da Jesus zum ersten Mal versucht wurde – was die Bibel bekanntlich dem Satanas zuschreibt. Jesus glaubte solchen spiritistischen Schabernack nicht, aber, wie gesagt, die Versuchung gab sich die Form des Scheideweges: Jesus war der felsenfesten Überzeugung, nichts, niemand, nicht einmal eine engelsschöne Frau könnte ihn vom geraden Weg zum Herrn abbringen – nun tat sich ein Seiten- und Nebenweg auf. Wohin führte er? In einen gesicherten Beruf voll kräftiger Verdienste! Wie ließ doch Jordania lockend verlauten:

„Ein Arzt hat immer viel zu tun,
kann in der Arbeit nimmer ruhn.
Ob richtig oder falsch gemacht,

ob in die Erde eingebracht,
entlassen lebend oder tot:
Ein Arzt isst niemals Trockenbrot!“

Ehe Jesus seinen Entschluss kundtat, „nun weiterwandern zu müssen“, machte ihm Jordanus ein Angebot, das „nicht anzunehmen eine Riesendummheit wäre“, nämlich:

„Wir machen in Jerusalem eine Praxis auf, du heiratest eine probate Frau, wir vier arbeiten zehn Jahre lang, dass uns die Schwarte kracht und verdienen mehr als der Teufel und seine Großmutter zusammen.“

„Hat der Teufel denn eine Großmutter?“, fragte Jesus.

„Du bist, Jesus, ein kecker und aufgeweckter Bursche“, sagte Jordanus nicht antwortend, „dir geht die Arbeit durch die Hände wie eine Natter draußen und du hast keine gespaltene Zunge, (lügst nicht), und wie kannst du dem Herrn besser dienen als seine Schäflein zu heilen?“

Das waren schon logisch-harte Brocken, die Jordanus auf den Tisch knallte. Doch sie zogen nicht, und als Jesus am letzten Abend seiner neuen Tätigkeit vors Haus trat, sah er seinen Stern flackern und fast vergehend flimmern.

„Alles schön und gut, Jordanus und Jordania, ich habe viel gelernt bei euch und kann einiges in meinem weiteren Leben davon anwenden.“

Jesus nahm die Laute von der Wand, zupfte Töne und sang, dass sogar Hesekiel herankam und lauschte:

„Der, der sieht mein Leben in Geduld,
ist mir wie Burg und Trutz.
Denn er vergibt mir meine Schuld
und nimmt mich ganz in Schutz.“

„Da kann man nichts machen“, sagte Hesekiel, „Glaube ist stärker als Worte.“

Waren Jesu Tage dort unnütz und für die Katz‘? Nein. Zählen wir auf, was er dort gesehen, erlebt, gelernt und mitgemacht hat.

Erstens: Die ganz neue Akupunktur, die ein Chinese aus Asia mitgebracht hat. „Ein mit feinen Nadeln gespickter Körper", versicherte Jordania, „vergisst Kopf-, Leib- und Magenschmerzen." Jesus bespickte eine feine Dame der Jerichoer Gesellschaft, blieb neben ihr sitzen, hielt ihre Händchen, erzählte vom Herrn, der da kommen wird und sang ihr eins der schönen Lieder Maria Magdalenas vor:

„Brich an, du schönes Morgenlicht!
Das ist der alte Morgen nicht,
der täglich wiederkehret.
Es ist ein Leuchten aus der Fern, es ist
ein Schimmer, ist ein Stern,
von dem ich längst gehöret."

„Bleibst du hier bei den Hesekiels", fragte die Dame.
„Nein, der Herr hat mich zum Wandern verurteilt."
„Würdest auch meinetwegen nicht bleiben?"
„Auch deinetwegen nicht."
„Was ist stärker als meine Schönheit und mein Geld?"
„Schönheit vergeht und das Geld ist das deines Mannes."
Werte Leserschaft, lerne bitte aus dieser Szene: „So blockt man Versucher ab!"
Zweitens: Das Einrenken ausgerenkter Körperteile. Jesus kannte jene Mitbürger, denen schon in jungen Jahren das Malheur passiert, einen Arm auszurenken. „Komm her, Junge", forderte Jordanus einen Zehnjährigen auf, „und leg dich hier auf die Liege."
„Willst du den Arm abmachen, Herr Arzt?"
„Nein, nur begucken und abtasten."
Jordanus hatte Jesus aufgefordert, den ängstlichen Jungen „viribus unitis – mit vereinten Kräften" niederzuhalten. Jetzt packte Jordanus zu, als ging's um eine zu fällende Zeder im Stadtwald, zog den losen Arm an sich und stieß ihn mit Bärenkräften in die Achsel zurück. Das Geschrei des Jungen erschütterte das Haus in den Grundfesten. Als er sich erholt und sein Vater einen Riesenkürbis als Hono-

rar herangerollt hatte, ging der Patient auf Jordanus und Jesus zu: „So kann ich euch wenigstens die Hand geben!“ Drittens: „Hier habe ich eine Salbe, Herr Jesus, die du noch nicht kennen kannst“, sagte Jordanus. Ja, die kannte noch niemand, denn er hatte sie erst gestern angerührt. Vorgestern fand er an einer Quelle ein Erdloch, das ihm schwarz entgegen grinste, und als er eine Hand eintauchte, wurde die schwarz wie Pech und Schwefel – daraus bestand sie auch! Sie roch schweflig, erzeugte aber in der Hand anfangs Kühle, dann Kälte, schließlich Wärme und letztendlich Unempfindlichkeit. Jordanus machte die Hammerprobe: Leichte, sich steigernde Schläge mit einem Kieselstein – ja, er hätte mit einem echten Schmiedehammer zuschlagen und die Knochen zertrümmern können – Schmerzen wären nicht entstanden! „Also, Herr Jesus“, sagte Jordanus, „schmier dem Mann, er ist ein Sattler oder Lederer, seine rechte Hand ein, massiere sie eine Weile, was er selbst machen kann, und warte den Erfolg ab.“ Der Ledermacher, seit zwei Tagen von beginnender Podagra (Gicht) gepiesackt, hüpfte vor Freude auf und nieder und versprach Jesus das Blaue vom Himmel.
„Ich bin mit einem neuen Paar Lederschuhe zufrieden“, sagte Jesus, „denn meine jetzigen sind durchgelaufen und ich habe noch einen langen Weg vor mir.“
„Welchen Weg gehst du?“
„Den des Herrn.“
„Gut, dann bringe ich dir morgen früh die Schuhe.“
Sprach‘s und hielt sein Wort.
Viertens: Diese Salbe oder Kreme! Jordanus unterließ es nicht, ein paar Näpfchen abzufüllen und sie Jesus zu überlassen. „Solltest du einmal wunde Füße vom Wandern haben...“ „Es ist nicht gut“, wandte Jesus ein, „dass die Patienten nach der Behandlung schwarze Füße haben. Darum schlage ich vor, sie so zu behandeln, dass sie das Einreiben nur spüren, aber nicht mit den Augen verfolgen können.

Dazu sollte Jordania für den Fuß eine Art Überzug stricken oder schneidern, diesen über Fuß und Bein gezogen und fertig. Nach einer Woche fällt der Überzug ab und die eingetrocknete Salbe mit ihm. Dann weiß der Patient gar nicht, was du mit dem Fuß gemacht hast."
„Jesus, das ist ja genial! Bleib hier, und wir machen weit bessere Geschäfte als die Wechsler am Tempel."

* * * * * *

Bei Jericho ging Jesus nun doch über den Jordan, um an seinem östlichen Ufer nach Hause zu wandern.
„In bekannten Gegenden zu gehen", sagte er sich, „ist oft interessanter als in fremden, „und bekannte Gesichter wiederzuerkennen ist freudiger als fremde zu entdecken."
Das Wiederentdecken begann sofort in Nebo, nahe Hesbon.
„He, Wandermann, komm zu uns her und lass dir etwas einschenken!"
Da saß unter einem Vordach eine zwölfköpfige Jungmännergesellschaft und schien Spaß daran zu finden, vorübergehende Bürger anzusprechen. Sie saßen bei Wein, Weib und Gesang und hatten mindestens vom Wein schon reichlich genossen. Jesus drehte um und stellte sich vor:
„Jesus von Nazareth aus Kapernaum."
„Oh", rief der Wortführer, „dich kenne ich. Wo ist dein Stern, Jesus?"
„Er ist über mir. Aber erstens ist es noch zu hell zum Leuchten und zweitens, das wisst ihr ja, leuchtet er nur jenen, die des Herrn sind."
„Sind wir des Herrn, Jesus?"
„Das weiß ich noch nicht. Aber wenn ihr wollt, kann ich euch zum Herrn führen."
„Wir wollen, wir möchten es, führe uns."

Was wir bisher nicht erwähnt haben ist die Tatsache, dass Jesus diese Reise als eine Übung ansah.
„Zum Volk sprechen", hatte er Hesekiel anvertraut, „muss gelernt sein, wenn man Erfolg haben will."
„Und da musst du das Sprechen lernen und wissen, was du den Leuten sagen möchtest."
Dies ist eine andere Situation als damals in Bethlehem, dachte Jesus, bei den zwölf „Pennern", die froh waren, Speise und Trank einzuheimsen. Jesus kannte durch zahlreiche frühere Tempelbesuche alle Zeremonien und Riten der jüdischen Religion verschiedener Richtungen und lehnte diese Riten ab. Es muss die Person sein, wusste er, welche Überzeugungskraft, Wissen und Grundehrlichkeit zu übermitteln hatte und kraft ihrer Persönlichkeit Spannung zu erzeugen hatte.
„Was sind Riten und Vorschriften?", fragte er unlängst seinen Vater, „was bedeuten Abzeichen, Kleidung und Aufmachung, wenn der Herr doch Bescheidenheit und Einfachheit mehr liebt als aufgedonnerte Hohepriester und ihre Diener."
Zunächst folgte Jesus der oben genannten Aufforderung, sich einschenken zu lassen und war beruhigt, dass sich im Becher mehr Wasser als Wein befand. Und dass man ihm eine „Unterlage" anbot, die aus einer knusprigen Hammelkeule und einer Metze bestand. Jesus wusste sich sogleich gut einzuführen, als er den drei jungen Mädchen das Rezept verriet, statt der fade schmeckenden Metzen doch einen runden, länglichen Brotlaib zu backen, dabei dem Teig „zwei Fingerbreit" Salz zuzufügen und die Oberseite des Brotes vorm Backen mit leicht gesalzenem Eigelb einzupinseln. Eins der Mädchen sprang sofort auf, zu Hause einen schon vorbereiteten Teig nach dem Rezept „umzuarbeiten". Sie kam nach Augenblicken zurück und schob den Brotlaib in den noch heißen Steinofen inmitten der Runde, in dem das Fleisch gegart worden war. Wir greifen

jetzt der Dauer der Backzeit vor und vermelden, dass Jesu Ratschlag ein „Mordserfolg“ und die Basis seines Dauerangedenkens hier in Nebo wurde.
„Wer sich selbst nichts Gutes gönnt“, sagte Jesus, „wie kann der anderen Menschen Gutes tun!“
Als er merkte, dass seine Stimme heute ankam und auch der gewisse Ernst in ihr, da schob er noch einen seiner eigenen Sprüche nach:
„Wenn du deine Mitmenschen beschenken willst, vergiss nicht, dir auch eine Kleinigkeit zu gönnen. Versagt euch nicht das Glück des Tages und gedenket derjenigen, die heute kein Glück haben.“
„Bist du Jesus, ein Prediger“, fragte eine junge Frau, „der Trost zusprechen kann?“
„Ich denke doch, Frau, Warum fragst du?“
„Weil unser Großvater zu Hause nicht sterben kann.“
„Und warum kann er nicht sterben?“
„Weil er nicht weiß, wie‘s weitergeht.“
Mit diesem kurzen Dialog war die freudige Stimmung des Abends erloschen. Oder? Aber nein!
„Wir gehen alle zu deinem Vater“, rief die Gesellschaft, „und wollen sehen und hören, wie und was Jesus mit ihm spricht.“
„Hier geht‘s heute ums Ganze“, dachte Jesus und schaute hinauf, „ja, mein Stern hat sich schon eingeschaltet.“

* * * * * *

Tatsächlich, Großvater Melchior lag auf dem Feldbett und konnte vor Schmerzen nicht sterben.
„Meine Füße, meine Beine! Hackt sie mir ab, damit ich sterben kann.“
Das wollte niemand tun, außerdem fehlten Axt und Säge im Haus. Als Jesus in den Raum trat und unter der wollenen Decke die Füße befühlte, welche zu kochen schienen,

verstummte Melchior und starrte seinen Besucher an, wie früher und heute noch Götzen angestarrt werden. Jesus trat vor und legte beide Hände auf Melchiors Kopf. Dann schob er die Zudecke fort und legte sein Ohr auf die Herzgegend. Auch wenn er kein erfahrener Medicus war: Hier erkannte er, es mit einem Hypochonder zu tun zu haben.
„Er hat die Hypochondritis“, sagte Jesus zu den versammelten Zuschauern, „allein seine Füße gefallen mir nicht.“
„Doctor Jesus“, fragte Melchior, „müssen die Füße abgesägt werden?“
„Nein, keine Angst, ich werde sie einreiben und dann stehst du auf. Deine Krankheit ist eine eingebildete. Hypochonder ängstigen sich vor der Angst.“
Diese gelehrten Ausführungen erzeugten im Raum höchste Hochachtung. Als Jesus vors Haus gegangen war, um erstens nach dem Stern zu sehen und zweitens seine Heilkreme aus dem Rucksack zu kramen, fragte Melchior seine Zuschauer:
„Ist das der Heiland, über den so viel die Rede ist?“
„Ob Heiland oder Heiler“, antwortete einer, „er wird dich Lahmen zum Gehen bringen.“
Jesus verrieb die Salbe mit kräftigen Bewegungen, die Melchior richtig aufmöbelten und so munter machten, dass er aufsprang und rief:
„Ich muss nachsehen, ob der Stern von Nazareth über unserem Haus leuchtet!“
Das tat er. Auch weiterhin noch, als alle vors Haus traten.
„Sind sie denn alle des Herrn?“, fragte sich Jesus, „er, der Herr, scheint heute recht großzügig zu sein.“
Melchior war außer Rand und Band und kniete vor Jesus nieder:
„Segne mich oh Jesus Christ, wenn du der Heiland der Menschen bist:“
„Kannst du uns taufen, Christus, auch ohne Wasser?“

Hier die erste Christengemeinde (eine neue Wortschöpfung dies!) zu begründen, konnte und durfte sich Jesus nicht entgehen lassen.
„Wasser ist nur Beiwerk“, antwortete er, „und mehr zum Waschen, Trinken und Kochen da. Der Herr wird‘s schon richten.“

Und nun dürfen wir, die wir bald zweitausend Jahre Abstand haben, dem ersten Gottesdienst (Jesus sagte nicht Herr-Dienst) der Christenheit beiwohnen. Alle Teilnehmer knieten nieder, auch Melchior, dessen Kniescheiben vorhin noch jede Belastung verweigert hatten.
„Warum kniet ihr nieder?“, fragte Jesus.
„Das hat uns Johannes der Täufer gelehrt.“
„War der denn hier?“
„Ja, er wollte uns taufen, aber wir wollten uns wegen des kühlen Nachtwindes nicht nass machen lassen.“
Jesus lächelte und ließ alle Teilnehmer des Nachtgottesdienstes ein Halbrund bilden: Es waren genau vierundzwanzig Personen, also zweimal zwölf - „von dieser Zahl komme ich nicht los“, sagte er. Seine erste Predigt wurde textlich nicht überliefert – wir versuchen einmal, sie hier zu rekonstruieren.

„Herr, nur um zweierlei bitte ich dich, versage es mir nicht: Halt Lüge und Falschheit von mir fern, gib mir weder Armut noch Reichtum, nähr mich mit dem Brot, das mir nötig ist, damit ich satt werde und dein Wort verbreiten kann.“

Jesus spürte, dass er ankam, wie man heute sagt. Rundum breitete sich die Stille der Ewigkeit aus, kein Nachtvogel kreischte, Schakale und Hyänen der Wüste schwiegen wie der Löwe, der um diese Zeit auf Jagd zu gehen pflegte. Bereit gestellte Getränke wurden stehen-, Sabbathplätzchen wurden liegengelassen – eine Konzentration entstand, wie sie nachher kaum ein anderer Prediger hervorgerufen hat. Es waren ja auch geschichtliche Neuigkeiten, die Jesus zu verkünden hatte:

„Ich sage euch, dass ihr nicht widerstreben sollt dem Übel, sondern, wenn dir jemand einen Streich gibt auf deinen rechten Backen, so biete auch den anderen dar.

Ihr habt noch nicht gehört, dass gesagt ist: Du sollst deinen Nächsten lieben und deinen Feind hassen.

Ich aber sage euch: Liebet eure Feinde, segnet, die euch fluchen, tut wohl denen, die euch hassen und bittet für die, die euch beleidigen und verfolgen.

Auf dass ihr Kinder des Herrn im Himmel seid.

Denn er lässt seine Sonne aufgehen über die Bösen und über die Guten und lässt es regnen über Gerechte und Ungerechte.

Denn wenn ihr liebet, die euch lieben, was werdet ihr für Lohn haben.

Und wenn ihr betet, sollt ihr nicht sein wie die Heuchler, die da gerne stehen und und beten in den Schulen und an den Ecken der Gassen, damit sie von Leuten gesehen werden. Ich sage euch: Deren Lohn geht dahin.

Herr im Himmel, dein Name ist geheiligt, dein Reich komme, dein Wille geschehe auf Erden – unser täglich Brot gib uns heute!"

Jesus bemerkte zufrieden und erfüllt, dass seine erste Predigt in Herzen und Hirne gedrungen war und beschloss, noch einen Absatz vollkommen eigener Worte folgen zu lassen.

„Zum Abschluss, liebe Wortgemeinde", sagte er, „sage ich euch noch etwas, das mir im Lauf meiner Predigt eingefallen ist und deren Inhalt allgemein gültig sein sollte – unabhängig von Religionen und Weltanschauungen:

„Überlasst euch nicht der Sorge, schadet euch nicht durch Grübeln. Herzensfreude ist Leben für den Menschen, Frohsinn verlängert die Tage. Überredet euch selbst und beschwichtigt das Herz, haltet Verdruss von ihm fern. Denn viele Menschen tötet die Sorge und Verdruss hat im Leben keinen Wert. Neid und Ärger verkürzen das Leben und Kummer macht vorzeitig alt."

Hallo werte Leserschaft! Drückt dich nicht auch die Erkenntnis zu Boden, dass diese Worte Jesu heute und in weiteren zweitausend Jahren immer noch gesagt werden? Wie soll der Eindruck beschrieben werden, den sie auf diese

etwas unbedarfte Hörerschaft nahe des Toten Meeres gemacht haben? Es brauste kein Beifall auf, die Leute duckten sich auch nicht, hatten wohl nicht den Eindruck, bei einem großen historischen Ereignis dabei zu sein. Erst der Ruf einer der Hausfrauen „Wir tragen jetzt das Nachtessen auf" löste den Bann. Und als jetzt der geheilte Melchior mit einem umgestülpten Filzhut von Mann zu Mann ging und „ich sammle jetzt für die Armen Nebos" sagte, begann man befreit zu lachen und recht munter zu werden.
„Jesus, sagte Melchior, „du bist ein mutiger Mann und wirst bald, wenn du so weitermachst, Ärger mit der Obrigkeit bekommen."
„Wie meinst du das, Melchior?"
„Sie, diese Obrigkeit, und ich meine damit nicht die Römer sondern unsere eigene in Jerusalem, hat es nicht gern, wenn sich begnadete Redner auf Straßen und Plätzen sehen und hören lassen. Sie wittern dann sofort Aufruhr."
„Kürzlich", fügte sein Sohn hinzu, „soll in Jerusalem einer gekreuzigt worden sein, der nichts anderes tat als Hohepriester und den Sanhedrin zu kritisieren. Nimm dich in acht, Jesus."

Noch nie bisher hatte Jesus ein Nachtessen so genossen wie heute! Hier ist einmal ein antiker Speiseplan voll erhalten geblieben:
Erstens Hühnersuppe mit Eierstich, Lauch, Zwiebeln und Schnittlauch noch herrlich heiß, so dass sie die inzwischen kühl gewordenen Glieder ordentlich einheizte.
Zweitens: Als zweite Vorspeise ein Püree aus Sellerieknollen und roten Karotten mit Bienenhonig gesüßt.
Drittens: Das Hauptgericht bildete ein Impala-Lamm, das gestern so unvorsichtig war, der Mutter vorauszulaufen und das jetzt aus den dampfenden Palmblättern gewickelt wurde, mit denen es durch heiße Steine im Erdloch gegart wurde.

„Ist das in deinem Sinn, Jesus, dass wir es der Mutter weggenommen haben?"
„Durchaus", antwortete Jesus zwischen erstem und zweitem Happen, „denn der Mensch lebt nicht durch Brei und Suppe allein. Außerdem wird die Mutter in ein paar Monaten ihr nächstes Lamm in die Welt setzen."
Solche Antworten Jesu gefielen. Sie zeigten den Leuten, dass er ein Mann des Volkes und nicht der oberen Fünfhundert war.
„Weiter unten am Toten Meer", erzählte der Neffe Melchiors, „in der Nähe von Machärus, soll es Sektierer geben, die eine Enthaltsamkeit üben müssen, sagen ihre Rabbiner, dass sie mit 25 oder 35 dahinsiechen und regelrecht vertrocknen. Sie schreiben auf Papyrusrollen, graben sich in Höhlen ein und haben nichts anderes im Sinn, als dass man diese in ewigen Zeiten auffinden und lesen werde."
„Das sind Narren", antwortete Jesus, „ich werde sie niemals aufsuchen."
Viertens kam jetzt für jene, die noch nicht gesättigt waren, ein warmer Kuchen auf den Tisch, der im Kerzen- und Öllampenlicht dampfte und von Nachtfaltern regelrecht überfallen wurde – man musste aufpassen, dass diese den Happen nicht in den Mund nachflogen.
Fünftens gab es jetzt noch für harte Trinker den „Absacker" genannten letzten Schluck so alkoholhaltig, dass man mit ihm das Feuer schüren konnte – Jesus verzichtete.

Stattdessen regte er eine Geldsammlung an:
„Ich habe viele Kinder gesehen, die einen elenden Eindruck machen. Baut doch ein Heim für sie, das muss nicht luxuriös sein, Hauptsache ein Dach über den Kopf und einmal am Tag etwas Warmes zum Essen. Wer sich hier hervortut, dem wird der Stern des Herrn ewig leuchten."
Und er griff zehnmal in die Tasche und legte zehn Goldschekel auf den Tisch.

„Melchior“, mahnte Jesus, „du wirst deine Zipperlein ganz und gar vergessen, wenn du Vernünftiges zu tun hast. Lass die Kinder ab 10 irgendwo arbeiten, damit sie etwas verdienen und merken, einst zu den Erwachsenen zu gehören. Ihr könnt einer Stiftung meinen Namen geben – Herz-Jesu-Heim zum Beispiel.“

* * * * * *

Als er am nächsten Morgen nach einer Nacht im Ehrenbett des Hauses und der Familie Melchiors Abschied nahm, fragte ihn der völlig genesene Hausherr:
„Was hat du als nächstes vor, Jesus?“
„Erst einmal nach Hause. Mich zieht es zu meinen Eltern und zu den anderen Hausgenossen.“
„Und wann willst du anfangen zu missionieren?“
„Wenn ich so 18 oder 20 bin und körperlich nicht mehr wie ein Jüngling erscheine. Und wenn der Herr mich ruft.“
„Darf ich dir einen Wink geben?“ fragte Melchiors Sohn, „Ja, dann fang in Rom an, dein Christentum auszubreiten. Roma ist nun einmal der Nabel unserer Welt, ein Übel nach unserer Ansicht, und Übel muss man an der Wurzel anpacken und ausrotten.“
Mit diesen Ansichten, ob sie dem Herrn gefielen oder nicht, machte sich Jesus auf den Heimweg. Das Esspaket, das er mitschleppen sollte, gedachte er in der nächsten Ortschaft unter Hungrige zu bringen. Das sollte schon in Gador geschehen. Doch die hohe Obrigkeit kam dazwischen und zum ersten Mal hatte es Jesus mit einem Hohepriester zu tun - dies war genau die Sorte Mensch, der er heimlich und innerlich den Kampf angesagt hatte.
„Herr?“, frage er sich laut, als er vom See her ein paar Beamtete auf sich zukommen sah, „darf ich überhaupt gegen einen Menschen kämpfen?“
Der Herr antwortete nicht.

Da standen also plötzlich drei Männer vor ihm und einer von ihnen, den man den Ranghöheren auf hundert Schritt ansah, sprach ihn höflich aber so forsch wie Hauptleute zu sein pflegen an:
„Du bist Jesus von Nazareth, Herr?“
„Der bin ich, Hauptmann, und wer bist du?“
„Ich frage hier, nicht du!“
„Weißt du nicht, dass die Regeln des Gesetzes und der Höflichkeit vorschreiben, dass derjenige, der ein Gespräch eröffnet, sich vorzustellen hat?“
Kannte der Hauptmann nicht, Jesus auch nicht!
„Gut, Herr, ich merke, dass du gebildet bist. Ich heiße Simon Theophilos, bin Wachtmeister des Tempels zu Jerusalem und habe den Auftrag des Hohepriesters Josef Kajafas, dich zu ihm zu bringen.“
„So ist es korrekt, Wachtmeister. Eine Verhaftung?“
„Keineswegs, eine Vorstellung. Du weißt als Bürger Nazareths, dass man ihr folgen sollte.“
So folgte Jesus den Männern an den Jordan, man setzte im Boot über und fuhr in einem Vierspänner über Jericho nach Jerusalem.

Wir wissen bereits, dass Jesus Hohepriester und andere hohe Leute nicht ausstehen konnte, wenn sie im Angesicht der meisten Armen ihren Prunk sehen ließen. Josef Kajafas ließ ihn nicht sehen – denn nach orientalischer Wohnart waren sein Haus und die Gartenanlage von einer hohen Steinmauer umgeben. Jesu Befürchtung, hier und heute seine Laufbahn als Prediger des Herrn beenden zu müssen, bestätigte sich nicht. „Schuld“ daran waren Samon, 8, Hanna, 6 und Mattias, 5 – alle drei der bewundernswerte Nachwuchs von Josef und Maria Kajafas, 45 und 41. Denn nach der Begrüßung, Namensvorstellung und der Aufforderung zum Setzen auf ein kostbares Sofa mit Damaszener

Bezug setzten sich Samon und Hanna rechts und links Jesu und Mattias kletterte auf seinen Schoß.

Das Erstaunen der Eltern nutzte Jesus aus, indem er sagte:
„Ich brauche nur auf einem Marktplatz zu sagen ‚lasset die Kindlein zu mir kommen‘, und sie kommen.“
„Du bist doch Jesus aus Nazareth“, fragte Josef, „über den so viel geredet wird?“
„Ich bin Jesus von Nazareth und komme aus Kapernaum. Ob man viel über mich redet, weiß ich nicht, hoffe es aber.“
„Warum hoffst du das?“
„Weil ich ein Prediger des Herrn bin, hoher Priester.“
„Es gibt viele Prediger und Herren“, warf Maria ein.
„Es gibt viele Prediger, ja“, korrigierte Jesus, „aber nur einen Herrn.“
„Und alle Prediger behaupten, die richtigen zu sein“, sagte Maria bereits ein wenig gereizt.
„Das weiß ich, Frau Maria, - so heißt übrigens meine Mutter -, aber niemandem außer mir leuchtet der Stern des Herrn.“
„Darum habe ich dich herkommen lassen“, lenkte Josef ein, „übrigens soll dein Vater so heißen...“
„Ganz richtig, Josef und Maria von Nazareth.“
„...und so sage mir, warum ich und meine Frau den Stern nicht sehen können, meine Kinder aber wohl. Wir streiten uns manchmal über dieses Phänomen.“
„Eure Kinder sind – noch – des Herrn“, erklärte Jesus, „Menschen in führender Stellung, wie du und deine Frau, sind selten des Herrn.“

Die Köchin des Hauses bat zu Tisch. Dieser bog sich nur deshalb nicht durch, weil er von alter Libanonzeder war und sechs Beine hatte. An einem Kopfende saß Jesus mit Mattias, der nicht von ihm lassen mochte, am anderen Josef und Maria, und die beiden anderen Geschwister hatten die Längsseiten für sich. Ehe sie zugriffen, faltete Jesus die Hände und betete:

„Segne, Herr, diese Speise – uns zum Glück und dir zur Freude."

Werter Leser: Hast du schon einmal Dickschwanzhammelsuppe gegessen? Oder Straußeneierrührei? Oder Kalbspfoten in heißer Sülze? Oder Boaschnitzel in Kapernsoße? Trockenfisch in süße Sahne getaucht? Genug der Fragen, die du ja alle mit nein beantworten wirst. Besser dran bist du, - als Nachtisch -, mit Jordanpflaumen in steifer Honigsoße, oder? Jesus aß erst mit, und das sehr wacker, als er einem Hausdiener zwei Goldlinge geben durfte, „für die Armen dort hinten auf der Straße". Während des Essens, bei dem die drei Kinder Jesus ununterbrochen anstarrten und jeden Bissen verfolgten, der in seinem Mund verschwand, musste Jesus von seinem jetzigen Leben und den Wanderungen berichten. Er ließ nichts aus, was den Gastgeber interessieren könnte.

„Warum bin ich, warum ist meine Frau, warum können wir nicht des Herrn sein, wie du sagtest, Jesus?", fragte der Hausherr.

„Das ist ganz einfach zu verstehen", antwortete Jesus, „es hängt mit deiner hohen Stellung zusammen."

„Das versehen wir nicht."

Die beiden älteren Kinder waren inzwischen satt und drängten nach draußen, wo es dämmerig geworden war. Mattias blieb bei Jesus.

„Deine hohe Stellung", erklärte Jesus, „bringt es mit sich, - ob du es willst oder nicht -, dass du Unrecht tust."

„Es gibt auf Erden keinen Menschen, der so gesetzestreu wäre, dass er stets richtig handelt."

„Ich kenne dieses berühmte Zitat", sagte Jesus, „und antworte aus gleicher Quelle: ‚Halte dich nicht zu streng an das Gesetz'".

Die Kinder stürmten herein und riefen „Der Stern, der Stern, er steht direkt über unserem Haus!“
Man ging gemeinsam nach draußen, wo man sein Glitzern und Funkeln so beobachten konnte, als stände er auf dem Giebel.
„Gilt er dir allein , Jesus“, fragte Maria betroffen, „oder uns allen?“
„Drei Dinge gefallen dem Herrn“, antwortete Jesus ausweichend, „als da sind Eintracht unter Geschwistern, Liebe zwischen Freunden und Mann und Frau, die einander verstehen.“
„Wie kommt es“, fragte Josef Kajafas, „dass du mit deinen jungen Jahren so ein Schlauberger bist. Hast du eine Hochschule besucht?“
„Nein, die Schlauheit ist mir zugeflogen.“
„So pass auf, dass sie sich nicht überschlägt.“

* * * * * *

Man war ins Haus gegangen und Frau Maria brachte die Kinder zu Bett.
„Willst du heute Nacht bei uns schlafen?“
Wollte Jesus, denn völlige Dunkelheit mitten in Jerusalem war ihm nicht geheuer.
„Du hast schon“, sagte Josef, „vorm Volk gepredigt. Hast du gewisse Absichten dabei?“ Aha, dachte Jesus, jetzt lässt er die Katze aus dem Sack!
„Habe ich“, antwortete er, „nämlich das Volk auf die Ankunft des Erlösers vorzubereiten.“
„Erlöser? Wer will erlösen und wer soll erlöst werden?“
„Der Herr wird das Volk von Irrglauben, Götzendienst und falschen Göttern erlösen. Es gibt nur einen Herrn und alle falschen wie die der Griechen, Römer, Germanen, Syrer und Mongolen werden dahinwelken wie unbegossene Rosen.“

„Kann das sein“, schien Josef zu sinnieren und Jesus wusste, dass einige Fangfragen im Raum standen, „dass du ein etwas aufsässiger Jüngling bist und ein großer Aufsässiger werden möchtest?“
„Ich möchte es nicht werden“, gestand Jesus, „aber was dereinst geschieht, weiß nur der Herr.“
„Der Herr? Ist er nicht eine Ausrede?“
„Nein.“
„Willst du er werden?“
„Das weiß nur der Herr.“

Jesus änderte das Thema, schnüffelte demonstrativ und sagte:
„Jerusalem stinkt. Wer hier wohnt, riecht es nicht mehr.“
Weil der Hohepriester nichts sagte, fügte er hinzu:
„Josef Kajafas, du kannst deinen Namen unsterblich machen, wenn du das Problem des Gestanks von der Welt schaffst.“
Dies war das Problem aller großen Städte der Zeit und über diese weit hinaus: die menschlichen Exkremente! Tausende Menschen „mussten“ mal und während für Tempel und Prachtbauten das Geld floss, floss das ekelhafte stinkende und in der Sonne faulende Zeug über Straßen, in Gossen und Rinnen. Draußen auf dem flachen Land mit seinen wenigen Bewohnern war das kein Problem: Man ging an den Bach, in eine Bodenmulde, auf den Acker oder hinters Gebüsch und protzte ab. Aber in einer eng bebauten Innenstadt wie Jerusalem, wo zum Wohnen, Kochen und Schlafen der Raum schon eng genug war, gab es ein Problem. Zum Beispiel, was Jesus beobachtet hatte: Das Klo, der Lokus, der Abort oder das Kackhaus lag direkt neben der Küche und zwei Gerüche kreuzten sich dann am Mittag – süßer Braten- mit saurem Lokusduft.

„Wem es gelingt“, sagte Jesus, „dieses Problem zu lösen, mag mehr zeitlosen Ruhm ernten als der genialste Feldherr.“
„Ich will‘s versuchen, du schlauer Schlauberger, danke für den Rat!“

„Was sind deine Pläne, Jesus?“, fragte Josef.
Er wollte es nun wissen, wo‘s ans Schlafen ging.
„Jetzt erst ab nach Hause. Und dann...“
„Was dann, sag es mir!“
„...dann ab nach Roma, um dort die erste nach meinem Beinamen Christus benannte Gemeinde zu gründen.“
„In Rom“, warnte Josef, „gibt es ein Sprichwort: ‚Halblaut gestänkert ist halb gekreuzigt‘. Nimm dich in Acht dort!“
Am nächsten Morgen fragte Josef Jesus, wie er heimzukommen gedenke, während Jesus sich Mattias „merkwürdige“ Füße anschaute. Sie waren voller kleiner Pickel und zwischen den Zehen begann sich eine krätzenartige Entzündung auszubreiten.
„Das juckt furchtbar“, klagte der Junge, „und ich habe vor lauter Kratzerei schon stumpfe Fingernägel bekommen.“
Josef bestätigte das und da wurde Jesu Idee geboren, über das Tote Meer und den Jordanfluss heimzukehren. Seine Füße waren schon mehr als abgenutzt und konnten ein Bad im Toten Meer gut gebrauchen. So antwortete er auf Josefs Frage:
„Lass mich und deinen Sohn per Kutsche zum Toten Meer bringen. Dort machen wir einen halben Tag lang Fußbäder, dann bringt der Kutscher deinen Sohn zurück und ich suche mir einen Ruderer oder Segler, der mich den Jordan aufwärts bis Julias bringt. Der Herr sei mit dir – Dominus vobiscum.“

Die Hinfahrt mit den flotten Pferden war eine Klacksache und machte vor allem Mattias viel Freude. Die freilich von Vor-Abschiedsschmerz getrübt wurde.
„Warum, Jesus, bleibst du nicht bei uns? Vater sucht einen Privatlehrer und würde dich einstellen.“
„Das geht nicht, Mattias, ich muss die Welt kennenlernen und die Menschen – wie soll ich predigen, wenn ich beides nicht kenne!“
Am flachen Ufer konnten sie gemeinsam entlanggehen und die Beine wurden bis zum Knie hinauf umspielt. Hier war das Klima „affenheiß“ und schwül. Jesus sah einen alten Bekannten: Taschendieb Atze aus Bethlehem, dem er schon einmal ein böses Ende prophezeit hatte. Es war hier am See so, dass es keinerlei Komfort gab, sich auszuziehen und die Wäsche diebessicher zu verstauen. Nun muss man auch bedenken, dass nackt umherzulaufen und unterzutauchen nichts Anstößiges war, aber ganz fixe Leute, zu denen auch Jesus gehörte, knüpften ihr Unterhemd so um die Hüfte, dass ihre Blöße unsichtbar blieb. Jesus legte seine Oberbekleidung ab, wobei Atze glaubte, es klingeln zu hören, und sagte:
„Bedenke, Atze, dass Blitze bevorzugt ins Metallische einschlagen.“
„Danke, Jesus, ein guter Rat. Ich werde meine paar Silberlinge hier liegen lassen.“
Gestunken und gelogen das! Nachdem Jesus und Mattias schon eine Stunde ostwärts gewandert und ihre Füße vor lauter Salzwasser leicht angeschwollen waren, kehrten sie um und lauschten dem ersten Donnerschlag eines Toten-Meer-Gewitters. Dann fuhr ein Blitz herunter und direkt in Atzes Buckel, als er sich bückte, Jesu Schekels zu stehlen. Man sah direkt, wie er gebraten wurde.
„Hat dein Herr ihn direkt bestraft, Jesus?“, fragte Mattias.
„Es scheint so, mein Junge.“
„Sehen wir uns einmal wieder, Jesus?“

„Vielleicht, nur der Herr weiß es – Vale, auf Wiedersehen!“
Und dazu kam es auch!

* * * * * *

„Wenn ihr flussaufwärts fahrt, könnt ihr mich mitnehmen?“
Keine Antwort.
„Ich kann bezahlen.“
Wenigstens ein Aufsehen.
„Ich kann für euch im Jordan Fische fangen.“
Allgemeines Hergucken.
„Und ich kann sie euch besser kochen und braten als eure Großmutter.“
Dieses Argument saß endlich. Und so wurde Jesus als Fischer Teil einer Besatzung, die am ersten Tag mit Zoten nur so um sich warf und am letzten kniende Bittsteller waren, die ihn baten, für immer bei ihnen zu bleiben. Eine Woche waren sie auf dem Jordan unterwegs, ehe sie in den See Genezareth einliefen und dann mit Hilfe des Segels flotte Fahrt bis Julias machten. Als Jesus dann ausstieg, jedem „Seekameraden“ drei Goldlinge gab und sich in Richtung Kapernaum davonmachte, ließ er Menschen zurück, die zehn Tage lang aus dem Staunen nicht herauskamen und seine Lehre gründlicher und schneller verbreiteten, als sie segeln, rudern oder laufen konnten.

Wie konnte dies geschehen? Wir zählen wieder einmal auf.
Erstens. Wir kennen bereits Jesu sonderbares Verhältnis zu Tieren, vor allem zu jenen essbaren, die rund um den Erdball, - dieser war noch nicht entdeckt -, bei allen Gourmets und Gourmands beliebt sind: Fische, Vögel und Vierbeiner. Kaum war Jesus zugestiegen, die Fahrt aufgenommen und die Kochsachen hergerichtet, da lief das Boot in den Jordan ein und die Seeleute mussten sich gegen die Strömung mächtig in die Ruder legen. Woher die Fische des Flusses

wussten, dass Jesus an Bord war, ist ihr Geheimnis geblieben. Er jedenfalls brauchte keine Angel auszuwerfen, sondern nur mit der Gabel ins Wasser zu stechen, da zappelte ein mächtiger Brocken an ihr und konnte ins Boot geworfen werden. Da gab es Welse mit viel fettem Fleisch, magere Hechte mit viel Gräten, gemästete Karpfen und schlanke Lachse mit hellrotem Fleisch. Jesus in seiner Eigenschaft als Spitzenkoch wusste alle diese geschuppten Happen so herzurichten, dass der Bootsführer ihn als Dauerkoch engagieren wollte – natürlich abgelehnt!
Zweitens. „Der Mensch lebt nicht vom Fisch allein“, hatte Jesus vor einiger Zeit ausgesagt. Doch wo bekommt man auf einer wochenlangen Flussfahrt anderes Essbares als Fisch her? Für Jesus kein Problem: Denn Nilgänse gab es hier mehr als Bootsfahrer und einige von ihnen hatten nichts anderes im Sinn, als mitzufahren – sie setzten sich neben Jesus auf den Bootsrand, wurden von einem Besatzungsmitglied gepackt, geköpft, gerupft, ausgeweidet (ausgenommen) und dem Koch überantwortet. Wird man nicht auch von der Vorstellung hin und hergerissen, gebratene Gans auf dem Jordan essen zu dürfen?
Drittens. Es gilt zwar für alle Fluss- und Süßwasserseefahrer das Prinzip „und wenn er einmal trinken muss, ist Wasser da im Überfluss“, aber Jordanwasser trank man nur, wenn sonst das Verdursten drohte. Doch Jesu Augen entdeckten mehr als normale Flussfahreraugen: Alle zwei Stunden etwa Wasser- und Weinschläuche am Ufer, die herrenlos zu sein schienen. Jesus nahm sie auf und hinterließ an Ort und Stelle einen hell leuchtenden Schekel.

Es muss noch erwähnt werden, dass während dieser Heimreise Jesu Neugier nicht einschlief und bereichert wurde, als er an zwei Abenden diese Beobachtung machte: Sie fuhren ja nordwärts und hinter dem See Genezareth, dem sie immer näher kamen, türmte sich das Hermon-Gebirge

auf; (später auf eine Höhe von über 2.000 Metern berechnet). Jesus saß mit dem Bootsführer am Heck und fragte:
„Sag, Kapitän, hast du diese Strecke schon früher und öfter befahren?"
„Ja, Jesus, warum fragst du?"
„Ist dir als Seefahrer nichts aufgefallen, wenn du nordwärts fuhrst?"
„Nichts Besonderes, als die Berge dort oben, die manchmal weiße Spitzen haben."
Jetzt wusste Jesus, dass er sein Anliegen, das einer Entdeckung glich, haarklein erklären musste.
„Jetzt beachte mal, Kapitän, was ich dir sage: Mir ist jetzt aufgefallen, wo wir uns dem Ende der Reise nähern, nicht nur, dass das Gebirge dort oben uns näherrückt, sondern auch, dass wir von Ferne erst nur die Bergspitzen sehen und dass die Masse der Berge aufzusteigen beginnt."
„Hab ich noch nicht bemerkt, Jesus. Wieso ist das interessant?"
„Weil dadurch erkenntlich ist, dass das Land vor uns auf weite Fernen hin nicht eben wie ein Brett oder Teller ist, sondern allmählich abfällt."
Weil der Kapitän nichts verstand, fuhr Jesus fort:
„Sieh nach links, Kapitän, was ihr Westen nennt und wo bald die Sonne untergehen wird. Wie sagt ihr zu der Linie, die Himmel und Land trennt?"
„Horizont, Jesus."
„Warum sehen wir von hier aus", fragte Jesus, „nicht das Mare nostrum der Römer?"
„Weil es hinter dem Land gelegen und dort verdeckt ist. Bist du ein Gelehrter, Jesus?"
„Nebenbei ein wenig", antwortete Jesus, „die Werke des Herrn, ich meine diese Erde, auf der wir leben, Kapitän, sind scheinbar unergründbar."

Wenn abends das Boot zum Übernachten anlegte, entdeckten einige himmelwärts blickende Matrosen den Stern, und der Bootsführer erinnerte sich gehört zu haben, dass hier in Dekapolis und weiter nördlich in Gaulanitis ein Mann umherlaufe und von einem neuen Stern begleitet werde - „den nur derjenige zu sehen bekäme, der des Herrn sei."
„Du bist Jesus von Nazareth?"
Da war diese Frage wieder!
„Der bin ich, liebe Leute", antwortete Jesus.
Als man sich bei Julias verabschiedete und trennte, konnte Jesus sicher sein, eine neue Christengemeinde begründet zu haben:
„Werdet nicht müde", rief Jesus den Männern zu, „dem Herrn zu danken – Numquam gratias egit Domino de strigare!"

******

Noch mehr und lauter dankte die Familie Nazareth dem Herrn, als Jesus am Abend bei ihr aufkreuzte – da stand auch der Stern wieder an Ort und Stelle! Und die Einwohner Kapernaums wussten, „dass der schon verloren geglaubte Sohn" heimgekehrt sei. Während Jesus von dieser Reise „zu einem Mann erstarkt" zurück kam, war sei Vater sichtlich gealtert und Mutter Maria nur reifer, nicht älter geworden; warum Jesus nicht ein Geschwisterchen bekommen hatte, wusste niemand zu sagen. Lag es am Dornbusch, den Maria nicht mehr zu durchschreiten wagte, nachdem dort ein Mann von einer Puffotter gebissen worden war. Und Maria Magdalena? Am Husten gestorben. Und ihr Kind? In den Himmel eingegangen. Und Ermano? Erst fast an Einsamkeit gestorben, hatte er sich doch wieder „bekriegt" und die Ankunft Jesu abgewartet, ehe er die Entscheidung in die Tat umsetzte, nach Rom zurückzukehren:

„Dort gibt es meine Landsleute“, argumentierte er, „nachdem der Kaiser in Rom entschieden hat, keine Eroberungszüge nach Germanien hinauf mehr zu unternehmen.“
Jesus versuchte ihn zurückzuhalten:
„Bleib noch ein Jahr hier bei uns, Ermano, dann fahren wir gemeinsam nach Rom.“

Ehe sich Jesu Heimkehr nach Kapernaum herumsprach, wurde – natürlich – sein Stern über dem Haus entdeckt. Seine Abwesenheit hatte einige Menschen, die sich „Gläubige“ oder „Jünger“ nannten, ermuntert, eine „Gemeinde Jesu“ zu gründen und einen kleinen Tempel zu errichten, um ungestört beten und singen zu dürfen, zum Beispiel dieses Lied:

„Ich bin ja, Herr, in deiner Macht,
du hast mich an das Licht gebracht.
Du unterhältst mir auch das Leben,
kennest meiner Monden Zahl,
weißt, wann in diesem Jammertal
auch wieder Gute Nacht muss geben.
Wo, wie und wann ich sterben soll,
das weißt du, Herr, mehr als wohl.“

Noch bevor Jesus heimgekehrt war, hatte der Hauptmann von Kapernaum – wir kennen ihn bereits – Einspruch erhoben, „weil die Obrigkeit in Jerusalem Anstoß an ‚Jammertal‘ nehmen könnte und den Text erst genehmigen muss“.
Und just jetzt kam dieser Hauptmann her und klagte Jesus sein Leid:
„Herr, mein Diener liegt gelähmt zu Hause und hat große Schmerzen.“
Jesus wunderte sich erst einmal, dass ein „mittelhohes Tier“ wie ein Hauptmann seinem Diener derartige Fürsorge angedeihen ließ.
„Soll ich zu ihm kommen?“, fragte er.

„Herr“, antwortete der Hauptmann, „ich bin es nicht wert, dass du mein Haus betrittst. Sprich nur ein Wort, dann wird mein Diener gesund.“
Jesus und Ermano witterten eine Falle.
„Lass deinen Diener herkommen“, sagte Jesus, „dass ich ihn begutachten kann.“
Wenige Augenblicke später betrat der Diener humpelnd und stöhnend das Haus. Die Wade seines rechten Beines sah freilich erbärmlich aus, denn die Wunde dort war vernachlässigt worden, bereits voller Eiter, blauer Wundränder und von Maden bevölkert, aber noch nicht blutvergiftet. Während Jesus die Behandlung durchdachte, schickte er Ermano mit dem Bescheid zum Hauptmann, dass die Behandlung nicht kostenlos sei, weil er Medikamente benötige. Der schlaue Teutone führte den Auftrag so aus:
„Herr Hauptmann, Jesus lässt ausrichten, dass seine Wunder nur wirkten, wenn der Auftraggeber des Herrn sei.“
„Wie kann ich das werden?“
„Indem du die Verordnung gegen die ‚Gemeinde Jesu‘ zurücknimmst.“
Der Hauptmann schluckte, gab aber nach.

Zu Hause hatte Jesus alles vorbereitet. Seinen Wunsch „jetzt müsste ich einen Eimer von Totes-Meer-Wasser haben“, konnte niemand erfüllen, so bat er seine Mutter, einen Topf starken Salzwassers bereit- und heißzumachen. Als Ermano zurück war, konnte die Behandlung beginnen. Der Diener lag bäuchlings auf dem Tisch und wurde von Ermanos Armen und Fäusten festgehalten, so dass Jesus seine Wunde nah vor sich hatte. Der Mann schien ein hartgesottener Bursche zu sein, denn als Jesus seine Wunde mit ausgepresstem Zwiebelsaft auspinselte, muckte er sich nicht. Dann tupfte Jesus den Eiter ab und putzte die Wunde trocken - noch immer kein Mucks des Patienten. Doch dann: Das fast siedende Salzwasser in die Wunde gegossen und ein Schrei, der durch ganz Kapernaum hallte, weckte die schon schlafenden Bürger auf. Ermano brauchte alle seine Kräfte, den zuckenden, sich aufbäumenden und zappelnden Körper auf dem Tisch zu halten, so dass Jesus noch einmal nachgießen konnte. Dann kehrte Ruhe ein, weil der Patient ohnmächtig geworden war. Das ist ganz gut, meinte Jesus, dann können wir in Ruhe arbeiten. Nun füllte er die Wunde mit der Salbe aus, die er von der Reise mitgebracht hatte, und machte einen Verband. Der durfte nicht zu stramm sein und musste doch sitzen. Nun legte Ermano den Patienten in Rückenlage und dann auf eine Liege, damit er seine Ohnmacht ausschlafen konnte. Ohne auf Jesus zu hören, den Verband eine Woche lang nicht anzurühren, machte der Diener ihn nach drei Tagen ab und zeigte seinem Herrn das Ergebnis der Behandlung. Da behauptete der Hauptmann von Kapernaum dann, in derselben Stunde sei sein Diener gesund gewesen. So gingen sie, Herr und Diener, am folgenden Abend zum Haus Jesu und sahen den Stern - so waren sie des Herrn geworden!

* * * * * *

Jesus wurde nun ein richtiger Bücherwurm; man weiß nicht, ob diese Bezeichnung für Gelehrte und andere Leseratten damals schon gebräuchlich war. Es hieß damals wie heute, wer sich einmal in die alten Schriften vertieft hatte, zum Beispiel ins Alte Testament, kann nur schwer in den Alltag und in die Wirklichkeit zurückfinden. Jesus aber hatte ganz reale Gründe, die alten Aufzeichnungen, besonders die der Propheten, herzunehmen und zu studieren. Diese waren 500 und mehr Jahre alt und Jesus konnte sich nicht gedanklich darauf einstellen, dass diese schreibenden Männer irgendeine Vorstellung für Zeiten entwickeln konnten, die für sie 500 Jahre in der Zukunft lagen.

„Was willst du in Rom?", fragte Ermano eines Tages beim Abendessen.
„Einer gewiss sündigen Stadt das Heil bringen", antwortete Jesus.
„Warum fängst du damit nicht hier, in Jerusalem an?"
„Weil Rom die größte Stadt weit und breit ist, größer als Alexandria. Auch will ich mich nicht in meiner Heimat, wo ich bekannt bin, blamieren. Wenn ich in Rom mit meinen Anliegen nicht ankomme, also die Leute von mir nichts wissen wollen, fahren wir einfach wieder nach Hause."
„Wir?", antwortete Ermano, „ich bin nicht dabei, lieber Jesus. Lass mich in Rom zurück und dort dein Apostel sein!"
Das wurde später auch so gemacht.

„Jerusalem ist eine Stadt", ergänzte Jesus seine Ausführungen, „die es in sich hat. Du weißt ja, dass ich mit Johannes dort gewesen bin. In der Innenstadt herrscht ein Treiben, das mit Menschlichkeit oder Gottgefallen nichts mehr zu tun hat: Enge Gassen mit Hunderten von Buden und Ständen, wo alles verkauft wird, von A wie Andenken, B wie Brote, C wie Cheopspyramiden, D wie Damaszener, E wie Essen, G wie Gottesgaben, H wie Heilands, K wie Kappes, L wie Lust, S wie Stiere, U wie Unfug und Z wie Ziegen. Viele Berufe wollen den Touristen das Geld aus den Röcken ziehen: A wie Apotheker, B wie Bäcker, D wie Deuter, E wie Essener, F wie Feuerschlucker, G wie Gesangskünstler, H wie Heuchler, J wie Joker, L wie Liderjans, M wie Muskelprotze, O wie Oberkellner, P wie Posaunisten, Q wie Quaksalber, T wie Taschendiebe und V wie Verkleider."
„Da werden sie dir", ulkte der lachende Freund, „deine Schekel aus dem Rock ziehen, ohne dass du es merkst."
„Ja", antwortete Jesus, „ich fühle mich noch nicht stark genug, diesem sündigen Treiben ein Ende zu machen. Ich

habe mir, Ermano, einige Daten über den größten Tempelbau der Welt besorgt, an dem Herodes 46 Jahre hat bauen lassen: Sieben Türen führen auf die riesige Plattform, seine Größe und Herrlichkeit wird in Marmorstein und Gold dargeboten und pausenlos musizieren Pauken und Trompeten um die Wette. Man posaunt, ‚dieses Land Israel liegt in der Mitte der Welt und Jerusalem in der Mitte des Landes', und tut, als ob es ein römisches Reich nicht gäbe. Ich bin sicher und glaube fest daran, dass ich eines Tages wiederkommen werde, mein Freund."
„Wenn du glaubst, dagegen ankommen zu können, nun gut. Aber sieh dich vor, Jesus. Die Welt ist voller Tücken."
„Darum werde ich in Rom meinen Einstand als Volksredner geben."

„Hör dir an", sagte Jesus, „was hier vor Hunderten von Jahren geschrieben worden ist."
Jesus und Ermano saßen am See, schauten den Fischern zu, welche längst herausgefunden hatten, dass die Fische immer dann massenhaft ins Netz gingen, wenn Jesus am Ufer hockte und Süßholz kaute. Nicht nur deshalb mochten ihn die Fischer gern, da war noch etwas anderes, nämlich ein Ratschlag, und guter Rat war bei Jesus billig zu haben:
„Wenn ihr eure Fische zum Trocknen aufhängt, tut dieses nicht direkt am Ufer des Sees, sondern steigt eine halbe Meile am Ufer hoch und hängt sie dort in die Sonne."
„Warum das, Jesus?"
„Weil es direkt am See die vielen Fliegen gibt, die ihre Eier in eure frisch gefangenen Fische legen wollen. Das ist ungesund und ihr werdet bald krank werden von den befallenen Fischen."
Vor ein paar Tagen hatte Jesus den oft etwas sturen Fischern und ihren Frauen erklärt, wie sie die Fischfilets zu

behandeln hätten, um deren Parasiten und Bandwurmeier nicht mitzuessen:
„Die Haut ganz abziehen, die Filetstücke ordentlich trocken reiben, mit Salz bestreuen und mit Zitronensaft beträufeln, dann richtig heiß und braun backen und sofort aufessen. Wenn etwas kalt geworden ist und für den Abend übrig bleibt, nochmal in die Pfanne damit."
Ungläubigen und zögernden Hausfrauen machte Mutter Maria vor, wie die Sache abzulaufen hatte.

* * * * * *

Nun also hatte Jesus zu Ermano gesagt:
„Hör dir das an..."
Jesus nahm die Papiere auf und las vor:
„Es wird zu der Zeit der Berg, wo des Herrn Haus steht, fester und höher stehen als alle Berge und Hügel und werden die Heiden laufen und viele Völker hingehen und sagen, lasst uns auf den Berg des Herrn gehen, dass er uns lehre seine Wege und wir wandeln auf ihnen. Und er wird richten unter den Heiden und strafen viele Völker..."
„Warum steht so viel von Strafen in den alten Büchern?", fragte Ermano.
„...und alle Hohen werden erniedrigt werden", fuhr Jesus unbeirrt fort, „und sich bücken müssen. Denn der Tag des Herrn wird gehen über alles Hoffährtige und alles Erhabene, dass es erniedrigt werde."
„Das deutet auf keine guten Zeiten hin", sagte Ermano.
„Es kommt noch krasser", sagte Jesus und las vor:
„Und der Herr spricht, dass die Töchter stolz sind und gehen mit aufgerichtetem Hals, mit geschminkten Angesichtern und treten einher und haben köstliche Schuhe an ihren Füßen, so wird der Herr den Scheitel kahl machen und wird ihr Geschmeide ihnen wegnehmen..."

„Wer hat denn so etwas Grausames geschrieben?“, fragte Ermano.
„Ein gewisser Jesaja mit Namen, Prophet von Beruf, der vor 700 Jahren gelebt haben soll.“
„Wer weiß schon“, sagte Ermano, „was für Zustände hier früher geherrscht haben?“
Jetzt, wo es dunkel wurde, der Stern über Kapernaum zu leuchten begann und vor jedem Haus eine Öllampe brannte und Fledermäuse auf Insektenfang gingen, tauschten die beiden Männer die Rollen und Ermano fing an, von Rom zu berichten:
„Kennst du, Jesus, die Zahl Millionen? Sie bedeutet tausendmal Tausend und so viel Menschen sollen in Rom leben. Dagegen ist Jerusalem ein Dorf am Rand der Welt. Sie heißt die Stadt der sieben Hügel, vermutlich, weil sie einmal aus sieben Dörfern bestand, die sich dann zusammengeschlossen haben. Sie haben da richtige gepflasterte Straßen, Abwasserkanäle, ein Frischwassersystem und eine Müllabfuhr. Es gibt Polizisten, die für Ordnung auf den Straßen sorgen und sogar eine Feuerwache – stell dir vor, in den engen Gassen brennt es und keiner könnte helfen. Aber viel armes Volk gibt es neben den zahlreichen Sklaven und den wenigen Reichen.“

Auf Jesus und Ermano zu drang frischer Fischbratenduft vom benachbarten Lagerfeuer der Fischer herüber und regte den Hunger an. Jesus musste seine Reiseerlebnisse zum besten geben und auch, wie viel Wunderheilungen er schon vollbracht habe.
„Wunderheilungen gibt es nicht“, stellte er richtig, „es waren alles Behandlungen, die jeder machen kann, der einem Arzt über die Schulter geschaut hat.“
„Weißt du auch, Jesus, wie man einen Bandwurm los wird.?“

„Sie gehen oft von selbst entweder oben oder unten ab. Hast du denn einen, Mann?“
„Ja, im Hintern.“
„Also im Darm. Ermano sagt dir, wie man ihn los wird.“
Und Ermano erklärte in seiner blumigen Ausdrucksweise:
„Ich nehme an, dass du den Bandwurm schon einmal in der Hand gehabt hast, als du dein großes Geschäft machtest. Das ist auch die einzige Methode, ihn zu fassen. Also: Wenn du das nächste Mal musst, ziehe dich in einen stillen Winkel zurück, hinter ein Gebüsch, in deine Schlafkammer oder so, und wenn der Schwanz des Bandwurms mit deinem Kot ein Stück weit ausgestoßen wird, musst du ihn fassen und nicht mehr loslassen. Aber nicht ziehen und reißen, weil du sonst deinen Darm beschädigst und elend daran zu Grunde gehen kannst. Hast du das begriffen?“
Ermano machte ihm die Stellung vor, in der er sich befinden würde:
„Im Sitzen oder seitlich liegend den Schwanz des sich durchaus wehrenden Wurms eisern fest und unter Spannung halten, ihn nicht aus den Händen glitschen lassen. Du wirst merken, wie der Wurm, der sich in deinem Darm festgesaugt hat, nun im Widerstand nachlässt und sich nach einer Zeit, welche die Römer eine halbe Stunde nennen, aufgibt und sich löst. Dann zieh ihn heraus und mach mit ihm, was du willst. Kannst ihn zum Trocknen auf die Wäscheleine hängen oder sonst wie vorzeigen.“
Jesus fügte hinzu:
„Du kannst einen Beruf daraus machen, den des Wurmziehers. Nimm jedes Mal einen Schekel, wenn es geklappt hat, so kannst du auf ehrliche Weise reich werden.“
„Darf ich dann sagen?“, fragte der Mann, „dass ich alles von euch, Jesus und Ermano, gelernt habe?“
Das wurde erlaubt. Und der Erfolg dieser Geschichte: Der Mann wurde ein reicher Mann.

* * * * * *

Das Jahr 21 wurde das Vorbereitungsjahr für die Reise nach Rom. Ermano würde, wie er gestand, seinen Sohn hier lassen und gar nicht vermissen, „weil er ja doch unter Marias Aufsicht großgezogen würde“. Jesus und Ermano zogen übers Land, um zu missionieren, Kranke zu heilen und Sterbenden Trost zu spenden. Dazu schien Jesus, wie er erfreut feststellen durfte, wie geschaffen. Er war nun zu einem stattlichen Mann von, - nach heutigem Maß von einem Meter fünfundachtzig -, herangewachsen, noch mit dem Charme der Jugend und schon dem der Weisheit behaftet. Wenn er mit Maria „ausging“ oder Besuche und Einkäufe machte, blieb manche Maid gebannt stehen und guckte ihm nach - „ja, solch einen Burschen möchte ich haben!“ - und machte die üblichen schönen Augen. Es ist nicht überliefert, ob Jesus tatsächlich die Wahrheit sagte, als ihn Ermano nach seinem Verhältnis zum so genannten schönen Geschlecht antwortete:

„Ich glaube mich mit einem solchen Verhältnis, das gewiss gottgefällig ist, nicht belasten zu dürfen. Wie fühlt sich ein Prediger des Herrn, der seine hübsche Frau monatelang allein zu Hause lässt? Nicht wohl, sage ich dir und er wird Heimweh haben.“

„Vielleicht“, tröstete Ermano ihn, „kommst du später noch einmal unter die Haube, wenn du dein Werk vollendet hast.“

Begleiten wir nun unsere beiden Protagonisten auf einer Tour durch Galiläa, bei der es nicht nur um Glauben, sondern auch um die raue Wirklichkeit Kranker ging. Sie befanden sich noch auf dem Territorium von Kapernaum, als eine junge Frau vor ihnen auf den Weg stürzte und „unsere Mutter will nicht sterben, Herr Jesus Christ, ohne dich noch einmal befragt zu haben!“ rief.

„Nun“, meinte Jesus, „wenn das nichts für mich ist?“
Und es war etwas für ihn! Mutter Therezah lag in den vorletzten Zügen, indem ihr rechtes Auge schon ins Jenseits blickte und das linke ins Diesseits, nämlich auf Jesus gerichtet war.
„Bist zu der Jesus Christus, Herr?“, röchelte sie.
„So nennt man mich, Mutter.“
„Ich danke dem Herrn, dass du gekommen bist.“
Jesus schob seine Hand unter die Decke und fühlte, dass Therezahs Füße schon erkaltet waren.
„Herr Jesus, Gottesmann, der du bist, sag mir, ob es noch etwas danach gibt.“
„Nach dem Tod“, antwortete Jesus fest und legte ihr beide Hände aufs schüttere Haupt, „geht das Leben erst richtig los!“
„Wirklich, tatsächlich, sagst du die Wahr…?“
„Ja, Mutter, der Herr erwartet dich, um dich ins Paradies zu führen.“
Aber Mutter hatte nur noch bis „der Herr erwartet dich“ zuhören können, da war sie schon fort von dieser Erde.
„Schaut nur“, sagten die umher stehenden Verwandten verwundert, „wie sich ihr Gesicht verklärt hat – sie ist angekommen.“
Verwundert es uns nicht, dass Jesus nun in Kapernaum als Messias und Heilsbringer anerkannt wurde?

Der nächste „Fall“ war für Jesus eine härtere Nuss.
„Wenn ein reicher Knacker stirbt“, wusste Ermano, „geht das nicht so fabelhaft ab wie bei Muttchen vorhin. Nimm ihn ordentlich am Schlawittchen, Jesus.“
Das sah dann so aus und hörte sich so an:
Der Dies-und-das-Händler „Lukas der Reiche“ lag, wie er wähnte, in der Vorstufe des Sterbens im Bett und terrori-

sierte seine Familie mit der Aussicht, sie enterben zu müssen, wenn sie „diesen Jesus von Nazareth“ nicht herhole. „Der steht mit dem Himmel auf Duzfuß“, sagte er, „und kann durch Händchenhalten, Herzabhören und Lungenhorchen feststellen, wie viel Tage ich noch vor mir und welche Chancen ich habe, überhaupt eingelassen zu werden.“

Er wohnte in Tabor direkt am Jordan und war bei der Bevölkerung unbeliebt, weil er Arme nicht mochte und durch seine Hunde scheuchen ließ. Diese an sich unschuldigen Tiere waren eines Tages abhandengekommen und ein Bote hatte ihm gemeldet, sie erwarteten ihn am jüngsten Tag in der Hölle.

„Hat dein Herr Jesus“, fragte er den vorgeschickten Ermano, „auch gute Verbindungen zur Hölle?“

„Die Hölle gibt es gar nicht“, antwortete Ermano, „es gibt nur den Himmel oder das Nichts. Aber in des Herrn Ansicht ein Nichts zu sein ist qualvoller als tausend Jahre Höllenqualen, die andere Religionen versprechen. Wo brennt es denn, Herr? Das muss ich wissen, ehe ich Jesus von Nazareth zu dir schicke.“

„Ich bin kein Fachmann, er soll mich abhören und untersuchen. Es wird sein Schaden nicht sein, mich als Dauerpatienten zu haben“

Wie oft mag dieser Satz seit der Erfindung des Privatpatienten schon gefallen sein?

Jesus kam, sah und siegte! Er arbeitete wie ein heutiger Internist, der sich nicht gern die Finger blutig macht: Puls fühlen und mitzählen, mit einem von Ermano erfundenen und selbst gebastelten Hörrohr das Herz abhorchen, auf den Unterbauch klopfen, die Nierengegend ertasten und in der Bauchlage die Lungenflügel untersuchen. Dabei ein Gesicht wie beim Weltuntergang machen und Notizen auf einen Zettel schreibend.

„Weißt du, Lukas?“, fragte Jesus dann, „was dem Herrn von allen möglichen guten Taten am meisten gefällt?“
„Nein, vielleicht habe ich noch keine gute Tat getan.“
„Es ist nie zu spät, die Himmelstür ist immer weit geöffnet“, sagte Ermano.
„Etwas für arme Kinder und deren Mütter tun“, sagte Jesus. Und Ermano hatte auch gleich einen guten Vorschlag parat:
„Wenn du, Lukas, von dieser Krankheit genesen solltest, dann mach in Tiberias, diese Stadt ist groß genug, einen Kinderhort auf, der deinen Namen tragen darf, also etwa ‚Lukas-Stiftung‘, und stelle genug Schekels bereit, dass sie jahrelang unterhalten werden kann.“
Weil Lukas zustimmend nickte, stellte Jesus jetzt die Diagnose:
„Wenn du statt fünf nur drei Mehlklöße, statt zwei Hühnchen nur eines, statt drei Teller Mehlsuppe mit Rindseinlage nur zwei, statt vier Metzen zwei und statt drei Humpen Bier nur einen leertrinken würdest, möchte ich dir als dein Arzt statt noch zwei Jahre deren zwanzig zugestehen.“
(Wer hat schon einmal in den letzten zweitausend Jahren eine solche Diagnose gestellt bekommen?). Auch hier können wir abschließend behaupten:

„Ende gut – alles gut; Tandem tam – omnibus bonis!“

* * * * * *

„Meister Moscheles aus Kanaa heiratet seine Braut“, verkündete Maria ihrem Sohn, „und hat uns ausdrücklich eingeladen.“
„Wer ist Moscheles, Mutter?“, fragte Jesus.
„Ein Händler aus Kanaa, das zwischen uns und Nazareth liegt, wie du ja weißt. Er ist ein reicher Mann und möchte gern, dass du zur Hochzeitsgesellschaft zählst und dem Brautpaar und den Gästen etwas vom Herrn erzählst.“

„Ich komme nur mit“, sagte Jesus, „wenn auch Ermano eingeladen wird. Du weißt, dass er mein Leibschreiber werden möchte.“
„Das ist schon geklärt. Er wird das Personal beaufsichtigen, das bedienen muss.“
„Dann mache ich mit, Mutter.“
Maria war stolz auf ihren Sohn. Erstens weil er so männlich-herb aussah, zweitens weil sie ihn gern „mit einer ordentlichen Partie“ verheiratet sah und drittens, weil man in Jerusalem über ihn sprach. Jesus selbst kultivierte diesmal einen Hintergedanken, den er nur Ermano mitteilte: Kanaa lag fast genau halbwegs zwischen Kapernaum und der Küste des Mare nostrum!
„Dann können wir, Freund“, erklärte er, „das Meer schon einmal in Augenschein nehmen, das wir bald befahren werden.“
Ermano freute sich ausgelassen, dass Jesus nun die Reise nach Rom stattfinden lassen wollte. Aber zuerst jene Hochzeit zu Kanaa!

Wir wissen bereits, was Jesus von solchen Festlichkeiten hielt, nämlich wenig bis gar nichts, und nur, weil er seine Mutter nicht brüskieren wollte, ging er mit. Dass Ermano mit dabei war, versöhnte Jesus, denn der würde schon eine Möglichkeit finden, sich zu verdrücken, wenn es Anlass dazu gab. Der kam sogleich, nachdem die Vorspeise unter viel Weinverbrauch vernascht worden war. Maria stieß ihren Sohn an und sagte ziemlich herrisch:
„Jesus, sie haben keinen Wein mehr. In den steinernen Krügen befindet sich nur Wasser zum Händewaschen.“
„Was willst du von mir, Mutter!“, herrschte Jesus sie an, „Wasser kann man auch trinken und es ist gesünder als Wein“, sofort bereit, sein Aufbrausen zu bereuen. Ob nun Ermano mitgehört hat oder nicht: Auf jeden Fall waren die sechs Krüge im „Holterdipolter“, - das heißt im Schnellver-

fahren -, statt Wasser voller Wein und die Feier konnte bis in die Nacht hinein wie geplant weiter gehen. Und das Ende dieser Geschichte: Bis heute glauben die Leute, Jesus habe Wasser in Wein verwandelt!

Ohne das Ende der Feier abzuwarten und entgegen aller Etikette verließen Jesus und Ermano Kanaa und ritten auf zwei Eseln der Küste des Mittelmeeres zu. Das waren nach heutiger Rechnung etwa 12 Kilometer, welche die Esel mit munterer Gangart in zwei Stunden bewältigten.

„Wenn man Esel", belehrte Ermano, „gut behandelt, ihnen zwischendurch etwas zum Naschen und ein paar Streicheleien verabreicht, ihnen abends den Gutenachtgruß ins Ohr flüstert, ja, dann traben sie freudiger als das beste Pferd mit dem Reiter um die ganze Welt."

„Die ganze Welt oder Erde", fragte Jesus versonnen seinen Reisekamerad.

Sie saßen zum Tagesabschluss direkt im Sand der Küste oberhalb Karmel und betrachteten hingerissen den Sonnenuntergang.

„Immer wenn ich dieses Wunder sehe", fuhr Jesus fort, „beginnen meine Zweifel an der Allmacht des Herrn. Glaubst du, Ermano, der du auf der Erde herumgekommen bist wie nur wenige Menschen unserer Region, dass der Herr die Erde mit all ihren Schönheiten, Gewalttätigkeiten, den Strömen, Gebirgen, Wüsten und Wäldern geschaffen hat?"

„Glaube ich nicht, mein Freund."

Diese scheinbare Ungeheuerlichkeit musste Jesus erst einmal verdauen. Die Sonne berührte inzwischen das Meer, weder zischte es dabei noch kochte das Wasser über, und während sie weiter absank, verblasste ihre Farbe von orange nach dunkelrot.

„Wo geht sie hin?", fragte Jesus.

„Sie unterquert uns, Jesus, und kommt morgen früh hinter uns wieder zum Vorschein."
„Also ist unter uns freier Raum?"
„So muss es sein."
„Es kann auch ganz anders sein, wie ich zu konstruieren versucht habe, mein lieber Astronom", sagte Jesus und malte mit seinem Zeigefinger in den feinen Sand, „sieh her, ehe es zu dunkel wird."
Und Jesus, ganz und gar in seiner Schöpferlaune versessen, zeichnete rechts einen Kreis, „das ist die Sonne", und links einen Punkt, „das ist unsere Erde."
Ermano bemühte sich, noch vor Einbruch der Dunkelheit Jesu Darstellung zu begreifen, aber er schaffte es nicht.
„In Wirklichkeit glaube ich", sagte Jesus bestimmt, „steht die Sonne fest im Weltall und unsere Erde dreht sich um sie herum."
Es war nun Nacht geworden und sie gingen zu ihrem Obdach. Dem Wirt des Hauses war schon aufgefallen, dass er zwei gelehrte Herren als Gäste besaß und auch, dass ein Stern über seinem Haus stand. Seine Neugier war geweckt:
„Seid ihr Astronomen, Astrologen oder so etwas Ähnliches?"
„Himmelsforscher", antwortete Ermano, „und hier am Meer kann man die Gestirne besonders gut beobachten."
„Herr", fragte der Wirt und seine Stimme klang besorgt, „kannst du mir sagen, wer die Sterne am Himmel geschaffen hat?"

„Unser Herr hat sie gezählet –
dass ihm auch nicht eines fehlet."

In ihrer Schlafkammer, zusammen mit den Eseln, kam Jesus noch einmal auf „das Thema des Tages" zurück:
„Ich glaube, dass der Herr die Erde nicht geschaffen hat, und auch nicht die Tiere und Pflanzen auf ihr; sie haben sich von selbst entwickelt. Aber für uns Menschen, ja mein lieber Ermano, da ist er verantwortlich."

„Das scheint mir auch logisch zu sein, Jesus, damit hat er alle Hände voll zu tun."
In den nächsten zwei Tagen ritten Jesus und Ermano über Kanaa nach Kapernaum zurück.

* * * * * *

Es galt, die Vorbereitungen für die Romreise zu treffen. Maria war gegen sie eingestellt, fürchtete sie als Mutter doch, ihren Sohn nie wiederzusehen. Auch versuchte sie die Reise zu hintertreiben, indem sie Ermano schalt, leichtfertig seinen Sohn im Stich zu lassen – doch dieser entzog sich seinem Vater von Jahr zu Jahr mehr.

Vorher hatten beide, Jesus und Ermano, noch eine freudige Angelegenheit zu regeln. Denn der uns schon bekannte „Lukas der Reiche" war dabei, in Tiberias einen Kindergarten einzurichten. Als Jesus und Ermano dort eintrafen, sah man zum ersten Mal, wie weit voraus Jesus seinem Freund war: Denn kaum waren beide in die „Kinderklasse", - wie Lukas sie nannte -, eingetreten, als alle Kinder wie ein Kommando von den Sitzen sprangen und Jesus sozusagen einkesselten. Hier entstand der Eindruck, dass Jesus der größte Kinderfreund der damals bekannten Welt sein musste – vielleicht deswegen, weil er selbst keine Kinder besaß und auch keine besitzen wollte. Aber hier wurde er Vater genannt:
„Vater, segne mich!" „Vater, leg mir deine Hände auf den Kopf!" „Vater, hast du uns etwas mitgebracht?" „Vater, in deine Hände lege ich meinen Kopf." Aber auch Ermano wurde bedacht: „Komm, spiel mit uns Ringelreihen und Fangen." „Ich werde euch Spielzeug schnitzen", verkündete er und fing damit sofort an. Unter den Augen der Kinder zwischen 5 und 9 entstand in den Händen Ermanos aus einem hohlen Zweig eine Flöte, mit zwei trockenen Hölzern schlug er den Takt zum Lied „Alle meine Gänse

schwimmen auf dem Teich“ und er brachte den Kindern das Versteckspielen bei.

Um Jesus scharten sich indes die acht- und neunjährigen Jungen und Mädchen, weil sie teilweise schon lesen und schreiben, jedenfalls zuhören konnten. Später las sich sein Verhalten so:
„Da kamen Kinder zu ihm, damit er ihnen die Hand auflegte und ihnen aus alten Schriften vorlas. Als einige Eltern und Erwachsene murrten und meinten, Kinder dieses Alters sollten schon zu Hause oder in einer Werkstatt arbeiten statt ‚sich Märchen‘ anzuhören, da sagte er eindringlich: ‚Lasst sie bei mir, hindert sie nicht daran! Denn Menschen wie ihnen gehört das Reich des Herrn. Und das sage ich euch: Wer das Reich des Herrn nicht so annimmt, wie ein Kind es tut, der wird nicht hineinkommen.‘“

Wir wissen natürlich genau, dass Kinderarbeit bis heute nicht abgeschafft werden konnte. Damals war es eine Notwendigkeit, zum Beispiel auf den ländlichen Höfen und in mancher Handwerker-Werkstatt, Kinder ab 6 mit leichten Aufgaben wie Vieh hüten und solche mit 7, 8 oder 9 durch ernsthafte Tätigkeiten zu beschäftigen. Da mochte der Schulunterricht und sonntags der Kirchgang geradezu eine Erholung sein.
„Habt ihr schon einmal von Moses gehört, Kinder?“, fragte Jesus.
„Ja, der soll vor tausend Jahren gelebt und unser Volk durch die Wüste geführt haben.“
„Und er soll uns die Gebote gelehrt haben, Herr Jesus.“
„Sag uns eins, mein Junge.“
„Du sollst Vater und Mutter ehren.“
„Tut ihr das immer?“
„Nein“, war die allgemeine Antwort, „nicht wenn sie uns schlagen, hauen, in die Ohren kneifen und uns nicht satt essen lassen.“

„Du sollst nicht töten“, rief ein neunjähriges Mädchen, „aber sie haben meinen Onkel ans Kreuz gehängt.“
„Ich darf nicht stehlen, Herr Jesus.“
„Ganz recht. Hast du‘s doch getan?
„Ja, als mir ein anderer Junge meine Metze geklaut hatte.“
„Ich darf nicht lügen:“
„Hast du‘s dennoch getan?“
„Ja, sonst hätte meine Mutter mich verstoßen. Darf sie das, Jesus?“
„Das darf sie nicht, mein Mädchen.“

Und dann versuchte Jesus seinen Zuhörern klarzumachen, dass man sich bemühen müsse, die Gebote einzuhalten, - „auch jene, die ihr noch nicht verstehen könnt -,“ weil es sonst ein Tobuwabohu auf der Erde geben würde.
„Was ist ein Tobuwabohu, Herr Jesus?“
„Ein völliges Durcheinander , wo jeder macht, was ihm gerade gefällt.“
„Bist du der Herr, Jesus?“
„Nein, aber sein Stellvertreter.“
„Was ist ein Stellvertreter?“
„Nun“, antwortete Jesus, „seht euch Ermano an, wie er mit den kleinen Kindern spielt – das ist mein Stellvertreter.“

* * * * * *

Unter den Erwachsenen befand sich auch ein Mitglied des Sanhedrin, (den Begriff erklären wir später), dem das ganze Treiben Jesu und Ermanos nicht sonderlich gefiel.
„Auf den Mann namens Jesus ist zu achten“, sagte er seiner Frau, als der Kindergarten zur Mittagszeit für diesen Tag schloss, „er scheint ein Aufsässiger zu sein und scheint eine neue Religion einführen zu wollen.“
„Und die kannst du und dein Sanhedrin nicht gebrauchen“, fragte sie.

„Es läuft alles gut“, antwortete er, „auch wenn wir unter der römischen Fremdherrschaft stehen. Da können wir Aufmüpfer nicht gebrauchen.“

Nach diesem Ausflug in den Kindergarten von Tiberias wurde es für Jesus und Ermano Zeit, die Reisevorbereitungen nach Rom abzuschließen und sich, wie Ermano es ausdrückte, „auf die Socken zu machen“. Vorher wollte Ermano sein Gewissen erleichtern.

„Freund Jesus“, sagte er, „ich muss dir gestehen, dass ich mit meiner Reisebegleitung einen Hintergedanken verbinde.“

„Ich weiß es“, antwortete Jesus, „aber gestehe es dennoch!“

Sich sehr verwundernd sagte Ermano:

„Ich werde mit dir in Rom bleiben, bis du diese Stadt verlässt. Dann möchte ich, wenn alles gut geht, nach Hause.“

„Was ist dein Zuhause?“

„Wo meine Großeltern herkamen. Dort oben am Nordmeer, wo schon die Griechen mit ihren Schiffen herumsegelten.“

„So werden wir“, verkündete Jesus, „bis Norditalia zusammengehen, dann schwenke ich nach Osten ab und gehe über Mysien, Lydien, Karien, Lykien, Kilikien und Syria heim.“

„Das wird eine Mordstour, Jesus, kann ich dich da allein gehen lassen?“

„Der Stern des Herrn wird mich begleiten, lieber Ermano.“

Als Jesus nun bei seiner Mutter „Nägel mit Köpfen“ machte, ihr also erklärte, „in drei Tagen geht es los“, war er 21 geworden und sah gereift wie 31 aus; seinen Erfahrungs- und Bildungsstand musste man sogar bei 50 ansetzen.

„Nun erkläre mir noch einmal, was du in Rom willst?“, fragte Maria traurig.

„Ich habe viel über diese Stadt erfahren, Mutter, was ich nicht glauben mag. Römer sind doch unsere Herren, wir hier sind ihre Sklaven. Was bezweckt der Herr mit diesem ungerechten Zustand? Warum ist das so? Weil die Menschen dort klüger, tatkräftiger und sich mehr einig sind als wir. Was sind unserer Männer in Jerusalem gegen sie? Ich muss sie an der Wurzel kennenlernen. Und der Herr schickt mich dorthin, ich spüre es wie Kribbeln in den Füßen. Hast du nicht bemerkt, dass der Stern von Kapernaum, ehemals Nazareth, flackert wie eine verlöschende Öllampe?“
„Das ist eine lange Reise, mein Sohn“, klagte Maria, „und es ist nicht gewiss, dass wir uns wiedersehen.“
„So der Herr will, Mutter.“
Dann erklärte Jesus ihr, „dass ich dereinst, wieder zurück aus Rom, der Prediger im eigenen Land bin und die in Rom gesammelten Erfahrungen nutzen kann. In Rom kennen sie mich nicht und ich werde, gibt es Ärger, ihnen leicht entkommen.“

Teil zwei

Der Prediger

IC
XC

IC XC
+EGO·
·SUM·
·VIA·

Eine Seereise nach Rom

Jesus und Ermano wanderten zur Küste nach Cäsarea und Jesu Stern wanderte mit. Dort sahen sie schon am ersten Tag ein segelbereites Schiff liegen, dessen Schiffsführer oder Kapitän auslugte, als wenn er jemanden erwarte.
„Schiffer“, fragte Jesus höflich, „wohin segelst du?“
Dieser Schiffer betrachtete den wackeren Jesus und den bärenstarken Ermano durchaus wohlwollend, zwei hier seltene Männer, denen er Kraft, Verstand und Abenteuerlust ansah.
„An Africas Küste nach Westen“, antwortete er, „unter Sizilien her, dann rauf nach Roma.“
„Nimm uns mit, dahin wollen wir auch.“
„Warum sollte ich euch mitnehmen?“
„Weil ich ein Zimmermann bin, gut fischen und kochen kann und weil mein Freund hier der beste Steinschleuderer des Mare nostrum ist.“
„Ein Zimmermann, der auch kochen und fischen kann, ja meinetwegen. Aber wozu brauche ich einen Schleuderer – was ist das überhaupt für ein Beruf?“
„Ein sehr wichtiger, Kapitän, wenn wir zum Beispiel von Seeräubern angegriffen werden. Ehe sich deren Bootsmann versieht, hat er solch einen Kieselstein hier“, Jesus zeigte auf den Stein, den Ermano vom Ufer aufgenommen hatte und in der Hand wog, „am Schädel und kippt zu den Haien ins Wasser.“
Ermano feuerte den Stein ab und eine tote Nilgans fiel vom Himmel.
„Hier, Kapitän, das Abendessen für drei Personen.“
„Und für deine Mannschaft“, sagte Jesus zu, „fange ich rechtzeitig eine Portion Fische. Frag deine Mannschaft, sie wird begeistert sein.“

Kapitän Sarrazin, so nannte er sich, bekratzte seinen Kopf und fragte dann Jesus:

„Woher kommst du, wie heißt du?“
„Vom See Genezareth, ich heiße Jesus von Nazareth und das ist der Germane Ermano aus Rom.“
„Ein Nazarener bist du?“
„Echter geht‘s nicht“, antwortete Jesus.
„Dort soll ein Heiland wohnen. Kennst du ihn?“
„Wie mich selbst, Kapitän.“
Jesus wollte seine wahre Identität jetzt noch nicht preisgeben, auch nicht, dass er und Ermano eine ordentliche Summe an Schekels in Gold und Silber bei sich hatten. Dennoch war schnell abgemacht, dass sie mitfahren könnten.
„Die Mannschaft“, sagte Sarrazin, „kommt erst am Morgen an Bord, sie will lieber in Cäsarea huren und saufen als hier an Bord oder am Strand. Es sind alles prima Kerle und sie werden euch mögen. Abgemacht?“
„Abgemacht, wir kommen an Bord, Kapitän.“

Dort angekommen studierte Jesus die ausliegende Karte der nordafrikanischen Küste bis auf die Höhe Siziliens.
„Auf dieser Insel“, sagte Ermano, „steht ein hoher Berg, Etna genannt, der Feuer speit und Steine auswirft. Wenn wir ihm näher kommen, Jesus, kannst du deine Theorie prüfen, dass die Erde eine Kugel ist – nämlich wenn er langsam aus dem Meer in die Höhe steigt.“
Dieser Hinweis brachte Jesus auf die Idee, den Seefahrer nach der Kugelgestalt der Erde zu befragen.
„Das ist alles Unsinn“, antwortete dieser, „den ich schon oft gehört habe. Wie, zum Beispiel, sollte sich das Wasser auf der Erde halten können, wenn sie rund wäre!“
Das wusste Jesus natürlich auch nicht. Am Abend stand der Stern von Nazareth bis zum Morgen über dem Boot, und der Kapitän sah dorthin und da hin, also einmal zum Stern und dann auf Jesus, und fragte ihn:
„Was willst du in Rom, Herr?“

„Dort den Glauben des Herrn einpflanzen, Kapitän.“
„Und ist das ein bessere Glaube als der zur Zeit herrschende?“
„Auf die Dauer der fortlaufenden Geschichte, ja. Er ist vor allem bequemer.“
„Das musst du mir erklären.“
Und Jesus war, wir wissen es, der große Erklärer. Aber Ermano war, als Bürger der Stadt, besser informiert als Jesus, und erklärte in blumiger Sprache, während die drei Männer die mit Äpfeln gefüllte Gans aufaßen und mit syrischem Wein begossen, „den Unfug der Vielgötterei Roms“:
„Der römische Götterhimmel ist riesig und benennt neben Göttern auch Halbgötter, Geisterwesen und einige Ungeheuer. Dazu kommen noch Gottheiten, die in Nachbarländern verehrt werden und somit nach Rom gelangen. Die Bewohner Roms und ihre Soldaten pflegten den Götterglauben unterworfener Städte und Länder selbst zu verbreiten, auf jeden Fall nicht zu verbieten, weil sie dann die neuen Bevölkerungsteile eher befriedigen konnten als mit Verboten.“
Dann zählte Ermano die nach seiner „und des Livius“ Meinung zwölf wichtigsten Götter auf: Jupiter, Juno, Neptun, Minerva, Mars, Venus, Apollo, Diana, Vulcanus, Vesta, Merkur und Ceres.
„Doch“, fügte er hinzu, „es gibt noch über fünfzig weitere, deren Namen und Wirkungskreis nicht einmal der schlaueste Götzendiener kennt.“
„Genau da möchte ich ansetzen“, sagte Jesus, „und wenigstens den Anfang machen und euch zwei verschiedene Zitate bringen. Hier das erste aus der alten Heidenzeit solcher Helden wie Odysseus.“
Und er nahm ein Papyrus aus seinem Gewand und las vor:
„Als wir die Totenopfer darbrachten, tauchten tief aus der Unterwelt die Seelen der Abgeschiedenen empor. Mit hohlem, grauenvollem Stöhnen drängten sie um die Opferstelle,

dass uns Entsetzen überkam. Nur mit Mühe konnten wir sie mit dem Schwert abhalten, vom Opferblut zu lecken..."
Jesus wendete das Papyrus und las die andere Seite vor:
„Und der Herr schuf den Menschen ihm zum Bilde, und schuf einen Mann und ein Weib. Und der Herr segnete sie und sprach zu ihnen: Seid fruchtbar und vermehrt euch und füllt die Erde und herrscht über die Fische im Meer und über die Vögel unterm Himmel und über alles Getier, das auf Erden kriecht."
„Das tun wir zur Zeit auch", fügte Ermano hinzu.

* * * * * *

Zwei Oberseemänner kamen nach Sonnenuntergang aus der Stadt zurück, um das Schiff zu bewachen. Sie sahen den Stern nicht, weil sie ja noch nicht des Herrn sein konnten. Ihnen fiel aber im Morgengrauen auf, dass sich viele essbare Vögel mit keiner Menschenscheu um das Boot versammelten und von den nun eintrudelnden Matrosen mit der Hand gegriffen und abgemurkst werden konnten. Auch brodelte das Hafenwasser so von Fischen, das einige Bewohner Cäsareas „Fischtage" feierten und zwischen den Häusern auf der Mole Leinen spannten, auf denen die Fische an der Luft trockneten.
„Nehmt auch Leinen an Bord", befahl Kapitän Sarrazin, der sofort bedachte, dass diese ganze Szenerie mit Jesus zusammenhängen müsse, „damit wir die Fische und Vögel zum Trocknen aufhängen können. Auf auf, Leute, Segel setzen, an die Ruder – auf dieser Fahrt werden wir nicht hungern müssen!"

Sie segelten und ruderten hundert Tage, weil in einigen Häfen Afrikas angehalten, geladen und beladen wurde. Kapitän Sarrazin erklärte, dass Africa, wie die Römer es schrieben, ein riesengroßes Land sei, das noch niemand erkundet habe, in dem schwarze Menschen wohnten und

Menschenfresser seien. Römische Legionäre hätten sich schon weit nach Süden gewagt, aber umkehren müssen, weil es dort nur Sandwüsten gab. Weiter nach Westen hin hätte es früher ein mächtiges Reich namens Karthago gegeben, aber das sei von den Römern vernichtet worden.
„Und wie sieht es hier mit Seeräubern aus?“, fragte Ermano und ließ seine Adleraugen übers Meer schweifen.
„Immer unterschiedlich“, antwortete Sarrazin, „mal sind sie fort, mal...“
„Sie kommen schon“, rief der Ausguck.

Was nun geschah, bestätigte einerseits Jesu Theorie der runden Erde und andererseits Ermanos Fähigkeit als Steinewerfer. Weil die Sicht scharf und klar war, sah man die Linie des Horizonts wie mit dem Messer gezogen, und sie gab nur den oberen Teil eines großen roten Segels frei. Jesus und Ermano schauten sich an und nickten sich zu – wieder einmal lag Jesus richtig mit seiner Theorie!
„Es muss kein Pirat sein“, versuchte der Kapitän zu trösten, „aber ein rotes Segel ist doch ungewöhnlich.“
„Vielleicht können wir ihm davonfahren“, meinte der Steuermann, „wenn alle Mann mit anpacken.“
Er meinte Jesus und Ermano damit, auf die er eifersüchtig geworden war. Aber seine Kameraden schauten auf Ermano, der sich bereit machte. Die Hoffnung, dass die Aufholjagd länger dauere und mit der Dunkelheit abgebrochen werden müsse, erfüllte sich nicht.
„Er ist schneller als wir“, sagte der Kapitän, „und wird wohl doppelt so viel Männer zum Rudern haben als wir.“
„Kapitän“, rief Ermano, „fahr auf ihn zu, desto schneller haben wir‘s hinter uns.“
Was drohte „unserem“ Schiff? Was ist schlimmer als der Tod? Nun, wohl lebenslänglich als Sklave auf einem Piratenschiff dienen zu müssen.

Nun verringerte sich der Abstand zwischen beiden Schiffen beträchtlich.

„Ich sage dir Bescheid, Kapitän“, befahl Ermano, „wenn meine Wurfweite erreicht ist.“

Das Seegefecht begann nach einer Zeit, die man heute als zwei Stunden bezeichnen würde. Kapitän Sarrazin erkannte, dass sein Schiff wendiger sei als das andere und dadurch doch noch entkommen könnte – wenn dieser „toll gewordene Germane“ es auch wolle. Dem ersten Rammversuch des Gegners wich der Kapitän aus, und in diesem Moment entstand der Eindruck, als wenn beide Schiffe keine Fahrt machten – da flog Ermanos erster Stein los und vor den Kopf des Ausgucks. Der fiel ins Meer, wo die Haifische ihn zerrissen und stückweise verschlangen. Ein Matrose fungierte als Ermanos Handlanger und langte ihm den nächsten Stein zu, dann den übernächsten, noch einen und noch einen – und jeder prallte einem der Seeräuber an den Kopf, so dass er hintenüber ins Boot fiel. Das Durcheinander an Bord war unbeschreiblich. Offenbar probten dort die Galeerensklaven den Aufstand, so dass Jesus der Gedanke kam, diese nun zu befreien.

Natürlich war Jesus gegen jede Art von Blutvergießen, außer: Wenn‘s ums eigene Überleben geht!
„Da würde selbst der Herr“, versuchte Ermano ihn zu beruhigen, „eine Ausnahme machen.“ - Sehr richtig das!
Sarrazins Matrosen legten sich nun in die Riemen und eine halbe Stunde später hätte kein etwaiger Verfolger eine Chance gehabt, sie einzuholen. Der Held des Tages, aus der Sicht der Matrosen, war natürlich Ermano.

* * * * * *

Weiter ging die Seefahrt immer scharf an der Küste Afrikas entlang. Noch einmal startete von dort her, wo sich kleine Ortschaften befanden, ein schnelles Kanu mit sechs Mann

an Bord, um den offensichtlich unbewaffneten Handelsfahrer abzufangen.
„Jetzt lasst mich mal dran“, forderte der schon genannte Steuermann, „ich bin der beste Bogenschütze Cäsareas und habe jeden ausgesetzten Preis gewonnen. Du kannst ja, Ermano, während ich einen neuen Pfeil auflege, deine Steine werfen.“
Man ließ das Kanu so nahe herankommen, bis die Männer beinahe entern konnten, dann zischte ein Pfeil dem Steuermann in den Hals und gleichzeitig krachte Ermanos „Backmann“ auf den Grund des Kanus und durchbohrte ihn. Wieder dachte Jesus an Rettung, aber der Kapitän rief „schwimmt ans Ufer, ihr Maulaffen!“ und ließ weiterfahren.

„Wir nähern uns jetzt der Insel Sicilia“, verkündete Sarrazin, „sie muss jeden Augenblick mit ihrem Etna aus der See auftauchen.“
„Auftauchen?“ Wie recht er hatte!
„Also, Kapitän“, fragte Jesus, „siehst du nun ein, dass die Erde eine Kugel sein muss?“
„Im Großen und Ganzen ja, Herr, denn nun erklären sich auch die Jahreszeiten. Und wie kommt es, dass es Tag und Nacht wird?“
„Weil die Erde sich dreht, Kapitän.“
Jesus ahnte, dass er einer Sache auf der Spur war, sie aber nicht würde lösen können.

Die Umrundung Siziliens und die Vorbeifahrt am nächsten noch tätigem Vulkan Vesuv geschah ohne Unterbrechungen in vierzehn Tagen. Und noch drei Tage Seefahrt, die sie alle schon leid waren, und es ging in die Mündung des Tiber ein. Diesen hatte der letzte Kaiser ausbauen und kanalisieren lassen, so dass ein richtiger Hafen entstanden und die Gefahr von Hochwasser für die Stadt gebannt war.
„Ich muss euch fragen“, sagte Sarrazin, „ob ihr in zwei Monaten eventuell wieder mit zurückfahren möchtet?“

„Nein“, antwortete Jesus, „wir haben andere Pläne.“
„Dann sag mir zum Abschluss, ob du der Heiland bist, den die Leute erwarten?“
„Die Leute sagen es.“
„Aber jetzt zu etwas anderem, Herr: wo wollt ihr wohnen? Habt ihr schon eine Unterkunft?“
„Nein. Wir suchen eine bei einfachen Leuten.“
„Einfache Leute? Dann kommt in mein Haus als meine Gäste.“
Hier wurden historische Weichen gestellt!

„Erst müssen wir abrechnen“, befahl Jesus, „nimmst du auch Schekel, Kapitän?“
Und Jesus griff in sein Gewand und holte einen – Silber-Aureus hervor! Und griff noch einmal zu – einen Denar, noch einmal eine Bronze-Sesterze!
„Wer hat meine Gold-Schekel umgewechselt?“, wollte er mit Blick auf Ermano fragen, tat es aber nicht. Und griff noch viermal in die Tasche, um Sarrazin mit fünf Aureus auszuzahlen.
„Stimm bitte zu, Jesus“, drängte Sarrazin, „ich bin kein armer Mann, besitze ein mittelprächtiges Haus, eine fleißige Frau Marga und einen zwanzigjährigen Sohn Petrus, der rein versessen auf alles Religiöse ist und dein zweiter Christ von Rom sein wird.“
„Wer ist der erste, Kapitän?“
„Ich selbst, wenn du mich hier an Ort und Stelle mit dem Wasser des Tiber taufst.“
Ermano suchte schon eine solche Stelle. Werte Leserschaft, was hättest du an Jesu statt getan? Sofort getauft oder erst einen Behördenkrieg entfesselt? Jedenfalls: Er fackelte nicht lange, nahm eine Handvoll Wasser und sagte zum ersten Mal in seinem Leben:
„Im Namen des Herrn – ich taufe dich zum Christen.“
Das war alles!

Mit dem Haus Sarrazins zogen Jesus und Ermano das große Los in Sachen Unterkunft in Rom. Denn man muss wissen: Damals war Rom das größte Stinkloch weit und breit! Wir verzichten jetzt auf eine Schilderung der hygienischen Verhältnisse hier, weil Jesus und Ermano sie selbst hautnah erleben sollten. Zunächst bezogen sie ihr neues Heim und lernten dabei sowohl den Vornamen des Kapitäns, Timotius, als auch den seiner Frau, Magarina, und den schon genannten Sohn Petrus kennen. Die Familie gehörte zur Mittelschicht der Stadt und hatte bei allem Aufschwung seine Herkunft aus armen etruskischen Verhältnissen nicht vergessen – sie bildete also den idealen Nährboden für Jesu Bemühungen, in Rom Fuß zu fassen. Und noch etwas kam hinzu, das Jesus nie zu hoffen gewagt hatte: Das Haus war traditioneller Versammlungsort für jene gebildeten Römer, welche der um sich greifenden Unmoral gewisser römischer Kreise Widerstand entgegengesetzt hatte.
„Besonders“, rückte jetzt der Hausherr damit heraus und was noch nicht jeder wissen sollte, „haben wir der Sklaverei und der Erniedrigung gefangener Soldaten und Zivilisten den Kampf angesagt.“
„Damit, Jesus“, folgerte Ermano, „bleibt es uns vorerst erspart, in den Katakomben der Stadt die neue Lehre zu verbreiten.“

Zunächst verbreitete sich zur Freude aller, die wochenlang nicht vernünftig gegessen hatten, ein zum Heißhunger führender Essensduft durch Haus und Garten. Hier galt nicht die orientalische Vorschrift eines Verbots vom Schweinefleisch, hier hielt und schlachtete man das Borstenvieh, bis es zu Braten, Wurst, Schinken, Gulasch und Koteletts geworden war. Frau Magarina, welche die Sorgen der Orientalen durchaus kannte, klärte Jesus und Ermano auf:

„Das Hauptproblem ist, dass Schweinefleisch sofort verarbeitet und heißer und intensiver gegart werden muss als Rind-, Schaf- und Ziegenfleisch. Man sollte es nicht zum Trocknen aufhängen, wo doch Rom stellenweise von Insekten, Maden und Bandwürmern heimgesucht wird."
Die Hausherrin führte den Besuchern ihre neueste Erfindung und das Rezept dafür vor:
„Man nehme Weizenmehl und gemahlenes getrocknetes Schinkenfleisch, ein Schippchen Salz, ein Löffelchen Honig, gestoßene Gewürze wie Oliven, Koriander, Gurken- und Rübenblätter, verrühre und mische das Ganze mit süßem Wein, bis ein fester Brei entstanden ist. Diesen fülle man in die üblichen Wurstdärme und binde sie stramm zu. Diese Würste kann man mit Fischen und Streifen rohen Fleisches in der Kammer drei Tage lang räuchern und dann essen oder in einem trockenen Keller und Dachboden aufgehängt lagern. - Guten Appetit und wohl bekomm's – Frui prandium tuum et lubentium!"

Einen „Spaziergang" durch Rom kann man tagsüber machen oder nachts nur in bewaffneter Begleitung. Während sich Ermano auf die Suche nach seinen Verwandten oder Stammesbrüdern machte, traute sich Jesus der Führung Petrus' an. Dieser junge Mann war eine Rarität: Gebildet, belesen, bewandert, bescheiden, unauffällig im Zuhören, lebhaft im Zusprechen, neugierig für Altes und begierig auf Neues. Von ihm lernte Jesus die schon jetzt „Ewiges Rom – Roma eterna" genannte Stadt kennen und nicht lieben – aber als Arbeitsplatz schätzen. Den Götterkult dieser Stadt und des Staates kannte er ja schon, auch wusste er, dass überall in der ihm bekannten Welt Armut und Reichtum eng beieinander hockten und sich in ständiger Fehde (Kampf) befanden.
„Derjenige Mensch, dem es gut geht", sagte Petrus knurrend, „wünscht keine Veränderung, der andere, welcher

Brotkrumen kaut und das dreckige Tiberwasser trinkt, denkt und handelt rabiater bis zum Massakrieren."
„Du hast die Ansichten eines Denkers und Verkünders", sagte Jesus anerkennend, „bist du einer, willst du einer werden?"
„Nur in deiner Begleitung, Herr Jesus."
Am Abend vorher hatte Petrus beobachtet, dass ein neuer Stern am sternenreichen Himmel Roms stand, niedriger und heller als die anderen. Da hatte er zu denken begonnen und kein Auge und Ohr von Jesus gelassen und seinen Eltern verkündet:
„Jesus sehen und leben!"
„Ich suche eine Gruppe von Männern", sagte Jesus, „die meine Jünger, Apostel und Wegbegleiter werden wollen, ein Dutzend vielleicht. Willst du der erste sein?"
„Ich kenne keinen größeren Wunsch als diesen, Herr Jesus!"
„So bist du des Herrn und wirst meinen Stern immer sehen, so lange er leuchtet."
„Du wirst mit mir viel umherwandern müssen."
„Bis ans Ende der Welt, wo das auch sein sollte."
„Deine Antworten gefallen mir. Wenn ich einmal nicht mehr bin, Petrus, wirst du in diese Stadt zurückkehren und zur Hauptstadt der Christen machen."
„Versprochen!"

* * * * * *

Sie besichtigten auf dem Forum Romanum den gemeinsamen Tempel Porticus Deorum Consentium. Jesus kannte ja bereits die riesige Tempelanlage Jerusalems, „die ich einmal ausräumen werde", wie er jetzt Petrus gestand, und er musste sich zusammenreißen, hier nicht als lebensmüder Schreihals davon gejagt und im Kolosseum von Löwen gefressen zu werden.

„Ich stelle mir vor", sagte er zu Petrus, „einst alle großen Tempel niederzulegen und an ihre Stelle kleine schmucke Kirchen errichten zu lassen."
„Was sind Kirchen, Meister?"
„Häuser des Herrn, Petrus, mit Sitzgelegenheiten zum Beten, Wasserbecken zum Taufen und einem erhöhten Turm als Kennzeichen."
„Was bedeutet Taufen, Herr?"
„Johannes der Täufer", antwortete Jesus, „den du noch kennenlernen wirst, hat es mich gelehrt: Man tauft mit Wasser, in das der Täufling entweder eingetaucht wird oder mit welchem er begossen wird. Erst dann ist er ein Christ:"
„Dann taufe mich jetzt, Herr, hier ist ein Brunnen."
Jesus und Petrus hatten bereits Aufmerksamkeit erregt und einige römische Bürger traten nun heran, um zuzuschauen und zuzuhören. Auch ein Ädil, wie die Tempeldiener hier genannt wurden.
„Was macht ihr hier? Ihr dürft das Wasser trinken, aber nicht damit spielen."
„Hier findet eine Taufe statt, Aufseher", sagte Jesus, „und jeder getaufte Mensch braucht die kommende neue Zeit nicht zu fürchten."
„Was gibt es denn zu fürchten, die Germanen etwa?"
Aber Jesus war schon am Gange:
„Ich taufe dich im Namen des Herrn als zweiten Christen Roms."
„Das muss ich der kaiserlichen Behörde melden", rief der Ädil und eilte davon.
Jetzt wurden Jesus und Petrus von näher tretenden Zuschauern umringt, die den Vorgang erklärt haben wollten. Weil Petrus einige von ihnen kannte, übernahm er die Erklärung:
„Eine neue Zeit kündigt sich an. Sie soll eine Zeit der Verkündigung des Herrn sein, der eure alten Götter ablöst, die abgewirtschaftet haben..."

„Gnade und Liebe wird er verkünden“, warf Jesus rasch ein, ehe sich Petrus gefährlich verplapperte, „und für jedermann da sein, der des Herrn ist.“
Ein „jedermann“ zupfte Jesus am Ärmel, nämlich ein Knirps von vielleicht 6, (berlinerisch für kleiner Junge), der einen blutigen Finger herzeigte und jammerte:
„Muss ich jetzt sterben, Herr?“
„Nein, ich verbinde dich, keine Angst.“
Und Jesus riss einen länglichen Streifen aus seiner Tunika, reinigte die Wunde mit dem Brunnenwasser, das Petrus ihm reichte und verband sie, wie es der Leibarzt des Kaisers auch nicht besser gemacht hätte. Schon war er von Kindern umringt, die alle eine Kleinigkeit vorzuweisen hatten: Schrammen und Schürfwunden, die nicht behandelt worden waren, gefüllte Eiterpickel, bekratzte Mückenstiche, Zecken an Stellen, die mit eigener Hand nicht erreichbar waren, ein nicht herausgerissener Hornissenstachel, ein kleiner Holzspan unterm Nagel und ein frischer Zeigefingerbruch – alles Bagatellen, die Jesus behandeln konnte.

Petrus schlug vor, die Kinder mit nach Hause zu nehmen. Dort musste einer nach dem anderen vortreten und wurde nicht schlechter bedient als Kinder von Reichen. Petrus gab ihnen zu trinken und reinigte ihre Wunden mit warmem Salzwasser, seine Mutter Magarina holte Verbände, Jesus seine schwarze Heilsalbe, vor der auch die Zecken wichen und bald waren alle Kinder bedient und stolz wie Legionäre nach einem Sieg. Inzwischen hatte Magarina ein Brot angeschnitten, die Scheiben mit der bereits erwähnten Wurst belegt und irdene Becher geholt und mit Apfelsaft gefüllt – es fand jenes Ereignis statt, das binnen weniger Tage in Rom unter dem Namen „Speisung der Jesuskinder“ bekannt wurde.

Zum Abend dieses an sich schon ereignisreichen Tages hatte die Familie Sarrazin zu einem Plausch im Garten geladen:
„Gastredner wird Jesus Christus sein, ein Heiland aus Galiläa, der vom neuen Stern über Rom berichtet, den nicht jedermann entdecken kann und vom neuen Reich des Herrn, das die Menschheit zu erwarten hat."
Jesus war die Art und Weise, wie er hier herumgereicht werden sollte, mehr als unangenehm, „aber ich bin ja zum Lernen hergekommen", sagte er sich, „und des Herrn Wille ist unergründlich in seiner Weisheit und Sicht kommender Dinge." Er beschloss, behutsam vorzugehen und jede Polemik auf Senatoren und Kaiser zu unterlassen.
„Tiberius, seit dem Jahr 14 als Nachfolger des großen Augustus Kaiser", hatte Ermano erfahren, „ist nach Capri abgereist, um sich von den aufregenden Geschäften zu erholen."
Ein Dutzend „Freunde der Familie" hatte sich eingefunden und genoss bei leichter Brise vom Tiber her den milden Abend. Ein großes Feuer hielt mit seinem Qualm die Mücken ab, so dass vor allem die holde Weiblichkeit sich locker hatte kleiden können - zwei von ihnen wollten herausbekommen, wie weit sie gehen könnten, um diesen frommen Heiligen aus der Reserve zu locken. Die Methoden dazu kennen wir ja, so dass wir sie nicht zu beschreiben brauchen.
„Der Herr, der diese Erde und alles auf ihr geschaffen hat", sagte Jesus entgegen seiner neuen Überzeugung, „möchte der Vater aller Menschen sein, die guten Willens sind und nicht mehr die alten Götzen anbeten. Sein erstes Gebot lautet denn auch: ‚Ich bin der Herr, du sollst keine anderen Herren neben mir haben!' Das ist wörtlich zu nehmen. Und das letzte der zehn Gebote lautet: ‚Du sollst nicht begehren deines Nächsten Weib, Knecht, Magd, Vieh noch alles, was dein Nächster besitzt'. Welche frühere und noch

gültige Gottheit hat solche Vorschriften gemacht! Ich will keine Namen nennen, sage nur ‚lasst sie fahren dahin‘!“
Auch hier und heute geschah wieder, was Jesus inzwischen erwarten konnte: Absolute Stille, Atemanhalten, keine vorlauten, von den Römern gern praktizierten Zwischenrufe. Jesu orientalisches Latein klang zwar etwas härter als das Original-Latein Roms, aber nicht unangenehm, nämlich so, wie ein achtzigjähriger Zuhörer es ausdrückte, „als rede der alte Titus Livius an seinen bekannten Abenden ‚Livius narrat – Livius erzählt‘ noch daher“.
Jetzt wurde eine Pause gemacht, um Essen und Trinken aufzutischen. Der musikalisch begabte Petrus machte die Begleitmusik, indem er die Zither spielte und selbst sang:

„Vultis mihi dare cor tuum, sic capiuntur secretum.
Clam ratus noster, nemo potest coniecto.
Amor in utroque oportet, semper occultator...“

„Willst du dein Herz mir schenken,
dann fang es heimlich an.
Dass unser beider Denken
niemand erraten kann.
Die Liebe muss bei Beiden
allzeit verschwiegen sein...“

Da flossen, ganz klar bei dieser noch nie gehörten Melodie, Tränen in kleinen Strömen aus Augen und über Wangen. Und selbst derjenige Gast, der sich inkognito als Spion des Kaisers eingeschmuggelt hatte, ließ nun seinen Verdacht fallen, der christliche Prediger hier sei ein nach Macht strebender Usurpator. Jesus hatte ihn bereits „auf dem Kieker“, wie man heute in Norddeutschland sagt, denn es gab kein Gesicht, das Jesus nicht lesen konnte.
„Sag mir deinen Namen“, rief Jesus ihm zu, „dass auch der Herr ihn hört!“
„Iskariot“, lautete die Antwort, „Judas Iskariot.“
„Bist du noch Junggeselle?“

„Das Wort kenne ich nicht, Herr, kennen wir hier in Rom nicht:“
„Ob du noch unverheiratet bist?“
„Bin ich, Herr Jesus, aber meine Verlobte sitzt hier vor mir.“
„Verlobt ist noch nicht verheiratet“, sagte Jesus, „so lass sie fahren dahin und folge mir als mein Jünger!“
Judas gehorchte und stellte sich neben seinen neuen Herrn und Petrus; seine Braut verließ unter Tränen die Gesellschaft. Jesus, einmal „in Fahrt gekommen“, nutzte die Gelegenheit und erklärte:
„Es ist leicht und kostenlos, ein Christ zu werden, es genügt die bekannte Taufe und ein Bekenntnis.“
Jesus kannte, ohne den Trick je gehört zu haben, die Kunst der Pause, machte sie und fuhr dann fort:

„Credo in Domino, Patris omnipotentis, Factorem caeli et terrae!“

„Ich glaube an den Herrn, den Allmächtigen, den Schöpfer des Himmels und der Erde!“

* * * * * *

Judas Iskariot musste natürlich seinem Kaiser Bericht erstatten. Er tat es und fügte hinzu, dass er ein Jünger Jesu geworden sei und demnächst mit ihm fortziehen werde.
„Wohin?“, fragte der etwas grollende Tiberius.
„Zum Missionieren im gesamten römischen Reich inklusive Palästina.“
„Was bedeutet missionieren, erkläre es.“
„Menschen für eine neue Religion gewinnen, oh Kaiser.“
„Neuheiten sind mir stets verdächtig“, sagte Tiberius, „will dieser Missionar etwa König oder Kaiser werden?“
Tiberius, seit dem Jahr 14 im Amt, war dieses Amt schon sattsam zuwider, denn überall, an allen Fronten des Reiches, musste er Kriege führen, Völker unterjochen und

Aufsässige beruhigen. Auch Palästina mit seinen unterschiedlichen Provinzen gehörte dazu.
„Nein“, antwortete Judas nun, „jedenfalls kein weltlicher. ‚Mein Reich ist nicht von dieser Welt‘, sagte er gestern. So wie ich ihn verstanden und mich ihm angeschlossen habe, geht es auch um ein Versprechen, ‚allen, die guten Willens und des Herrn sind‘, ein Weiterleben nach dem Tod zu garantieren.“
„Das ist höchst interessant“, bestätigte der Kaiser und beauftragte Judas, „mit ihm, diesem Jesus, übermorgen nach Capri zu kommen, damit er verhört werden kann. Ich werde noch heute abreisen. Wehe ihm, wenn ich ihn als Usurpator entlarve – dann wird er hängen! Sag ihm das!“
„Er hat schon Kreuzigungen in Palästina gesehen“, bestätigte Judas.

Die Kutschenfahrt von Rom nach Sorrento war das Tollste, was Jesus bisher an Grauenvollem gesehen hatte: Leichen über Leichen! Verdorrte, verschimmelte, angefressene, im Wind baumelnde, ganz frische, von Geiern besuchte, „eigentliche“ Leichen, die noch lebten, um Wasser baten, den Kaiser mit letzten Rufen verfluchten und im Moment des Vorbeifahrens mit allerletztem Kopfnicken verschieden.
„Was wird der Herr hierzu sagen?“, fragte der begleitende Judas.
Da wusste auch Jesus keine Antwort.
„Ich frage mich nur“, sagte er, „wie Menschen darauf kommen, diese herrliche, wie vom Herrn geschaffene Landschaft so zu verunzieren!“
„Wird es“, fragte Judas kurz vor der Ankunft an der Fähre nach Capri, „sollte das Reich des Herrn auf Erden errichtet werden, keine Verbrecher mehr geben?“
„Wohl nicht“, antwortete Jesus und erklärte Judas das Gegenteil der Moses-Geschichte, „denn solange es Men-

schen gibt, gibt es auch Verbrecher und ihre Taten. Aber neu ist der Herr, der alles, aber auch alles verzeihen kann."
Als sie auf Capri an Land und auf Tiberius' Villa Jovis zugingen, warnte Judas seinen Schützling noch einmal:
„Gib Acht auf dich, Jesus, und auf deine Antworten und Reden. Mit Tiberius ist nicht zu spaßen, wie mit allen Kaisern und Königen der Welt nicht. Du darfst dieser Welt nicht abhandenkommen!"
„Ja", antwortete Jesus versonnen, „mein Werk fängt gerade an zu beginnen. Warten wir es ab, wir wissen nicht, welch ein Mann der Kaiser ist – er soll, wie ich hörte, aufrichtiger sein als andere seinesgleichen."

„Ich habe mir berichten lassen", begann Tiberius das Gespräch, „dass du in Palästina, Judäa, Galiläa und Jerusalem, wo auch immer im Osten meines Reiches ein Königtum anstrebst, das schon einen Namen hat, nämlich INRI."
„Der dir berichtet hat, Cäsar, ist ein Lügner."
„Hast du noch nie gelogen?"
„Doch, Cäsar."
„Lass den Titel weg, Jesus. Warum hast du gelogen?"
„Um ein Menschenleben zu retten."
„Welches?"
„Meins."
„Da hast du gutgetan, verdamme also nicht jeden Lügner."

Beim anschließenden Capri-Bienenstich-Essen, ein Leibgericht des Kaisers, fragte er nach dem Verlauf der Herreise:
„Hat dir die Gegend gefallen, Jesus?"
„Die Gegend schon", antwortete er, „aber sie ist verunstaltet."
Weil der Kaiser noch kaute und einen Happen nach dem anderen nahm, fügte er hinzu:
„Die vielen Leichen, Herr Kaiser!"

„Das waren alles Wegelagerer, Obrigkeit-Verräter, Vergewaltiger, ungehorsame Sklaven und andere Staatsfeinde.“
„Man hätte sie auch ordentlich hinrichten können.“
„Erzähl mir“, lenkte der Kaiser ab, „von der Erschaffung der Welt durch den Herrn. Ihr Juden habt ja ein Buch darüber, wir nicht.“
Das tat Jesus gründlich, glaubhaft und überzeugend. Darüber wurde es Abend und der Kaiser begann auffällig den Himmel über sich abzusuchen.
„Bemühe dich nicht“, sagte Jesus, „du wirst den Stern von Nazareth, meinen Stern übrigens, nicht sehen.“
„Warum nicht, Jesus?“
„Der Kaiser eines irdischen Riesenreichs wie Rom kann nicht des Herrn sein.“
(Entsteht hier nicht der Eindruck, dass Jesus sich bereits um Kopf und Kragen geredet hat?)
„Erzähl mir“, lenkte Tiberius erneut ab, „von den so genannten zehn Geboten des Herrn.“
Jesus sagte sie auf.
„Und du glaubst, dass sie durchzusetzen sind?“
„Nein“, gestand Jesus ein, „es sind Gebote eines Herrn, der zwar inkognito bleibt, aber überall gewärtig ist. Irdische Herrscher erlassen ja auch Gebote und Gesetze und wissen genau, dass sie nicht immer und überall durchgesetzt werden können.“
„Du kannst klug argumentieren, Jesus. Wer hat dich das gelehrt?“
„Die heiligen Schriften“, antwortete Jesus, „welche nicht alle heilig sind.“
„Nenne ein Beispiel.“
„Da schreibt einer der alten Propheten, dass, wenn jemand mir eine Backpfeife gibt, ich nicht zurück hauen sondern die andere Backe hinhalten soll.“
Jetzt lachte der Kaiser zum ersten Mal und sagte:

„Und wie sieht es mit Strafen aus? Kann dein Herr auch strafen wie ich?“
„Ja, ähnlich. Hör zu, ich erzähle dir, wie er die ersten Menschen getadelt haben soll. Du kennst doch die beiden ersten Menschen Adam und Eva?“
„Ja, ein Minister, der bei euch in Palästina Dienst leistete, hat ihre Namen hier populär gemacht.“
„Also hör zu, Kaiser. Diese beiden Menschen hatten ein Gebot des Herrn missachtet, sich mit einer Schlange eingelassen und vom Baum der Erkenntnis gegessen. Zuerst bekam die Schlange ihr Fett weg, wie man bei uns sagt, denn der Herr sprach zu ihr: ‚Weil du solches getan hast, seist du verflucht vor allem Vieh und vor allen Tieren auf dem Feld. Auf deinem Bauch sollst du gehen und Erde essen dein Leben lang‘. Dann kam Eva an die Reihe: ‚Ich will dir viel Schmerzen schaffen, wenn du schwanger wirst, du sollst mit Schmerzen Kinder gebären.‘ Schließlich bekam Adam auch seine Strafe zudiktiert: ‚Dieweil du hast gehorcht der Stimme deines Weibes und gegessen von dem Baum, so sei der Acker um deinetwillen verflucht und mit Kummer sollst du dich ernähren. Dornen und Disteln soll der Acker dir tragen, im Schweiß deines Angesichts sollst du dein Brot essen, bis dass du wieder zu Erde werdest, davon du genommen bist.“
„Heureka!“, rief der Kaiser und lachte, „das ist ja eine tolle Geschichte! Glaubst du sie etwa, Jesus?“
„Nein“, antwortete Jesus, „ich glaube, dass der alte Moses, der sie berichtet, sich geirrt oder sie absichtlich geändert hat. Schließlich war er so etwas wie ein früher König und musste sich bei seinem Volk interessant machen.“
„Du selbst, Jesus, bist ein interessanter Mann. Männer wie du kann ich in meiner Regierung gebrauchen.“
Jesus schwieg zu diesem Angebot, und Tiberius fuhr fort: „Was kann ich tun, deinen Stern zu sehen?“

„Versprich mir auf Herz und Hand, den Menschen, die ich hier in Rom und später auf meiner Rückwanderung in die Heimat zu meinem Glauben bekehre und dem Herrn zuführe, keine Schwierigkeiten zu machen."
„Versprochen, Jesus, du bist nicht nur ein kluger, sondern auch ein bescheidener Mann."
„Endgültig versprochen?"
„Endgültig versprochen."
„Nun schau nach oben, du Kaiser!"
Und der große Herrscher gehorchte, sah den Stern und war des Herrn.

* * * * * *

Judas Iskariot wurde gerufen, durfte dem Kaiser „Gute Nacht" sagen und Jesus in das gemeinsame Schlafgemach führen, wo alles fürs Frischmachen und Schlafengehen vorbereitet war.
„Hier haben die Räume keine Türen", monierte Judas.
„Hast du bemerkt?", fragte Jesus, „dass der Stern des Herrn zu leuchten anfing?"
„Ja, ganz plötzlich wie ein angeblasenes Öllicht."
„Ganz richtig dein Vergleich. Der Kaiser hat uns Christen hier in Rom und für den römischen Machtbereich Freiheit der Religion zugesichert. Meinst du, dass er dann noch Arges im Schilde führen kann, Judas?"
„Er nicht, Jesus, aber hier läuft viel Volks herum."
Judas behielt für sich, dass er nach dem Einschlafen Jesu sein Schlaflager im Eingang des Raumes aufschlug.
„Vielleicht stolpert einer über mich", dachte er schadenfroh und schlief ein…

Wer tatsächlich stolperte und fiel, ohne sich den Hals zu brechen, war ein Hausdiener, der nun keinen Weckruf loszulassen brauchte.

„Der Kaiser bricht gleich nach Rom auf und wünscht euch mitzunehmen!“

Und so brach kurz nach Sonnenaufgang, als das Meer blau aufschimmerte und wie Gold zu glänzen begann, nach der Landung am Festland eine Kavalkade von drei Kutschen und einer Kohorte zuverlässiger Legionäre nach Rom auf. Der Kaiser war glänzender Laune und ließ das Frühstück während der Fahrt servieren.

„Ich möchte euch erst unsere Musterstadt Pompeji vorführen, die schon über fünfhundert Jahre alt ist und doch so modern wie heutzutage möglich.“

Jesus und Judas betrachteten besorgt den benachbarten Vulkan Vesuv, der einige Rauchwolken in den Himmel stieß und innen rumorte.

„Keine Angst“, sagte Tiberius, „man kann im Schatten eines solchen Riesen angenehm wohnen, was sich besonders viele alte Leute und ausgediente Soldaten wünschen. Es leben zur Zeit hier über zweitausend Veteranen der Kriege in Gallien, Germanien und Asia.“

Weiter ging‘s über Neapolis und Latina nach Rom.

„Ich mache diese rasenden Fahrten wie durch die Unterwelt gern“, erklärte Tiberius, „und überrasche meine Untertanen immer wieder durch mein plötzliches Auftauchen. Dann erzittern sie. Ist das unchristlich, Jesus?“

„Nein, Kaiser. Ich habe dir noch nicht gesagt und stelle hier richtig, dass meine Losung heißt, ‚gebt dem Kaiser, was des Kaisers ist und gebt dem Herrn, was des Herrn ist‘. Hältst du das für aufsässig?“

„Nein, durchaus nicht, Jesus. Aber nimm dich in acht, nicht alle Herrscher, ob hohe, mittlere oder kleine, sind so tolerant wie ich, dein Kaiser. Denk besonders an deine eigenen Lands- und Glaubensleute in Palästina, sie haben‘s faustdick hinter den Ohren.“

Ehe der Kaiser sich in Rom endgültig verabschiedete, „der dringenden Geschäfte wegen“, sagte er noch:

„Ich schicke dir, Jesus, in dein Quartier bei den Sarrazins, den Arzt und Mediziner Aulus Cornelius Celsus und den künftigen Präfekten Palästinas Pontius Pilatus. Sie möchten dich kennenlernen, du solltest sie kennenlernen."
Welche Ehre – er gab allen die Hand und sagte zum endgültigen Abschied:
„Ut diximus placuit sermo in occursum adventus tui. Nos non video, venit in domum suam" - also dass er sich freute, sie kennengelernt zu haben und dass man sich nicht wiedersähe.

* * * * * *

Die beiden vom Kaiser genannten Herrschaften kamen natürlich nicht ins Haus Sarrazins, das mochten sie sich nicht antun, luden aber zum Besuch ein. Zuerst kam der Mediziner an die Reihe, zu ihm durften Judas und Petrus sogar mitkommen. Aulus Cornelius Celsus, 25 v. Chr. geboren, war mehr Literat als Arzt und ein gefälliger Mann, der schon von Jesu „Heilungen" gehört hatte. Aber hier erkannte Jesus auf erstem Blick, dass er noch weniger als ein Anfänger der ärztlichen Kunst sei. Hier sah er zum ersten Mal von Hand geformte Pillen, welche pflanzliche Wirkstoffe wie Maulbeere, Meerzwiebel und Honig enthielten. Und da gab es die so genannten Lecksäfte, die sowohl zum Auftragen auf die Haut als auch zum Trinken geeignet waren, Wund- und Schlundsalben genannt.
„Jetzt", berichtete Celsus, „in hoher römischer Zeit, werden diese Salben aus Honig, Wasser, Wein, Milch und Öl hauptsächlich als Schönheitsmittel für unsere überkandidelten feinen Damen verwendet – dass ich nicht lache!"
Celsus war daran interessiert, dass seine medizinischen Erkenntnisse eine weite Verbreitung fänden und gab Jesus ein paar Rezepte und seine schriftlichen Ausarbeitungen „zum Studieren" mit.

Hier, im Haus des berühmten römischen Arztes, trat der Versucher Satanas an Jesus, Petrus und Judas heran: Beinahe wären alle drei Männer keine historischen Größen geworden! Die Versucher hießen: Celsus selbst, Sylvia, 25, Xenia, 24 und Rhea, 23 – des Arztes Töchter. Ihre Mutter war bei der letzten Geburt trotz aller ärztlichen Kunst ihres Mannes dahingegangen, und nun wurde es höchste Zeit zu drei Hochzeiten. Wenn Jesus die hiesigen Verführungskünste mit denjenigen seiner Heimat Nazareth und Kapernaum verglich, ging ihm ein neues Licht der Erkenntnis auf. Auch Petrus und Judas hatten dergleichen noch nicht erlebt: Wie man Männer auf Trab, ihre Hemden ans Flattern brachte, ihre Augen zu Stielaugen machte, so dass ihr Atem zum Stillstand kam und ihre Sprache ins Stottern verfiel. Werte Leserschaft, hältst du auch den Atem an? Wir vermuten, dass die „Rettung" der drei Kandidaten in dem Umstand begründet ist, dass man ihnen eine ganze Nacht „zum Überlegen" ließ. Die wurde natürlich bei den Sarrazins verbracht. Und die rieten: „Lasst euch dort nicht mehr blicken!"

Der Besuch des Präfekten in spe Pontius Pilatus war von anderem Format. Die Gnade des Tiberius zu besitzen, der ihn nach Jerusalem zu befördern gedachte, hatte ihn stolzer gemacht als er sich jetzt schon gab, und unsympathisch dazu. Von Jesus hatte er noch nichts gehört, die Schöpfungsgeschichte des Moses kannte er auch nicht, ihn interessierte nur sein Vorbild Quinctilius Varus, der, wie es hieß, „Syria als armer Mann betrat und es als reicher verließ". Jetzt interessierte ihn nur, „was du, Jesus Christus, vorhast und warum du Apostel um dich versammelst? Einen neuen Glauben für die Israeliten einrichten?"

„Nicht für das Volk Israel allein, welches ja schon das System des Monotheismus kennt, Präfekt, sondern für alle Völker des Herrn rund um den Erdball."

„Erdball? Was soll das heißen?“
„Dass für mich und meine Anhänger die Erde eine Kugel ist und sich rund um die Sonne bewegt.“
„Und unsere Götter und die der Griechen, denen wir Hunderte Jahre gedient haben, denen wir opfern, die wir still und laut verehren?“
„Werden fortgeschickt.“
„Bist du, Jesus, vielleicht ein wenig verrückt?“
„Vielleicht.“
Alle lachten und so wurde der aufkommende Unmut des Römers verdeckt. Pontius Pilatus wollte jetzt nur noch über Jesu Pläne informiert werden:
„Schließlich wirst du ja bald einer meiner Untertanen sein. Oder?“
„Vielleicht, so der Herr will. Wir gehen“„ fuhr Jesus fort, „Italia nordwärts bis Ravenna, setzen dort über das Adriatische Meer und wandern von dort letztendlich zum See Genezareth zurück, wo ich zu Hause bin.“
„Und wozu brauchst du Männer, die sich Apostel nennen?“
„Um christliche Gemeinden zu gründen, mich zu schützen und später, nach meinem Tod, mein Werk und das des Herrn fortzuführen.“
„Hüte dich vor den Hohepriestern daheim, das sind richtige Hallodris, wenn es gegen ihre Macht und um ihre Piaster und dergleichen geht.“
„Sie mögen sich vor mir hüten, Präfekt, denn der Herr ist mit mir!“
„Bene, usque ad reunion – Nun denn, bis auf ein Wiedersehen!“

* * * * * *

Von nun an konnte Jesus ungestört in Rom missionieren, bewacht und unterstützt von Petrus, Judas und dem sich wieder einstellenden Ermano. Dieser hatte ein gutes Dut-

zend ehemaliger germanischer Sklaven, Cherusker, Chatten, Teutonen und Kimbern, überreden können, „wieder ins Transalpinische zurückzukehren, dort die römische Kultur zu verbreiten versuchen und auch, Jesus, deine und unsere neue Religion. Die nordischen Gottheiten sind eine Clique für sich und voller Donnergrollen und Torheiten. Es wird Zeit, mit ihnen aufzuräumen."
Jesus hatte eigentlich nicht vor, in den Katakomben Roms zum Volk zu sprechen, denn Unterirdisches war ihm nicht geheuer und die Armut unsauberer, kläglicher Leute faszinierte ihn nicht, es sei denn: Es erging ihnen wie Großmutter Sarrazin.
„Unsere Großmutter möchte dich noch einmal sehen, Jesus."
„Was bedeutet ‚noch einmal', Petrus?"
„Sie stirbt."
Sie war Tage und Nächte nicht aus dem muffigen Bett gekommen und sah nun aus wie „endgültig".
„Jesus", hauchte sie, „mein Erlöser ist gekommen."
„Ja, Mutter, er ist ganz nah bei dir."
„Nimm meine Hände in deine Hände, Jesus."
Er tat es. Sie waren kalt wie die Katakomben im Winter und verdreckt wie der Fußboden in ihnen. Aber diese Augen! Noch nie war Jesus so intensiv, durchbohrend, verlangend, hoffend und bittend angeschaut worden.
„Ich – habe – heute – Nacht – den – Herrn – gesehen – und – nun – ist – er – gekommen."
Letzte Worte sind meist mühsam auszusprechen.
„Du – bist – der – Herr – sag – mir – etwas."
„Mache dich auf", sagte Jesus, „werde Licht! Denn dein Licht kommt, und die Herrlichkeit des Herrn geht in dir auf."
So starb Großmutter Lisa Sarrazin freudenvoller als sie je gelebt hatte.

Es war Ermano, der Jesus in die Katakomben führte. Hier wohnten die Leute besser als viele arme Schlucker in ihren überirdischen Wohn- und Kriechhöhlen. Instinktiv spürte Jesus, dass er hier mehr gläubige Zuhörer finden würde als im Kolosseum. Hier waren fast alle Krankheiten Roms versammelt, nur die Leprösen nicht, die man rigoros absonderte und die auch rigoros abgesondert bleiben wollten.
„Sie sind nicht nur hungrig nach deinen Worten", sagte Ermano, „sondern auch hungrig nach heißer Suppe."
„Holt sie her", befahl Jesus einem Mann, der eine Art von Vorsitz ausübte, „hier hast du das Geld und hol uns die Suppe."
Jesus zog einzeln zehn Aurei aus der Tasche.
„Der kommt nie wieder!", schrie eine Stimme, die Jesus mit einem Augenblick zum Schweigen brachte.
Dann löffelte man stumm aus hölzernen und irdischen Krügen und Schüsseln: Bohnensuppe mit Fleischbrocken und Speckstücken drin, dazu einen Kanten altbackenes Brot – welch eine Herrlichkeit diese Speisung! Und Jesus predigte zum ersten Mal aus vollem Herzen:
„Die Menschen möchten mich finden, doch verstehen sie nicht zu suchen. Noch sind Führer und Geführte befangen, noch hängt ihnen eine dreifache Decke über den Augen, und wenn ich sie auch lüften möchte, wenn ich auch rufe ‚kommt her ihr alle, die ihr beladen seid, auf dass ich euch erquicke', so verstehen sie diesen Ruf nicht. Sie kennen des Hirten Stimme noch nicht, sie sind verirrte Schafe, die erst nach langem Herumtappen im Finstern zum Licht der Liebe, der Wahrheit und des freien Bewusstseins gelangen werden."
Glauben diese Gläubigen meine Worte?, fragte sich Jesus, oder rede ich zu hochgestochen? Ihr Schweigen, vor allem nach gutem, ungewohntem Essen, besagt nichts.
„Noch immer klammern sich die Menschen", fuhr er fort, „an Zeremonien und Gebräuche, ein Zeichen, dass sie

selbst noch sehr materiell sind. Wenn die Menschen einst erst geistig gebildet sein werden, wenn sie erkennen, dass ich kein materielles Mittel brauche, zu zeigen, wie weit sie vom rechten Weg abgekommen sind. Ich sage, ‚Mein Joch ist sanft, wie kann ein Joch der Liebe anders sein als sanft‘.“

Zum Abschluss dieser einmaligen Veranstaltung nahm Petrus seine Zither und trug ein Lied vor:

„Lass vergehen das Gesicht,
Hören, Schmecken, Fühlen weichen,
lass das letzte Tageslicht
mich auf dieser Welt erreichen:
wenn der Lebensfaden bricht –
meinen Jesus lass ich nicht.“

Nach einiger Übung konnte die Gemeinde mitsingen. Sie bat danach, wo Jesus als erster und am meisten angestrengter Teilnehmer die Katakomben verlassen wollte, ihn, für immer hierzubleiben, „mit deinen Aposteln natürlich“ und Rom zum Sitz der neuen christlichen Kirche zu machen.

„Ich kann und darf das nicht“, lehnte er ab, „denn mein Schicksal muss sich in Jerusalem erfüllen, aber Petrus wird, so der Herr will, einst zurückkommen und führen. Habt bis dahin Geduld und vergesst mich nicht. - Jetzt“, fügte er hinzu, „werde ich euch mit Hilfe meiner Jünger taufen lassen. Das geht, wenn kein reines Wasser vorhanden ist, auch durch Handauflegen.“

Petrus und Judas geleiteten jeden Kandidaten einzeln zu Jesus, der ihnen stehend beide Hände auf den Kopf legte und sagte:

„Im Namen des Herrn – du bist ein Christ geworden.“

Anschließend kam eine Idee Ermanos zur Ausführung: Draußen in der Nacht jeden Teilnehmer den Stern des Herrn zu zeigen – jeder bestand diese Prüfung.

* * * * * *

Ermano war es auch, - wer denn sonst -, der die nächste höchst brisante Idee hatte und wortreich erklärte:
„Jesus, was uns und den anderen Gläubigen fehlt, ist ein Erkennungszeichen als Christen. Sollte den Christen einmal Gefahr drohen, kann es jederzeit abgelegt und versteckt werden.“
„So wie du redest glaube ich, dass du längst weißt, was du mir vorschlagen möchtest.“
„Ja, so ist es, Jesus. Ich habe schon eines zusammengebastelt. Sieh her.“
Und er holte ein Kreuz aus Silberdraht hervor, dessen Länge einem Zeigefinger und dessen Breite einer Daumenlänge entsprach. Er hielt es einmal an sein Hemd und hing es sich dank eines silbernen Kettchens um den Hals. Petrus und Judas machten vor Begeisterung Freudensprünge und fragten, wie er auf diese Idee gekommen sei.
„Habt ihr nicht das Kreuz auf dem Marktplatz gesehen?“, fragte er, „dort soll morgen einer gekreuzigt werden.“
Die drei Männer bemerkten nicht, dass Jesus fortgegangen war: Er musste wieder einmal allein sein zum Nach- und Vorausdenken.
„Herr, hast du mich verlassen, dass ich nicht selbst solche Ideen habe?“
Die Antwort blieb aus.

Am nächsten Morgen, während sie zum Marktplatz gingen, um der Hinrichtung zuzuschauen, gab Jesus seine Zustimmung zum Kreuzeszeichen und empfahl Ermano, einen Silberschmied mit der Herstellung eines Musters zu beauftragen. Auf dem Marktplatz, der von einer Menge im großen Abstand umstanden wurde, war der Delinquent mit der Aushebung des Erdloches gerade fertig und wischte den Schweiß aus dem Gesicht. Jesus ging zum wachhabenden Offizier trotz Verbots mutig vor und befragte ihn. Jesu Er-

scheinung war in diesem Moment so zwingend, dass der Offizier zunächst keines Wortes fähig war.
„Was hat der Mann verbrochen, dass er hingerichtet werden soll?“
„Er hat seinen Herrn geblendet, Herr.“
„Geblendet? Also blind gemacht?“
„Jawohl, Herr.“
„Und warum hat er das getan?“
„Sein Herr wollte ihn trotz Berechtigung von der Sklaverei nicht lossprechen.“
„So müsste dieser so genannte Herr doch, Offizier, gekreuzigt werden. Oder?“
„Ja, wenn du es so siehst, Herr, das stimmt. Aber was kann ich machen?“
„Wie hat er denn seinen Herrn geblendet?“
„Mit zwei glühenden Kohlen, die er ihm auf die Augen drückte.“
„Und das Opfer starb?“
„Nein, das nicht, aber grausam war‘s doch.“
„Steht darauf die Todesstrafe?“
„Nein, Herr. - Wer bist du Herr, dass du so fragst?“
„Ich bin des Herrn, Offizier.“
Dieser lange Dialog war nichts Besonderes für die Zuschauer. Denn oft kamen Verwandte eines Delinquenten und handelten mit einem Offizier oder Richter eine Sache aus, welche die Vollstreckung betraf. Inzwischen war eine junge Frau zum Opfer gegangen und hatte ihm Wasser und Brot gereicht. Er aß und trank und wandte seine Augen nicht von Jesus ab.
„Ich habe zwölf Aurei“, (Plural von Aureus), „in meiner Tasche“, sagte Jesus, „die du dir morgen im Haus des Schiffers Sarrazin abholen kannst, wenn du folgendes tust: Nagele den Mann nicht auf, sondern binde ihn mit Seilen ans Holz. Lass ihn mit dem Hintern aufsitzen und setz ihm eine Mütze gegen die Sonne auf den Kopf, damit er keinen

Sonnenstich bekommt. Und in der Dunkelheit kommst du mit einer Leiter, hängst ihn ab, lässt ihn laufen und kommst zu mir, deinen Lohn zu holen. Mein Herr, der auch dein Herr ist, wird's mit der Ewigkeit lohnen. Wenn du deinen Lohn erhalten hast, schau in den Himmel über meine Unterkunft: Wenn du einen Stern siehst, bist du des Herrn. Jetzt lass mich zu dem Mann gehen, ihn zu trösten."
„Fürchte nichts", sagte Jesus, „der Herr ist mit dir. Aber bereue deine Tat."
Es genügt wohl mitzuteilen, dass Jesu Streich voll und ganz gelungen ist.

* * * * * *

Ehe wir zur Schilderung der Abwanderung Jesu und seines Gefolges von Rom kommen, müssen wir einen Vorgang beschreiben, der Ähnlichkeiten mit Jesu Treffen in den Katakomben aufweist – nur dass statt der niedrigsten Gesellschaft der Stadt nun Mitglieder der „Oberen Zweitausend" die Statisten waren. „Jesus und die reichen Leute" - damit könnte man ein ganzes Buch füllen! Aber es ging jetzt um den Glauben, und da durfte Jesus nicht zimperlich sein.

Ein Verhör

„Ave, Romae ab senatu – Sei gegrüßt, Senat von Rom!"
Mit dieser klugen Formulierung nahm Jesus mit einem Schlag seinen potentiellen Feinden und Widersachern sozusagen den Wind aus den Segeln. Der Gruß sollte nicht devot klingen, aber auch keine Herausforderung sein, so wie seine Kleidung: Er hatte auf den Rat eines römischen Schneiders gehört und sich statt zu einer Tunika für eine Toga entschieden. (Deren Stoff ist sechs Meter lang und zweieinhalb Meter breit.) Diese hielt eine goldene Kordel in der Taille zusammen. „Kleider machen Leute." Das gilt,

seitdem der Mensch nicht mehr nackert herumläuft. Weil Jesus wusste, dass eine römische Senatorenversammlung ein Treffen der Eitel- und Nichtigkeiten ist, hatte auch er jetzt und heute auf eine stolze, aber nicht pompöse Kleidung gesetzt. Und in der Tat: Er stach sie alle aus mit seinen goldenen Sandalen, seinen nach hinten geworfenen halbblonden Haaren, dem Rundumbart und dem silbernen Kreuz, das der Juwelier noch rechtzeitig angefertigt hatte.

Nach seinem Gruß setzten sich die Senatoren, und ihr Sprecher gab Jesus den Wink zum Setzen: in einen prächtigen Lehnstuhl mitten im Raum. Jesus verbeugte und setzte sich.

„Kennst du unsere Sprache?", fragte der Vorsitzende und verwies auf die Abkürzung an der Wand vor Jesus: SPQR.

„Senatus populusque Romanus", antwortete Jesus, „Senat und Volk von Rom."

„Warum sprichst du so gut unser Latein?"

„Weil ich römischer Bürger bin, Senator."

„Inwiefern?"

„Weil mein Geburtsort Nazareth in Galiläa und Palästina liegt, Senator. Kennst du diese Gegend?"

Der Vorsitzende antwortete nicht.

„So bist du der Nazarener, von dem alle Welt spricht?"

„Der Nazarener ja, alle Welt nicht, wie du ja weißt, edler Senator."

Die erste Spannung war gebrochen, wie im Theater begann befreiendes Husten und verhaltenes Kröcheln. In dem nun folgenden Frage- und Antwortspiel nummerieren wir die Frager, weil wir deren Namen nicht kennen, von 1 bis 10.

„Es heißt", fragte 1, „du willst König werden."

„Ich bin jetzt schon mehr als ein König."

„Und wie lautet dein Titel?", fragte 2.

„Einfach Herr, Herr Senator, oder Sohn des Herrn."

„Wessen Herr?", fragte 3.

„Des Vaters und Herrn im Himmel.“
„Warum kommt der nicht auf Erden?“, fragte 4.
„Weil er mich als sein Vertreter schickt.“
„Wir haben erfahren“, sagte 5, „dass du Mitglieder für dein neues Reich auf Erden gesammelt und getauft hast. Ein neues Reich…?“
„Nicht auf Erden“, korrigierte Jesus vehement, „sondern ein Himmelreich.“
Ehe 6 weiter fragen konnte, übernahm Jesus das Wort:
„Ich möchte euch, ehrwürdige Senatoren, den Unterschied zwischen eurer Götterwelt und meiner Gotteswelt erklären.“
Und in seiner präzisen und wortknappen Art legte Jesus dar, welche Vorteile ein Monotheismus gegenüber einer Vielgötterei bot, dass beim Glauben an einen Vater statt an viele Väter die Aufteilung der Gesetze fürs Weltliche oder Geistliche leichter und fürs Volk verständlicher und glaubhafter ausfiele.
„Ihr alle kennt das Lotterleben eurer Spezialgötter und dass Jupiter oder Zeus alle Mühe haben, sie im am Zügel zu halten. Und jetzt stellt euch den“ Jesus erhob sich und ging vor den schweigenden Senatoren hin und her, „Gottvater, meinen Herrn, im Himmel vor, wie er alles im Blick und für jeden Menschen, ob arm, ob reich, ob Römer, Israeli, Germane, Gallier, Kelte oder Markomanne, ein offenes Ohr und ein weites Herz hat.“
Jesus setzte sich wieder und ließ diese „Donnerworte“, wie er sie nannte, auf die Gemeinde niederfallen. Diese stellte sich eine Weile wortlos. Bis 6 sagte:
„Es heißt, Jesus, du hättest einem schon Gekreuzigten zur Flucht verholfen.“
„Ich habe ihm gesagt ‚fürchte nichts, der Herr ist mit dir‘. Wenn das Fluchthilfe ist? Und der Herr hat ja wohl geholfen, wie er allen in Not geratenen Kindern helfen wird.“
„Kinder?“, fragte 7.

„Wir sind alle des Herrn Kinder, Senator, auch du."
„Was hat das Abzeichen zu bedeuten, Jesus, das du am Hals trägst?", fragte 8.
„Der Herr hat das Kreuz als Kennzeichen für all jene Menschen anerkannt, die Christen geworden sind."
„Christen?", fragte 9, „wo kommt der Name her?"
„Ich heiße Jesus Christus, Senator."
„Und wie wird man Christ?", fragte 10 abschließend.
„Indem ich oder ein anderer Stellvertreter des Herrn taufe. Willst du getauft werden?"
„Wenn es nichts kostet, ja."
„Es kostet nur das Abschwören der alten Gottheiten, das Wegwerfen ihrer Statuen und Bildnisse bei dir zu Haus und die Anerkennung des Herrn. Das erscheint nur auf den ersten Blick als billig. So komm denn her, dass ich dich taufe."
Und Senator Publius Crassus kam her, Jesus trat vor, legte ihm wie üblich beide Hände aufs Haupt und sprach:
„Ich taufe dich zum Christen im Namen des Herrn im Himmel..."
Jesus hieß ihn sich aufzurichten und fügte hinzu:
„...Ergo et vade in pace – und gehe in Frieden dahin!"

Dann brach man zum Mittagessen auf. Jesus behielt sich die Teilnahme vor, „wenn draußen vor dem Capitol eine Armenspeisung arrangiert würde" - das geschah. Dann folgte sein Erstgebet zum Anfang:
„Herr, der Tisch ist gedeckt, wir danken dir dafür!"
Das zweite zum Hauptgericht:
„Für den Honig und das Brot, für Freunde in der Not."
Das dritte für alles, was auf den Tisch kam:
„Gedankt sei dem himmlischen Vater, der uns das Brot geschenkt hat."

Ist es nicht reine Meisterschaft gewesen, wie Jesus mit diesen Herrschaften fertig geworden ist?
„Da blieb kein Auge trocken“, beurteilte Kaiser Tiberius, der im Hintergrund mitgehört hatte und nun entschied, den Versuch zu machen, diesen Jesus vom Herrn abzuwerben und in hohe römische Dienste zu nehmen. So bekam Satanas in Rom eine zweite Chance, Beute zu machen.

* * * * * *

Ort dieser Untat: Die Villa des Germanen Flavius, Bruder des Cheruskers Arminius, der schon tot und halb vergessen war. Flavius hatte sich schon vor dem Jahr 9 n. Chr. auf die Seite Roms geschlagen, weil, wie er sich äußerte, „hier am Tiber die Gottheit des Krieges und Kampfes Bellona ihre Heimstatt aufgerichtet hat“. Ermano, Petrus und Judas warnten Jesus, die Einladung dorthin anzunehmen:
„Dort kennen mannstolle Schönheiten keine Gnade, wenn ein unverbrauchter und charakterfester Mann wie du auftaucht.“
„Ich habe beim Kaiser missioniert“, antwortete Jesus, „in den Katakomben, vorm Senat und werde auch in den Höhlen des Luxus missionieren. Der Stern von Nazareth steht über mir und der Herr wird mir zuflüstern, wenn ich in Gefahr geraten sollte. Und wenn ihr, meine lieben Freunde und Mitstreiter im Glauben, des Herrn Befehl vernehmt ‚Holt ihn dort heraus!‘, dann holt ihr mich eben heraus.“
„Und ob, Jesus“, versicherte Ermano und ließ die Muskeln spielen, „dass die Fetzen fliegen und Satanas sich in die Hose macht.“
„Was sind Hosen, Ermano?“
„Das sind Kleider für die Beine, Jesus, Beinkleider, welche meine Vorfahren am Nordmeer tragen, damit ihnen der stete Wind nicht immer von unten an den Hintern und so weht.“

„Kannst du mir eine Hose nähen, Ermano?"
„Das macht Frau Sarrazin gewiss für uns, wenn ich sie anleite."
Das machte sie tatsächlich. Und dazu ein Hemd, - fast wie heutzutage -, und eine Weste ebenso. Jesus warf sich sein Kreuzkettchen um und marschierte los – der Herr (schmunzelnd?) mit ihm.
„Du kommst mit, Petrus!", befahl Jesus, „um dieser Sippschaft deine geistlichen Lieder vorzutragen. Und zwar so, wie du bist, in deiner abgenutzten Tunika."
„Mit Vergnügen, Herr und Meister,"

Der Haus- und Hofmeister Ezechiel, ein Judäer, stieß seinen (Bischofs)-Stab dreimal auf den Marmor und rief aus:
„Jesus Christus von Nazareth und sein Knecht!"
Alle Anwesenden rund um den Wasserpool ließen das Essen, Trinken und Flirten sein und erstarrten, als wenn Jupiter nebst Gemahlin aus dem Schwimmbecken gestiegen wären. Hausherr Flavius, ein Urtyp des ältlichen Germanen, fasste sich zuerst und kam, begleitet durch eine Germanin um 18, heran und übernahm Bekanntmachung und namentliche Vorstellung. Spielte diese Szenerie heutzutage, wäre jetzt zuerst von weiteren Schönheiten zwischen 16 und 22 und ihren Bikinis die Rede. Darauf müssen wir aus historischen Gründen verzichten. Aber wir haben Ersatz, der speziell für Jesus engagiert wurde: Diese genannten Personen nur mit einem Schleier drapiert und im Gegenlicht untergehender Sonne platziert!
„Wahrlich, ich sage euch", murmelte Petrus, „ein Bild für die Götter!"

Eine von Flavus' Geliebten kam mit einem Tablett voller Gläser rotleuchtenden Weins zu Jesus und bot an – wobei nicht ganz ersichtlich blieb, ob den Wein oder das Dekolleté.

„Wasser bitte“, sagte Jesus, „und auch für meinen Knecht.“
Einen überreich aussehenden Jüngling, der ihm die Wasserpfeife anbot, fertigte Jesus in kurzer aber wirkungsvoller Art ab:
„Geh hin, verkaufe alles, was du hast und gib es den Armen!“
„Kannst du, Jesus von Nazareth, machen“, fragte ein sizilianischer Kornbauer provokant, „dass mein Getreide noch mehr Erträge bringt, so dass ich meine Scheuern (Scheunen) dann vergrößere?“
„Du Narr“, antwortete Jesus schlagfertig, „diese Nacht vielleicht schon wird der Herr deine Seele von dir fordern. Und wem gehören dann deine Schätze, die du angehäuft hast, na!“
„Denn niemand lebt davon“, fügte der mutig gewordene Petrus hinzu, „dass er viele Güter hat.“
Jesus und Petrus wurden nun dringender, je mehr Zuhörer sich um sie scharten.
„Ihr sollt“, rief Petrus, „euch nicht Schätze sammeln auf Erden, wo sie die Motten und der Rost fressen und wo Diebe einbrechen und stehlen. Sammelt euch aber Schätze im Himmel, wo sie weder Motten noch Rost fressen und wo Diebe nicht einbrechen und stehlen. Denn wo dein Schatz ist, da ist auch dein Herz!“
„Der Herr hat“, fügte Jesus hinzu, „Arme, die in ihrer Unsträflichkeit wandeln, lieber als Reiche, die auf verkehrten Wegen gehen.“
Petrus kündigte an, nun spielen und singen zu wollen.
„Fürchtet nichts“, sagte er, „es sind Lieder des Herrn, die ihr noch nie gehört habt.“
Ein kurzes Vorspiel der Melodie, ein paar Variationen, dann:

„Fass nur dein Herze in Geduld,
wenn du nicht gleich des Herrn Hilfe merkest.
Versiehst du‘s oft und fehlst aus eigner Schuld,

so siehe nur, dass du dein Herze stärkest.
So wird's gewiss mit seiner Hilf
erfreut zu seiner Zeit."

Das ist ein wenig holperig zu lesen, aber unter Tönen doch zu genießen. Flotter klang schon das nächste Lied, das die jungen Leute nach der ersten Strophe mitsangen:

„Seele, was ermüdest du dich
in den Dingen dieser Erden,
die doch bald verzehren sich
und zu Staub und Asche werden?
Suche Jesus und sein Licht,
alles andre hilft dir nicht."

Als auch die Lebhaftesten sich beruhigt, sich am Büfett satt gegessen und begriffen hatten, dass mit den beiden merkwürdigen Gästen wenig Spaß zu treiben und der Stern von Nazareth aufgegangen, aber für alle außer Jesus und Petrus unsichtbar war, da schien die Stunde der Einkehr gekommen.

„Was hat deine neue Religion zu bieten", fragte eine ältere Frau, die durch alle Stürme römischen Lebens gegangen war.

„Statt fünf Dutzend Götterwesen nur einen Herrn", antwortete Jesus.

„Das soll ein Vorteil sein?"

„Ja, Frau", antwortete Jesus, „denn der eine kümmert sich um jeden Menschen, während eure Götterwesen sich um Menschen nie gekümmert haben. Stimmt's?"

„Das stimmt. Und weitere Vorteile, Jesus?"

„Jeder Mensch hat im Herrn eine Seele."

„Eine Seele, was ist das, Jesus?"

„Das fragten sich schon die Alten. Sie verglichen die Seele mit einer Spinne, die in der Mitte ihres Netzes sitzt. So wie die begibt begibt sich die Seele schleunigst dorthin, wo der Körper verletzt wurde. In meinem Kulturkreis stellen Seele und Körper eine Einheit, eben den Menschen dar. Heute

sagen wir, die Vernunftseele ist zwar fürs ewige Leben bestimmt, doch nicht alle Seelen könnten das nachempfinden.“
„Das hast du fein gesagt, Jesus, deine Reden gefallen mir. Willst du nicht Römer werden? Du wirst Römer, ich werde Christ – so einfach ist das. Oder?“
„Meinen und des Herrn Namen kann man nicht unter Bedingungen erwerben. Ich schlage vor, du wirst bedingungslos Christin und wirst deinen Namen dadurch für alle Zeiten in den Büchern Roms verewigen.“
„So mach mich zur Christin, Jesus Christus!“
Eine Schale Badewasser war rasch aus dem Becken geschöpft. Es tropfte langsam Agnes Dea, - so der Name des Täuflings -, durch die schwarzen Haare auf die Schulter, während Jesus die Taufformel sprach. Dann befahl er Agnes, in den Nachthimmel zu schauen.
„Da ist ja der Stern!“, rief sie begeistert. „wo ist er plötzlich hergekommen?“
„Er ist zu dir gekommen“, sagte Jesus, „denn du bist jetzt des Herrn.“
Für die Zukunft, - fünfzehn Jahre machte sie es noch - , war Agnes Dea die erfolgreichste Missionarin Roms, und als sie starb, kam Apostel und ehemaliger Jünger Jesu Petrus in seine Heimatstadt zurück.

* * * * * *

Noch ein halbes Jahr „tourten“ Jesus und seine drei Begleiter durch Rom und Umgebung, bis das Frühjahr kam und damit die beste Zeit zum Aufbruch: Jesus, Petrus und Judas über Umwege in die Heimat, Ermano mit zehn germanischen Freigelassenen weiter nach Norden über die Alpen, - also transalpin -, ebenfalls in jene Gegenden, wo ihre Vorfahren noch wohnten. Ermano versprach, Germaniens erster Missionar zu werden – ein Versprechen, das er aus unbekannten Gründen nicht einzuhalten vermochte. Was aus ihm und seinen Begleitern geworden ist, weiß niemand.

Aber Jesu Pläne wurden alle über den Haufen geworfen, als Kapitän Sarrazin verkündete, wieder nach Palästina aufbrechen zu müssen. Das Schiff, ganz neu und größer als das vorige, wäre schon beladen und läge im Hafen Ostia bereit.

„Ich habe nur christliche Ruderer und Seeleute eingestellt", erklärte der Kapitän stolz, „welche sich glücklich schätzen, ihren Heiland sicher nach Hause zu bringen."

Es wurde eine Seereise nach dem Motto „Meeresstille und glückliche Fahrt", keine Gefahren lauerten, die „Mare-Nostrum-Stürme" schwiegen und Jesus konnte seine Fischerei-, Jagd- und Kochkünste sich voll entfalten lassen. „Schlemmen an Bord" nannten die Matrosen das später, wenn sie von Jesus schwärmten und später von seinem Ende erfuhren.

Mit das Wichtigste, das Jesus von Rom aus mitbrachte, war das Wissen, das ihm die tüchtigen Ärzte der Stadt vermittelten. Diese hatten eigentlich alles von Griechen gelernt, die früher die südlichen Teile Italias und Siziliens beherrschten. Natürlich: Eine pharmakologische Wissenschaft gab es nicht, von echten Forschungen konnte kaum eine Rede sein, und was für Patienten wie Wissen aussah, war nur Erfahrung und das Ergebnis intensiver Aufmerksamkeit jener, die sich als Heiler und Mediziner ausgaben. Aber es gab erprobte Standardmittel: Öl und Wein zum Beispiel. Jesus lernte, dass Öl die Schmerzen linderte und das Austrocknen von Wunden verhinderte, und starker und unverdünnter Wein desinfizierte, also Entzündungen verhinderte. Reiner Bienenhonig, der auch schon von Bienenzüchtungen zu gewinnen war, wurde in Wunden verstrichen, die dann verbunden wurden.

Jesus lernte in Rom die Grundzüge pflanzlicher Heilmittel kennen, zum Beispiel Myrrhe, Balsam und Weihrauch. Doktor Celsus machte Jesus und Petrus mit der Heilkraft der Myrrhe bekannt und nannte auch die im vorderen Orient vorkommenden Pflanzen Aloe und Nieswurz. Wir wollen Jesus nichts Unlauteres unterstellen, aber gewiss kannte er später nach seiner Heimkehr die gewaltsame Körperentleerung durch Brech- und Abführmittel - eine probate Methode des Exorzismus: Denn die zutage kommenden „schlechten Säfte" konnten durchaus die gefürchteten Dämonen sein. Bei einer Abführung „oben" und „unten" durften Zuschauer dabei sein und später berichten, welche Lebensformen Dämonen und Satanas annehmen konnten. Die Evangelisten erwähnen nicht, wie weit Jesus in äußere und innere Anwendungen von pflanzlichen Medikamenten „eingestiegen" war. Viel besser sind wir heute über die chirurgischen und medizinischen Instrumente der Zeit Jesu informiert – sie hielten sich halt länger zur Freude der Archäologen im Boden. Aber erinnern wir uns: Jesu wichtigste und wirksamsten „Instrumente" waren seine Hände!

Heimkehr

„Irre ich mich oder irre ich mich nicht", rief Ermanos Sohn, der sich jetzt Ermanius nannte, „oder bin ich verrückt geworden, Mutter?"

Er nannte Maria jetzt Mutter, worüber sie ganz entzückt war:

„Was ist in dich gefahren?", fragte sie, „dass du verwirrt redest?"

„Schau selbst, Mutter!"

Sie schauten gemeinsam nach Westen und nun war es Maria, die sich verwirrt wähnte.

„Der Stern von Nazareth", flüsterte Ermanius.

„Der Stern von Nazareth“, hauchte Maria und fiel in Ohnmacht.
Ermanius brachte sie ins Haus und ins Bett, deckte sie zu und hetzte zurück nach draußen. Ja, der Stern war in den wenigen Augenblicken gegen vorhin näher gekommen. Ermanius hielt nun nichts mehr.
„Und wenn die Welt untergeht“, rief er, „ich muss hin!“
Und als hätte er die bekannten Siebenmeilenstiefel unter sich, fetzte er die Straße nach Cäsarea entlang und rief immerzu „Jesus, Jesus kommt“, bis er Antwort erhielt:
„Hier bin ich, wer ruft mich?“
Und dann lagen sie sich in den Armen, Jesus von Nazareth und Ermanius, Sohn des Ermano und der Maria Magdalena I. Der Ersten? Jawohl, die zweite, also die historische, wohnte schon ein Jahr lang in Kapernaum, um Maria zur Hand zu gehen. Ermanius wurde auch von Petrus und Judas herzlich begrüßt, zumal er den Stern sah und auch aussah, Jesu Jünger zu werden. Denn auf der langen Schiffsreise vom mittleren ins östliche Mittelmeer hatte Jesus bestimmt, zuhause eine Schar von zehn bis fünfzehn Jüngern um sich zu versammeln:
„Sie müssen mich bedienen, mich beschützen, mich vertreten und später meine Mission weiterführen. Denn ich bin gewiss, dass der Herr mich dem Höhepunkt meines Lebens zuzuführen beginnt.“
„Wie bemerkst du das, Jesus?“, fragten Petrus und Judas.
„Ihr habt eure Augen nicht offen gehalten“, rügte Jesus, „und nicht mitgekriegt, dass wir, speziell ich, beobachtet werden.“
„Du wirst beobachtet, Jesus, du – der friedlichste Mann dieser Erde!“
„Ihr vergesst, dass Pontius Pilatus in Jerusalem sein Amt angetreten hat.“

Während dieser Unterhaltung war man in Kapernaum angekommen, wo sich Maria, vom Schock erwacht, und Maria Magdalena II. um den entschwundenen Ermanius Sorgen machten. Das hier nun „explodierende" Wiedersehen taugt nicht, ausgiebig geschildert zu werden. Was sagt schon ein Satz wie „Wiedersehen macht Freude" oder eine Liedstrophe „In der Heimat, in der Heimat, da gab's ein Wiedersehn"? In Kapernaum war die Anzahl der Christen immerhin so stark angewachsen, dass einige von ihnen den Stern von Nazareth überm Wohnhaus bemerkten und dass er ein Fixstern geworden war. Sie kamen trotz nächtlicher Stunde her, um sich zu vergewissern und sangen „Jesus meine Zuversicht..."

Unsere drei Neuankömmlinge waren von Cäsarea zu Fuß hergewandert und hatten nun Füße, die gepflegt werden wollten: Blasen und Hühneraugen mussten erst verschwinden, ehe man an die Öffentlichkeit ging. Auch hatten alle drei Männer jeder vier israelische Pfund abgenommen und wollten mit Lieblingsspeisen aufgepäppelt werden: mit obstgefüllter Hausgans, Libanon-Hirschkeule, pilzgefüllten Pfannkuchen, Bohnen- und Erbsengemüse, Genezareth-Schildkrötensuppe und in Lorbeerblättern gedampfter Jordanhecht.

„Der Herr schaut uns zu", sagte Jesus als Ess- und Trinkspruch und im Gebet, „lasst uns fröhlich sein und den Armen geben."

„So jung", weissagte Petrus, „kommen wir nie wieder zusammen!"

„Die Zukunft hat schon begonnen", stellte Judas fest.

Sie saßen draußen auf der Terrasse und Jesu scharfe Augen entdeckten einen jungen Mann, der am Weg stand und bescheiden herguckte. Er winkte ihn heran und sagte: „Dich kenne ich doch! Du bist der junge Mattias Kajafas, nicht wahr?"

„Ja, Herr Jesus. Ich sah dich in Jerusalem."

„So setz dich zu uns, iss und trink mit!"
Nachher wurde Mattias gesprächig und fragte, ob er Jesus ein Geheimnis verraten dürfe.
„Wenn man", erklärte Jesus ganz allgemein, „etwas verrät, das vorm Herrn nicht ganz koscher und für Unschuldige gefahrvoll ist, dann ist dies kein Verrat, junger Mann."
Jesus ahnte instinktiv, dass es um ihn ging, niemand sonst – schließlich war Mattias der Sohn eines Hohenpriesters!
„In Jerusalem", sagte Mattias, „redet man nicht gut über dich."
„Ich weiß das, Mattias, aber berichte weiter:"
Und Mattias erklärte, dass der neue römische Präfekt Pilatus angekommen sei und die Hohenpriester und den Sanhedrin vor Jesus von Nazareth gewarnt habe; er wäre ein Aufrührer und wolle ein neues Reich Israel errichten; das Volk liefe ihm schon nach und er sei in diesen Tagen mit zwei Jüngern, die ihm unerschrocken dienten, in Galiläa zurückerwartet.
„Danke, Mattias", sagte Jesus, schaute ihn mit tiefdringenden Augen an und fragte:
„Möchtest du einer meiner Jünger werden?"
„Darum, Herr, habe ich mich auf den Weg zu dir gemacht."
(Da waren es schon drei).

* * * * * *

Die ein wenig gedrückte Stimmung lockerte Jesus mit Informationen auf, die er bisher geheim gehalten hatte.
„Ein Prophet", wusste er, „gilt nirgends weniger als in seinem eigenen Land und in seinem Haus. - Das Letztere schließe ich hier einmal aus."
„Hast du denn vor", fragte Petrus, „wie man behauptet, ein neues weltliches Reich zu gründen?"
„Kein weltliches, lieber Petrus, denn wer sollte gegen Rom und die Hohepriester ankommen? Es geht um das Reich

des Herrn, liebe Jünger, das auch insoweit weltlich sein kann, dass es sich mehr um Arme als Reiche kümmert. Aber Reiche haben die Macht in den Händen und man muss sie drankriegen, das zu ändern."
„So ungefähr", sagte Mattias, „argumentierte mein Vater, als er glaubte, ich hörte nicht zu. Kürzlich haben sie auf Golgatha wieder ein paar arme Schlucker gekreuzigt, die das ändern wollten."

Es sprach sich schnell am See Genezareth herum, dass „Jesus wieder im Land" war. Zwei Gruppen Menschen waren besonders scharf auf Jesus: Fischer und Kranke. Die Fischer waren erfreut, dass der Sanhedrin „die Speisung der Fünftausend" an den See verlegt hatte und die Kranken waren von den übertriebenen Erfolgen Jesu in der Krankenheilung reinwegs verrückt geworden.
„Die ich rief die Geister", sagte Jesus, „werde ich nun nicht mehr los."
Es war noch nicht zu ihm durchgesickert, dass die Hohepriester in Jerusalem in all den Fällen ihre schmutzigen Hände im Spiel hatten.

Jesus begann in größeren Räumen, meist Schulen, Nazareths und Kapernaums zu predigen. Das sollten letzte Übungen sein, sagte er seiner Mutter, ehe ich in Jerusalem tabula rasa mache.
„Das wird dort ein Heulen und Zähneklappern geben."
Maria reagierte wie alle Mütter an ihrer Stelle: erregt und bänglich. Auch Maria Magdalena, die wir jetzt vorstellen müssen, äußerte Bedenken. Wo sie eigentlich herkam, ist Jesus und Maria nicht bewusst geworden. Es war einfach so, dass sie kurz nach Jesu Abreise vor der Haustür stand und ihre Hilfe anbot.
„Ich kann besser kochen als die Hohepriester-Köche in Jerusalem, bin eine Gärtnerin aus Liebe und kann erzählen, dass dir die Ohren wackeln."

Solch einem Angebot konnte Maria in ihrem derartigen Zustand des Alleinseins nicht widerstehen, zumal auch Ermanos Sohn Ermanius wie eine Klette an ihrem Rock hing. Als Nachbarn tuschelten, Maria Magdalena könne die Vertreterin eines unsauberen Gewerbes sein, hielt Maria ihr die Treue – und brauchte das bis auf den heutigen Tag nicht zu bereuen. Nur ihr hat Maria, als sie allein war und ihren Sohn Jesus in fernen Ländern wusste, ihren „Traum vom sechsten Monat" anvertraut:
„Als ich im sechsten Monat war, kam der Engel Gabriel zu mir und rief ‚gegrüßt seist du, denn der Herr ist mit dir, fürchte dich nicht, Maria, denn du hast Gnade bei Gott gefunden'. Ich aber erschrak und dachte: Welch ein Gruß soll das sein? Und Gabriel, den ich gar nicht kannte, sagte weiterhin: ‚Du wirst einen Sohn gebären, den du Jesus heißen sollst. Der wird groß und ein Sohn des Höchsten genannt werden. Und der Herr wird ihm den Stuhl Davids geben. Und er wird ein König sein über das Haus Jakob ewig, und seines Königreiches wird kein Ende sein.' Auf meinen Einwand, nichts von einem David zu wissen, fügte der Engel, war's ein solcher? hinzu: ‚Der heilige Geist wird über dich kommen und die Kraft des Höchsten wird dich überschatten. Bis jetzt, Maria Magdalena, habe ich darüber zu niemandem gesprochen. Weißt du, was dieser Traum bedeutet?"
„Ich weiß nicht mehr als du, Maria, aber vielleicht wissen wir bald mehr."

Wir haben bis hierher Maria etwas „stiefmütterlich" behandelt. Nun, da sie bald als eine der Hauptleidenden in Erscheinung treten wird, wollen wir das korrigieren. Das ist nicht einfach, weil alle späteren Schreiber sich entweder widersprechen oder kaum konkretes über sie aussagen. Wir können eines nicht akzeptieren: Dass Maria nur ein Kind, eben den Sohn Jesus, in die Welt gesetzt haben soll, wo doch „das Geschlecht Davids“ als Vorfahren Josefs genannt wird. Wer kam da ins Dilemma der korrekten Geschichtsschreibung? Markus vielleicht, der es wagte, vier Brüder Jesu namentlich zu nennen: Jakobus, Joses, Judas und Simon. Waren sie in Wirklichkeit Halbbrüder?

* * * * * *

Ehe Jesus seinen nächsten „Stimmenfang“ in Nazareth und Kapernaum begann, musste er sich noch wundern: Darüber, wie beide Orte sich in seiner Abwesenheit verändert hatten. Galiläa war ein interessantes Gebiet geworden. Hier trafen sich Handelswege in und aus allen Richtungen. Hier konkurrierten Tradition und moderne Ansichten miteinander: Die Bauern bearbeiteten ihre Felder, Wiesen und Äcker wie seit tausend Jahren und Kapernaum war ein großes Dorf mit tausend Einwohnern geworden. Aber der Alltag der Bewohner war beschaulich geblieben. In „modernen“ Steinhäusern lebten Generationen zusammen, wenn auch nicht so lange wie heute: Nicht alle Kinder lernten ihre Großeltern, nicht alle Großeltern ihre Enkel kennen. War dies hier ein Land der Hinterwäldler? Nein, es zogen Karawanen von und nach Damaskus vorbei, auch durchs Dorf, je nachdem, kamen von Jerusalem, wanderten dorthin und zeigten im Vorbeigehen ihre Waren: Gold, Keramik, Kochtöpfe, die neueste Mode.

Nach dem Tod des Herodes im Jahr 4 v. Chr. war das Land östlich des Sees an seinen Sohn Philippus gefallen, das westliche an dessen Bruder Antipas. Kapernaum war dadurch zur Grenzstadt und damit zur Zollstation geworden. So gab es hier traditionell vor allem Zöllner, Winzer und Fischer. Der erstgenannte Beruf war wenig angesehen, wie damals überall in der Welt. Hier waren Zöllner deswegen verhasst, weil sie ja nicht fürs eigene Land, sondern für die Besatzungsmacht Rom kassierten. Petrus war Fischer und Johannes auch - „ihr müsst nebenher Seelen fischen“, befahl Jesus. Und zu Petrus hatte er in Rom gesagt: „Du bist Petrus der Fels, und auf diesem Fels sollst du meine Kirche bauen.“

Jesu erstes Arbeitsfeld nach der Rückkehr aus Rom waren die Dörfer Nazareth und Kapernaum.
„Warum hier?“, fragten seine drei Jünger, „Warum nicht schnurstracks nach Jerusalem?“
„Weil ich mich noch im Predigen vorm einfachen Volk üben muss und die Leute mich hier kennen und lieben.“
Liebten sie ihn? Oder waren sie alle egoistisch und liebten nur seine Fähigkeiten im Heilen und seinen Langmut im Spenden? Das wollte er herausbekommen. Jesus kannte die alte Nazarener Synagoge seit seiner Kindheit und Jugend und wusste, dass sie keinem Vergleich mit dem Tempel in Jerusalem standhielt. Sie war heute am Sabbath, wo er auftreten sollte, natürlich bis auf den letzten Platz gefüllt. Der dortige Gottesdienst bestand aus zwei Lesungen über Moses und der eigentlichen Predigt. Der priesterliche Segen lautete damals wie heute:
„Der Herr segne und behüte dich, er lasse sein Angesicht über dir leuchten und sei dir gnädig. Er wende dir sein Angesicht zu und schenke dir Heil.“

„Warum, mein lieber Sohn“, hatte Maria noch am Vormittag Jesus gefragt, „willst du eigentlich alle umkrempeln, wenn wir Juden, wie ich meine, im Gegensatz zu anderen Religionen doch bereits den modernen Monotheismus haben?“
Da war er nun doch perplex gewesen, so etwas aus dem Mund seiner sonst so braven Mutter zu hören.
„Ja, warum eigentlich?“
„Menschen vergehen, der Herr bleibt“, sagte Petrus.
„Jahrhunderte enteilen, der Herr bleibt“, sagte Judas.

„Die Erde dreht sich um die Sonne, der Herr bleibt“, sagte Ermanius.
„Aber Menschen verändern sich“, antwortete Jesus, „und selten zum Guten hin.“
Nach einer Weile fügte er hinzu:
„Ihr seid nicht in Jerusalem gewesen, der Stadt des Herrn, und habt nicht erlebt, wie gerade dort der Tempel durch Schänder, Wechsler, Gauner, Spieler, Spielverderber und Dirnen missbraucht wird.“
„Du willst es also auf dich nehmen“, fragte Maria, „das zu ändern?“
„Ich muss es tun, ich kann nicht anders. Nie darf ich diese Erde verlassen, ohne es versucht zu haben.“

* * * * * *

Noch immer galt Jesus in Nazareth als Sohn eines Zimmermanns. Nichts Verwerfliches dabei, sagte jedermann, aber eben auch nichts Überragendes. Ein Synagogendiener legte Jesus die Thora vor, er aber sprach nicht von ihr und ihren Texten, sondern schaute mit seinen durchdringenden Augen in die Runde und ließ seine außerordentliche Erscheinung auf Zuseher und Zuhörer wirken.
„Ich weiß“, sagte er dann, „dass nicht alle von euch auf meine Worte scharf sind, aber alle jene sind‘s, die von Jerusalem her als Spione der Hohenpriester sich unter euch gemischt haben. Gerade sie wollen, dass die gegenwärtigen Zustände erhalten bleiben, aber ich sage euch – der Herr wird sie strafen. Alsdann werden der Blinden Augen aufgetan werden und der Tauben Ohren öffnen sich. Dann werden die Lahmen springen wie ein Hirsch und der Stummen Zunge wird Lob singen. Denn es wird Wasser in der Wüste fließen und Ströme durchs dürre Land. Und wo es zuvor trocken gewesen ist, sollen Teiche stehen; und wo es dürr

gewesen, sollen Quellen sein. Da zuvor die Schakale gelegen haben, wird Gras und Schilf stehen."
Die Menge hörte zwar atemlos zu, aber man sah skeptische Gesichter. Jesus fuhr fort:
„Und es wird daselbst ein Weg sein, welcher der heilige Weg heißen wird, dass kein Unreiner darauf gehen darf; und derselbe wird für sie sein, dass man darauf gehe, dass auch die Toren sich nicht irren mögen. Es wird da kein Löwe sein, und wird kein reißendes Tier darauf treten noch daselbst gefunden werden, denn man frei darauf gehen können. Die Erlösten des Herrn werden wiederkommen und gen Zion kommen mit Jauchzen. Ewige Freude wird über ihren Häuptern sein, Freude und Wonne werden sie ergreifen und alle Schmerzen und alles Seufzen wird enden."
Jesus hob die Arme und erteilte den Segen des Herrn. Dabei sah er tatsächlich zukunftsweisend aus, und darum entschloss er sich, der Gemeinde das Abenteuer seiner Romreise zu schildern. Das war zwar gegen die Regeln des Sabbath, aber Jesus wusste so spannend von den dortigen Taufen und über die Gründung christlicher Gemeinden zu erzählen, dass Gemütlichkeit einkehrte und er den Mut fasste zu verkünden:
„In Jerusalem lachen sie darüber, dass wir Galiläer nicht imstande seien, eine Speisung der Fünftausend, wie Johannes sie versprochen hat, zu veranstalten. Das können wir am nächsten Sabbath im und am Ufer des Sees versuchen – und es wird sein ein großes Schlemmen vor dem Herrn – gleichzeitig werden Johannes und ich alle, die an der Speisung teilnehmen, im Namen des Herrn taufen - nun geht hin in Frieden!"

So etwas hörte das normale Volk gern. Aber es waren Unzufriedene dabei, welche sich mehr Weisheiten und Erklä-

rungen gewünscht hatten und weniger Prophezeiungen. Sie fragten:
„Woher hat er dieses Wissen?“
„Was ist das für eine Weisheit, die ihm gegeben ist?“
„Und welche Taten geschehen durch seine Hände?“
Sie ärgerten sich, er ärgerte sich.
„Da ärgere ich mich, dass ein Wahrsager wenig gilt zu Hause. Wie soll ich durch Handauflegen Schwerkranke heilen können? Ich werde mich eine Weile in die Wüste und einsame Dörfer zurückziehen.“
Und er gebot allen Bewerbern, die Jünger werden wollten, ihn sechs Tage lang nicht zu suchen, „ich werde sowohl in Wüsten als auch bei einfachen Ackerleuten zurechtkommen, und ihr geht los und versucht in meinem Namen Kranke zu salben, Sterbenden Trost zukommen zu lassen und ihre Dämonen auszutreiben. Ich glaube, liebe Jünger, dass viele Menschen nur deswegen krank sind, weil sie statt an den Herrn an den Teufel glauben. So lasst mich gehen, denn auch ich muss meinen Frieden finden – wir sehen uns am nächsten Sabbath am und im See wieder.“

Wer schon in Wüsten übernachtet, dort geschwitzt, gedurstet und gefroren hat, Milliarden Sterne über sich, Hyänen, Springmäuse, Schlangen um sich, nächtliche Uhren ticken hörte und im Wüstentraum in Oasen wandelte und entweder Weinberge oder Bierfässer sah – der weiß und versteht, wie es Jesus in sechs Nächten zumute war! Er soll vierzig Tage unterwegs gewesen sein, was wir nicht glauben, so wie man antiken Zahlenangaben nicht trauen darf. Vor allem, weil er doch, wie wir erfahren haben, zum nächsten Sabbath einen wichtigen Termin vereinbart hatte.

Wir kennen dieses Phänomen heutzutage doch auch: Da gibt es unter uns Exemplare, die an jeder Minute tausend Dollar oder Euro einsacken, aber unzufrieden sind; oder Schreiber, die erst mit ihrem zwölften Roman den Buchmarkt absahnen aber dennoch verzweifeln, weil das nächste Werk nur die Hälfte einbringt; oder erwähnen wir doch den Lottospieler, der zehn Jahre lang dieselben Zahlen spielte und dann an einem Freitag verzagte, weil er nur neunzig statt hundert Millionen machte.

So etwas gab es natürlich zu Jesu Zeiten nicht! Aber eine sensible Natur und ein lauterer Geist wie er konnte mit den bisherigen Erfolgen seines Daseins nicht zufrieden sein. In der ersten Wüstennacht auf dem Dschebel Chalkis, (1.257 Meter Höhe), war es so windig, dass er die Gelegenheit wahrnahm und **mit** dem Wind in die Wüste hinausschrie:
„Herr, bis du mit mir unzufrieden?“
„Gefällt dir meine Lebensweise nicht, Herr?“
„Was soll ich, Herr, noch tun?“
„Bin ich noch, Herr, dein Sohn und Messias, Herr?“
Niemand antwortete.

* * * * * *

Am nächsten Sonntag ging die Sonne aus der Arabischen Wüste irgendwie anders auf als sonst, aber Kenner wussten: „Dies wird ein schöner Tag, der Wind wird leicht, von Osten kommend, Kühlung mitbringen, die Moskitos verjagen und über fünftausend Menschen Freude, Essen und Entspannung bringen. Jesus und seine Jünger, es waren nun zwölf, die sein Leben mitmachen wollten, erhoben sich früh von ihrem Lager und Johannes, nicht nur Täufer, sondern auch ein Schalk, sagte:
„Von den fünf- bis sechstausend Menschen, die nun herkommen werden, haben sich viertausend noch nie die Füße gewaschen.“
Gelächter, und Petrus fügte hinzu:

„Sollten wir nicht im Namen des Herrn verfügen, Jesus, dass zu einer wirksamen Taufe neben der Kopf- auch die Fußwaschung gehört?"
„Über solche Dinge spottet man nicht, meine Jünger."
Die neuen Jünger, die wir später vorstellen werden, wussten noch nichts über Jesu Verhältnis zu lebenden Tieren in freier Natur und zu jenen in den Ställen und auf den Viehweiden.
„Herr?", fragte Markus mit einem bangen Unterton, „wer soll denn heute diese Menschenmengen ernähren?"
„Ich selbst, lieber Markus, hab Geduld."
Jesus gab seinen Jüngern noch den Rat des Tages:
„Geht nicht barfuß in den See, lasst eure Sandalen an den Füßen. Denn Krabben und Krebse sind auch des Herrn und mögen große und kleine Zehen besonders gern."

Ab der zweiten Tagesstunde gab es alle Hände voll zu tun, so dass Jesus die Pilger und Hungrigen ermahnen musste, Kinder erst ‚ab Nachmittag' vorzuführen. Als Jesus dann in den See Genezareth bis zu den Knien schritt, schien der Herr allen essbaren Tieren weit und breit, unter und über Wasser, in der Luft und im Schlamm, behaarte wie befiederte und beschuppte, zweibeinige und beinlose den Befehl erteilt zu haben, sich um Jesus und seine Jünger zu versammeln. Es fanden sich ein: Fische aller Arten einschließlich der glitschigen Aale, Sumpf- und Wasserschildkröten, Enten, Gänse, Fischotter und Nutrias. Es wäre für Jesus ganz unmöglich gewesen, alle Täuflinge und Hungrigen zu bedienen. So gab's eine sinnvolle Arbeitsteilung: Drei Jünger griffen ins Wasser, um Fische herauszuholen, die Gefiederten zu greifen und die zwei Säugerarten im Genick zu packen und den Täuflingen zu überreichen. Weitere Jünger, die sich abwechselten, tauchten die Täuflinge entweder unter oder schütteten ihnen Tassen und Becher Seewasser übern Kopf.

Und Jesus, der Hauptdarsteller? Tat er nichts oder wenig? Mitnichten! Ohne Unterbrechung, kaum um Luft zu holen oder einmal die Arme zu schütteln, legte er seine Hände mit den schlanken Fingern auf Köpfe und Schultern und sprach dabei eine der folgenden zehn Taufformeln:
„Du bist getauft – Baptizatus es“.
„Du bist des Herrn – Tu autem Domine.“
„Der Herr sei mit dir – Dominus vobiscum.“
„Friede deiner Seele – De pace animam tuam.“
„Bleib immer artig – Semper manere placet.“
„Der Herr ist mit dir – Dominus tecum est.“
„Der Herr isst mit dir – Dominus vobiscum manducat.“
„Ich bin immer bei dir – Ego semper tecum.“
„Sei ein guter Christ – Esto bonus Christiana.“
„Ich bin bei dir alle Tage – Ego vobiscum sum omnibus diebus.“
Nach einer Aufrechnung des braven Petrus soll Jesus jeden dieser Sätze vierhundertmal gesagt haben!

Werte Leserschaft, ist dir jetzt der Appetit auf Fische, Wassergeflügel, Ottern und Nutrias vergangen? Wenn nein, dann solltest du jetzt weiterlesen und miterleben, wie fröhliche frisch getaufte Familien und Singles am Ufer hockten, ihre Braten bruzzeln oder kochen ließen und dann mit „Fingerfood“ aufaßen. Das war ein Gerülpse und Geschmatze, das in den Ohren des Herrn wie die Neunte von van Beethoven geklungen haben muss! Aber es kam noch besser am Nachmittag. Jesus verließ die Speisung der Erwachsenen und rief so laut über den See, dass er bis Bethlehem gehört worden wäre, wenn eben dieses Geschmatze und so weiter nicht gewesen wäre:

„Lasst die Kindlein zu mir kommen!“

Und sie alle von 3 bis 12 kamen, teils allein und von ihren Eltern vorgeschickt, teils wirklich als Waisen. Folgende Szenen spielten sich jetzt ab: Maria Magdalena und Ermanius stellten einen Tisch ins fußtiefe Wasser, einen Stuhl für Jesus dazu, und auf den Tisch einen Korb mit Plätzchen, die Maria gebacken hatte. Mit diesem Gebäck geschah Wunderbares. Aber erst wollen wir das Rezept zum Nachbacken verraten. Man nehme: Fein geraspelte Kokosflocken, Honig, Mehl und Butter und forme einen Teig daraus. Wenn man Zeit genug hat, sollte man ihn eine Nacht ziehen lassen. Dann forme man mit den Händen Kugeln, je nach Größe, ob sie in Kinder- oder Erwachsenenmäuler gesteckt werden sollen. In einem Herd, wo auch Brot gebacken werden kann, sind diese Kugeln kontrolliert leicht anzubacken oder man legt sie auf ein Brett und stellt sie in die Sonne – es geht darum, dass sie außen fest sind und innen noch den weichen Schmelz des Teiges besitzen.

Jetzt geschah das Wunderbare! Nämlich der Umstand, dass, obwohl Jesus über dreitausend Stück verteilte, sie nie alle wurden. Unmöglich hätte Maria so viele backen können! Jesus arbeitete mit Unterstützung seiner Jünger wie im Akkord und kam nicht einmal dazu, eine der Kugeln zu kosten.

„Herr“, sagte Jesus mit Blick nach oben, „lass sie nicht ausgehen!“

„Herr?“, fragte Petrus, „meinst du damit die Kinder oder die Kugeln?“

* * * * * *

Als die Veranstaltung mit Eintritt der Dämmerung offiziell beendet war und vor allem die Kinder fortgegangen waren, versammelten sich an einem großen Feuer Jesus, seine Jünger und einige der vor allem weiblichen Helfer. Es stellte sich heraus, dass Jesus und die Jünger praktisch nicht gegessen und nun einen Mordshunger hatten. Vier Jünger hatten dem vorgesorgt: In einer Erdgrube am Ufer hatten sie schon am Spätnachmittag über fünfzig der schönsten und fettesten Fische ausgeweidet und ungeschuppt aber gesalzen und mit Öl angereichert eingelegt, mit Palmblättern abgedeckt und daraus auf mäßig brennendes Feuer brennen lassen. Maria Magdalena servierte herrlich duftenden Wein und frische Brote auf Brettern und Tabletts, und nun waren die Fische gar geworden. Man wollte zugreifen, doch Petrus griff erst zur Zither und begann auf ein Zeichen Jesu zu singen:

„Der Mond ist aufgegangen, die goldenen Sterne prangen
am Himmel hell und klar.
Der Wald steht still und schweiget und aus den Wiesen
steiget
der weiße Nebel wunderbar."

(Das meiste von dem, was Petrus besang, stimmte, nur der Nebel wollte nicht steigen). Die letzte Strophe sparte sich Petrus zum Abschied auf – wir bringen sie jetzt schon und teilen mit, dass die musikalischen unter den Zuhörern die Melodie bereits mitsingen konnten:

„So legt euch denn, ihr Brüder
in des Herrn Namen nieder;
kalt wird der Abendhauch.
Verschon uns, Herr, mit Strafen
und lass uns ruhig schlafen
und unsern kranken Nachbarn auch."

Allmählich gingen alle Leute, die nicht zum engen Kreis Jesu gehörten, still und sehr beeindruckt nach Hause und waren einstimmig der Meinung, „dass der Herr diesen Tag so und nicht anders gewollt haben musste". Und jetzt, in bereits geheimnisvoller Dunkelheit, leuchtete der Stern des Herrn heller als der Mond und, das war das Wichtigste, für alle Menschen, die den Tag mitgestaltet und seinen Segen erhalten hatten.

Jesus hatte beim Essen lange geschwiegen und viel zugehört. Jetzt, wo nur noch seine Familienmitglieder und die Jünger um ihn waren, erhob er sich zu seiner vollen, im-

ponierenden Größe und ließ sie alle einen Blick in seine Zukunft werfen.
„Der Mensch muss, verlangt der Herr, Freude und Leid miteinander teilen und gleichzeitig erleben können. Bald werde ich nicht mehr sein. Dann gehet hin in alle Welt und predigt das Evangelium allen Menschen. Wer glaubt und getauft ist, der wird selig werden."
Er machte eine Pause, und fügte dann hinzu:
„Dies hier, meine lieben Jünger, war das erste Abendmahl mit euch."

Teil drei

Vollendung

Eine Vorstellung

Ab jetzt, wo die Jünger oder Apostel treu und unverbrüchlich an der Seite Jesu stehen werden, müssen wir diese Herren vorstellen. Wir teilen vorab mit, dass keiner von ihnen Jesus enttäuscht hat. Keiner? Niemand? Haben wir da nicht diesen Judas, dessen Name zum Synonym geworden ist? Haben wir hier nicht! Denn die Geschichte seines angeblichen Verrats ist so unglaubwürdig, dass wir sie nicht abhandeln werden: Denn was gab's da zu verraten?, fragen wir. Alle Verantwortlichen Jerusalems, welche mit dem „Fall Jesus" zu tun hatten, kannten Jesus von Angesicht; außerdem war er unter den dreizehn in Frage kommenden Männern unübersehbar zu erkennen – sonst wäre er nicht Jesus gewesen. Wir führen die Apostel nach dem Alphabet vor:

Andreas. Stammt aus Betsaida und lebte als Fischer in Kapernaum. Er missionierte später in Thrakien, Griechenland und wurde im Jahr 60 in Patras ans Kreuz geschlagen.

Bartholomäus. Er stammte aus Kana in Galiläa – der Apostel des Orients in Arabien, Ägypten und Mesopotanien. Er wurde in Syrien enthauptet.

Jakobus der Ältere. Lebte als Fischer am See Genezareth und wurde im Jahr 44 hingerichtet.

Jakobus der Jüngere. Über ihn sind keine Überlieferungen bekannt.

Johannes. Soll der Lieblingsjünger Jesu gewesen und erst im Jahr 100 gestorben sein – was zu bezweifeln ist!

Judas. Wir haben schon abgelehnt, ihn als Verräter Jesu darzustellen. Soll seines Rufes wegen Selbstmord begangen haben.

Matthias. Er war, wie schon vorgestellt, der Sohn eines Hohepriesters, den wir ab hier Kaiphas nennen.

Matthäus. Wir wissen nur, dass er Zöllner war.

Petrus. Hier bei uns stammt er aus Rom und kehrte er nach Rom zurück, wo er den Märtyrertod als erster Papst gestorben sein soll – eine nachträgliche Legende wohl.
Philippus. Auch er stammte aus Bethsaida in Galiläa. Er war ein Jünger des Täufers Johannes.
Simon. Er ist in Armenien gestorben.
Thaddäus. Laut Überlieferung ist er in Armenien gestorben.
Thomas. Sein Leben als Missionar endete in Indien, wo er hingerichtet wurde.

Wir haben erfahren, dass das Leben der Jünger an der Seite Jesu kein Honigschlecken und gefährlich gewesen ist. Der Ruf der Erlöser und anderer Heilsbringer, - wir haben das schon angedeutet -, die damals den Vorderen Orient beglückten und auch heimsuchten, war nicht angesehen – Jesus hat sie letztlich alle „ausgestochen“. Er ist nun zu seiner letzten Lebensstation aufgebrochen, wovon wir später berichten werden. Jetzt begeben wir uns in die Hauptstadt kommender Ereignisse.

Eine Verschwörung

„Er hat angefangen, Volksaufläufe zu veranstalten.“
„Er soll an einem Tag fünftausend Menschen verpflegt und getauft haben.“
„Er soll nach hier unterwegs sein.“
Pontius Pilatus, - sein Vorname ist nicht sicher überliefert -, saß jetzt im Jahr 28 auf seinem Amtssitz als Statthalter des Kaisers Tiberius für die Provinzen Judäa und Samaria und schaute seine Besucher skeptisch und ein wenig überheblich an. Er kannte diese Meckerfritzen seit 26 und traute ihren Beteuerungen von Ehrlichkeit und Jovialität gar nicht. Wenn auch alle römischen Führungskräfte „nicht von schlechten Eltern“ waren, wenn es um Politik und Diplomatie ging, so gedachte er sich gegen „diese Orienta-

len“ keine Blöße geben zu wollen – wer ihnen nachgab, fiel unweigerlich „auf die Nase“ .
„Ich kenne ihn“, sagte er erst einmal, „habe mich in Rom mit ihm unterhalten und sehe ihn als harmlosen Burschen an, der religiös ein wenig durchgedreht ist wie alle Propheten und Seher hier, meine Herren.“
Diese Herren? Das waren der Hohepriester Hannas ben Seti und zwei seiner Vertreter. Sie hatten sich wegen der Wichtigkeit ihres Problems nach Cäsarea, dem Amtssitz des Pilatus begeben und waren verbiestert, dass sie die weite Reise von Jerusalem auf sich nehmen mussten.
„Ihr seid wegen eines solchen harmlosen Predigers hergekommen?“, fragte denn auch Pilatus wenig freundlich.
„Unser König Herodes Antipas“, antwortete Hannas verzweifelt, „Herr Statthalter, regt sich auch schon über diesen Jesus auf, gerade jetzt, wo politisch Ruhe eingekehrt ist.“
„Was hat er zu befürchten?“
Das war eine Fangfrage, denn zu befürchten gab es nichts.
„Du sprachst von Fünftausend, die er satt gemacht haben soll. Darunter sind doch gewiss tausend oder zweitausend arme Schlucker gewesen, oder nicht, Hoherpriester?“
Musste dieser zugeben.
„So seid doch froh, dass er euch die Armenspeisung abgenommen hat. Ich sehe in diesem Menschen nur Positives und wenn du glaubst, Hoherpriester, mich zu irgendwelchen Rom unangenehmen Folgerungen überreden zu können, dann muss ich der Meinung werden, du und deine Auftraggeber hätten einen Bubenstreich vor.“
Dieser Meisterdiplomatie des Pilatus hatten die Beschwerdeführer nichts entgegen zu setzen und mussten wieder nach Jerusalem verschwinden.

* * * * * *

Pontius Pilatus war aber nicht so sicher, wie er sich gegeben hatte. In seinem römischen Unterbewusstsein kribbelte die Frage, ob Jesus Christus nicht doch geriebener und besessener war als er sich ausgab. Pilatus‘ namentlich nicht genannter Sekretär schlug vor, diesen Jesus Christus sogleich vorzuladen.
„Dann stellt sich schnell heraus“, sagte er, „ob gegen ihn eine Verschwörung der Hohenpriester im Gange ist.“
Die Einladung erreichte Jesus in seinen Vorbereitungen zur Abreise nach Jerusalem.
„Was will dieser Mann von dir?“, fragte Maria, „lass mich und Ermanius mitreisen, damit du nicht allein bist diesem Ungeheuer gegenüber.“
„Hast du Ahnungen, Mutter?“, fragte Jesus besorgt.
„Von Unheil? Ja, habe ich, mein Sohn. Irgendwer will dir an den Wickel, merkst du das nicht?“
„Doch, merke ich.“

Pontius Pilatus, der über alles informiert war, stellte die erste Falle:
„Bis du allein gekommen, Jesus Christus?“
„Ich habe meine Mutter und ihren Haushälter mitgebracht, Präfekt.“
„Ich möchte deine Mutter kennenlernen, Jesus.“
Maria machte auf den mächtigen Römer mächtigen Eindruck. Und er ließ sogleich Gebäck und Tee servieren.
„Du sprachst, Jesus, von einem Haushälter. Wer ist dieser Mann?“
„Der Sohn eines Germanen, dessen Großeltern einst vom berühmten Marius in einer großen Schlacht geschlagen und dann eingebürgert wurden.“
„Ich möchte auch ihn kennenlernen.“
So kam es, dass Pontius Pilatus in trauter Runde im zum Garten offenen Wohnzimmer mit dreien seiner Untertanen

traut beisammen saß. Und er beschloss in dieser friedlichen Stimmung, allen Verdacht gegen Jesus fahren zu lassen.
„Erzähl mir“, forderte er ihn auf, „wie du es geschafft hast, Fünftausend zu speisen?“
„Vielleicht waren es auch nur viertausend“, gab Jesus zu, „aber ich kann nichts dafür, dass Tiere mich mögen wie ich sie.“
Und er trat in den Garten, wo sich alle Vögel, die da waren, auf seine Schulter zu setzen versuchten, und alle Mäuse und Maulwürfe aus der Erde zu ihm kamen.
„Du dürftest keinen Zirkus besuchen“, rief Pilatus lachend.
„Daran habe ich gar nicht gedacht“, gab Jesus zu.
„Und bist du auch ein Menschenfänger?“, fragte Pilatus.
„Etwas auch“, gab Jesus zu, „aber mehr ein Kinderfänger wohl.“
„Aus Kindern werden Erwachsene“, sagte Pilatus, „nicht wahr, Frau Maria?“
„Wem sagst du das, Statthalter, man hat so seine Sorgen.“

Während eine junge Sklavin, die ganz nach einer Geliebten aussah, nachreichte und nachschenkte, dachte Pontius Pilatus darüber nach, heraus zu bekommen, „warum diese Juden in Jerusalem Jesus fürchteten, wenigstens ihn loswerden wollten“. Eine direkte Frage schien angebracht:
„Warum bist du, Jesus, bei den Hohepriestern und im Sanhedrin so unbeliebt?“
„Ich habe darüber nachgedacht, Statthalter, wir haben darüber nachgedacht, meine Mutter, Ermanius hier und meine zwölf Jünger, und sind zum Ergebnis gekommen, dass sie mich und meine Lehre fürchten – wer die Macht hat, Statthalter, muss um sie fürchten. Ist es nicht so seit immerdar?“
Da ist es heraus, dachten Maria und Ermanius, er kann es nicht lassen, gefährliche Weisheiten von sich zu geben.

„Aber", wandte Pilatus ein, „wenn ich dich richtig verstanden habe, bis du ein Kämpfer des Wortes, oder?"
„Am Anfang war das Wort – In prinzipio erat verbum", antwortete Jesus.
Da glaubte Pontius Pilatus zu erkennen, dass Jesus Christus ein gefährlicher Mann sei.

Jesu Dank an Kapernaum

„Wir können hier nicht fortgehen", sagte Petrus, „ohne den Menschen von Kapernaum unseren Dank auszusprechen, Jesus."
„Dann sag mir", antwortete Jesus, „was dein Kopf ausgebrütet hat."
„Etwas, Jesus, das vor uns noch niemand praktiziert hat und in alle Ewigkeit, - ein hehres aber wahres Wort das -, in ihren Köpfen hängenbleiben wird."
„Mach es nicht so spannend", riefen die elf anderen Jünger.
„Nun denn, Leute: Ich rufe den ‚Jesu Handwerkerdienst' aus."
Und er erklärte:
„Ehe wir diese schöne Gegend auf Nimmerwiedersehen verlassen, sollten wir bei den armen Leuten von Haus zu Haus und von Wohnung zu Wohnung gehen und nach dem Rechten sehen. Das heißt: Bei ihnen Reparaturen ausführen, lange zur Seite geschobene Vorhaben erledigen, ihre Gärten umgraben und ihr Vieh verkaufen, damit sie nicht von Händlern über beide Ohren gehauen werden und, und, und..."
Muss extra betont werden, dass die Jünger in Jubelschreie ausbrachen und außer Rand und Band gerieten? Wir wollen vorab berichten, wie sich die Handwerker von Kapernaum zu dieser Angelegenheit stellten. Kurz gesagt: Wie heutige Handwerker es auch tun würden. Aber Jesus wusste sie abzufertigen.

„Herr und Meister“, sagte ihr Anführer, „wir mögen dich und deine meisten Ideen sehr gern und unterstützen sie. Aber wie kommst du darauf, unsere Arbeiten von deinen ungelernten Jüngern ausführen zu lassen und damit unseren Verdienst zu schmälern?“
„Meister“, antwortete Jesus lächelnd, „gestehe mir offen, wenn ich dich frage, wie viel alte Leute du bedient hast, die nicht bezahlen konnten?“
(Diese Frage wurde bis heute nicht beantwortet!)

So zogen sie denn los, diese zwölf Jünger, um sich einmal richtig auszutoben. In jedem Mann, heißt es bis heute, steckt ein Handwerker, nur darum konnte sich „Do it yourself“ durchsetzen. Wir machen hier unsere inzwischen gewohnte Aufzählung der Arbeiten, welche die Jünger von A wie Andreas bis T wie Thomas in wahrhaft sozialer Art und Weise bewerkstelligten.
Andreas: „Dich schickt der Herr, junger Mann“, rief Feldzug-Invalide Yaron, dem im letzten Krieg die linke Hand abgehackt wurde und der jetzt in der rechten Gicht bekommen hatte, „wie soll ich im Garten ernten, wenn ich nicht umgraben kann?“
„Das haben wir gleich“, versicherte Andreas und grub um, als wäre er schon immer Friedhofsgärtner gewesen. Und siehe da: Er fand im Erdreich einen Goldschekel und überreichte ihn dem Yaron: „Du musst beim Herrn sehr beliebt sein.“ „Welchen Herrn meinst du?“ „Den Herrn, sonst niemanden.“ Er musste verschwiegen sein und durfte nicht verraten, dass dieser Schekel noch vor einer Stunde in Jesu Tasche ruhte!
Bartholome: Er zog das Los, dichten zu müssen, denn Samus Dach war so undicht geworden, dass er bei jedem Regenschauer baden konnte. „Dich schickt der Herr“, versicherte er dem etwas schweigsamen Jünger, dem wir noch nicht oft beigekommen sind, und zeigte sein selbst ge-

schnitztes Holzbein her, „wie soll ich aufs Dach steigen?“ Das tat Bartholome wie ein Eichkatz, wobei er Jesu Goldschekel direkt vors Holzbein rollen ließ.

Jakobus-major: Er war Spezialist für Maurerarbeiten und stellte nun im Verein mit **Jakobus-minor** den Herd des Leevi wieder her. „Da kann meine Frau“, jubelte der besitzlose schwerverwundete Mieter der Bruchbude begeistert, „jetzt wieder meinen Hirsebrei mit Pflaumenmus drin warm machen – wisst ihr jungen Leute denn, wie kalter Brei schmeckt?“ Wussten die beiden Jakobus nicht und ließen unauffällig zwei Schekel im Brei verschwinden.

Johannes traf das Los, eine neue Latrine fertig zu stellen, denn die alte war übervoll und hätte die letzte Lebensstation der gehbehinderten Sarah werden können. „Niemand im Dorf wollte mir helfen“, klagte sie, „und der Handwerker nur, wenn ich ihm zwei Schekel geben würde. Ich habe noch nie zwei auf einmal gesehen, junger Mann.“ Da konnte Johannes aushelfen!

Judas erfuhr von Jonathan, „dass ich nachts nicht wage, das Pissoir aufzusuchen, weil dort immer Ratten umherhuschen und für einen Pinkelpott will unser Händler hier einen halben Schekel haben“. Judas ging zum Händler, blies ihm den Marsch, sagte „ich werd‘s dem Herrn melden“, warf einen Schekel in den Laden und verschwand mit einem Pinkelpott unterm Arm. „Der Herr hat‘s gerichtet“, jubilierte Jonathan und setzte sich nieder.

Matthäus geriet an die achtköpfige Familie Benjamin, die in einer einzimmerigen Wohnung hauste und nach dem Frühstück nicht wusste, was sie mittags essen sollte. „Was mögt ihr denn am liebsten?“, fragte Matthäus. „In Pfannkuchen eingerollte Honigmelonen“, rief ein Chor. „Oho“, antwortete der gutmütige Matthäus, „woher kennt ihr denn so ein Luxusessen?“ „Kennen wir gar nicht, mögen wir aber.“ Sechs Paar Kinderhände klammerten sich an Matthäus, so dass er **Petrus** zu Hilfe rief. Sie kauften ein, luden Jesus dazu und bruzzelten bis zum Nachmittag achtzig kleine Pfannkuchen, bis den Kindern die Bäuche zu platzen drohten. Jesus ließ acht Schekel so liegen, dass sie wie „vergessen“ aussahen…

Philippus durfte dem Ehepaar Mikail eine neue Bettstatt bauen, weil er und Jesus es nicht mit ansehen konnten, - sie machten es vor -, wie Ratten und Mäuse während des Schlafs ihre Gesichter bekrochen und beküttelten. Da war es leicht, zwei Schekel auf der Zudecke liegen zu lassen.

Simon und **Thaddäus** entwässerten das Einzelzimmer der Witwe Manuela und stampften den Fußboden glatt und hart, so dass sie nicht mehr beim Kochen bis an die Knöchel einsackte. „Der Doktor“, sagte sie, „der einmal vorbei kam, sagte zwar, dass Moorbäder gesund seien, aber wenn Würmer unter meine Zehennägel kriechen, kann das nicht stimmen.“ Ein Goldschekel genügte dem Tischler, einen Holzfußboden zu verlegen.

Thomas fertigte für die Drillinge Linus, Lina und Linette aus Holz und Leder drei Sandalen, so dass die Kinder nun zur Schule gehen konnten, ohne wegen Armut ausgelacht zu werden. „Hier sind drei Schekel“, sagte Jesus ganz offen, „denn schon im nächsten Jahr müssen die Kinder größere Sandalen haben.“

* * * * * *

Über diese Aktion reiner Menschenfreundlichkeit berichteten Spione nach Jerusalem und Cäsarea. Pontius Pilatus fand nichts auszusetzen, „denn“, so argumentierte er, „wenn man armen Leuten etwas gibt, werden sie zufriedener und machen keine Revolutionen.“

In Jerusalem dachte man andersherum:

„Wenn man armen Leuten etwas gibt, werden sie unzufrieden und machen Revolutionen.“

Wer hatte nun Recht? Unzufrieden waren die Nazarener:

„Warum lässt Jesus seine Vaterstadt links liegen?"
„Weil ihr mich eine Zeitlang links liegen gelassen habt", antwortete Jesus.
Es gab noch andere Gründe, die Jesus von der Heimat forttrieben; wir haben einige schon angedeutet. Da waren seine mangelnden Erfolge in Wunderheilungen. Sowohl in Nazareth als auch in Kapernaum hatte es angefangen, dass Jesus, wäre er darauf eingegangen, einen 24-Stundentag, - „und mehr", wie die Jünger protestierten -, hätte haben müssen, um einen Bruchteil der Kranken zu heilen. Zuerst, als der Andrang von Kranken noch überschaubar war, nutzte Jesus die vielen menschlichen Kontakte, um seine Mission zu verbreiten:
„Ich muss das Evangelium vom Reich des Herrn verkünden", verteidigte er sich, „das ist die Logik meines Daseins."

Wunderheilungen

Liest man die Berichte der Evangelisten Markus, Lukas und Matthäus, so gab es nur Erfolge, sowohl in der Verkündung als auch bei den Wunderheilungen:
„Sie brachten ihm Kranke mit allen möglichen Gebrechen und Leiden, Besessene dabei und Mondsüchtige. Und alle, die ihn berührten, wurden geheilt. Sie alle wollten ihn hören und geheilt werden. In der Ebene blieb er mit seinen Jüngern, und viele Menschen aus Galiläa, Judäa, von Tyros und Sidon strömten herbei. Die Menschen eilten herbei und brachten ihre Kranken auf Bahren herbei, sobald sie hörten, er ist da."

Kranke, Neugierige, Kritiker, Schriftgelehrte stahlen ihm die Tage und Stunden, Gicht- und Geisteskranke, auch Schaulustige und Hungrige auf Sensationen verstellten seine Wege – hätte es schon Zeitungen, Gelbe Blätter und Fernsehen gegeben, wären auch diese noch dazu gekommen. Die meisten Krankheiten damaliger Zeit waren auf mangelnde Hygiene im Essen und Trinken und bei der Reinlichkeit zurückzuführen. Durch Unsauberkeit entstanden Krätze, Flechten, und aus kleinen Verletzungen des Alltags wurden rasch gefährliche Blutvergiftungen. Eine ganz und gar unheilbare Krankheit war die Lepra. War jemand erkrankt, war er sozusagen erledigt, denn sofort wurde er ausgegrenzt, abgesondert und auf die Hilfe seiner Angehörigen angewiesen. Nach alter Tradition, die auch vom Christentum nicht ausgerottet wurde, galten Krankheiten als von den Mächten des Teufels, Satanas, ausgestreut, und Erkrankte sollten immer ein Maß Eigenschuld besitzen.

Zu allem Überfluss gab es Heilkünstler und Beschwörer, vor allem in den Städten, die mit Beschwörungen, Zeremonien und Zaubersprüchen arbeiteten: Sie hielten dabei beide Hände auf und waren über alle Berge, als die Behandelten starben. Ärzte, wenn sie sich so nannten, wurden voller Misstrauen angesehen, auch wenn sie sich ehrlich mühten – starben die Patienten unter ihren Händen, so wurde ihnen Versagen vorgeworfen. Jesus nannte seinen Jüngern vier „Arztsprüche", die er hatte hören müssen, teils auf ihn geprägt:

„Trau keinem Arzt, denn seine Medizin ist Gift."
„Der Herr heilt – der Arzt kassiert."
„Ein Friedhof deckte alle Ärztefehler zu."
„Nur Ärzte können ihre Fehler begraben."

Jesus wusste genau, was er konnte oder lassen musste. Seine Evangelisten schienen nicht so gelehrt oder schlau gewesen zu sein.

Wir haben in der Literatur einige Beispiele aufgespürt und führen sie vor. Nicht alle waren direkte „Mogelpackungen". Über die psychosomatischen Grundlagen vieler Krankheiten wusste man damals nichts, wenn auch die so genannten alten Griechen ein paar Jahrhunderte zuvor schon „schlauer" waren als wir uns heute vorstellen können. Da war ein

Lahmer, der, als man ihn beklaute, plötzlich laufen und den Dieb verfolgen konnte; und umgekehrt ein humpelnder Dieb, der von Jesus neben Trost einen Schekel ergatterte und schleunigst „wie ein Hase davon stob", als die Schergen ihn entdeckten; und wie war es um das stumme Mädchen bestellt, das Jesus natürlich nicht behandeln, „aber im Herrn" zu trösten vermochte – und das im Weggehen fast auf eine Schlange trat? Diese jordanische Äskulapnatter brachte sie zum Schreien!

Es war damals wie heute auch: War eine Zeit verstrichen und eine Geschichte ein dutzendmal von Mund zu Mund und Ohr zu Ohr gegangen, dann war aus Realität eine Sage geworden. Wie die nun folgende Geschichte „des letzten Krokodils" vom See Genezareth. Schon die Behauptung „letztes Krokodil" hielt der Nachforschung nicht stand. Aber immerhin, da lag eins von drei Mannslängen und einer Schnauze von drei Armlängen am Ufer und verdaute jene Fische, welche die Fischer vom See nun nicht mehr fangen konnten.

„Jesus Christus, komm und hilf!"

Jesus kam mit seinen Jüngern und Petrus der Fischer wusste Rat:

„Lass mich das machen, Herr und Meister, es ist nicht gut für deinen Ruf, Tiere zu töten, und seien es noch so fürchterliche und grausame wie dieses Ungeheuer hier."

„Auch Krokodile können des Herrn sein", sagte Jesus.

„Dieses ist ein Menschenfresser", sagten die Fischer, „und soll außerdem besser schmecken als der beste Mastochse."

Die Jünger konnten Jesus nur mit Mühe davon abhalten zu erproben, ob das mit dem Menschenfresser stimmte. Und so kam es, dass dieses Krokodil, gewiss ein seltener Fall, schließlich den Feuertod fand und gebraten und gegessen wurde.

„Wenn wir jeder einen Speer werfen und treffen“, sagte Andreas, „ist es mausetot und die Fischer können es kochen.“
„Hier gibt‘s keine Speere“, antwortete ein Zuschauer, „aber Steine genug.“
Man bewarf das Krokodil mit ihnen, aber mehr als Kopfschmerzen bekam es nicht. Schließlich hatte Petrus seinen Plan formuliert und schlug vor:
„Ihr Fischersleute könnt doch Netze hundert Schritt weit auswerfen?“
Konnten sie und sie begriffen. So ging ihr Wortführer auf zwanzig Schritt heran und warf sein Netz. Drei andere folgten seinem Beispiel, so dass sich vier Netze über das Tier legten.
„Nun ganz rasch die trockenen Dornbüsche und Gehölze dort hinten holen“, rief Petrus, „und aufs Krokodil werfen.
Erst jetzt begriff die große Echse, dass es unbequem wurde, aber als sie zu zappeln anfing, verhedderte sie sich in den Netzen, konnte nicht flüchten und musste die Fischer ungestraft so nahe herankommen lassen, dass diese das trockene Strauchwerk in Flammen setzen konnten. Jesus wandte sich ab, die Jünger folgten ihm und hatten sowieso keinen Appetit auf gebratenes „Krokofleisch“. Jesu suggestive Frage „Wie mag der Herr darüber denken“ tat Jakobus der Ältere mit der Bemerkung „irgendwo steht geschrieben ‚Auge um Auge‘ oder ‚Zahn um Zahn‘, Herr, trifft das hier nicht zu?“ Wie dem auch war: Ehe Jesus mit seinen Jüngern Jerusalem erreichte, war die Nachricht „Jesus und der Drache“ ihnen voraus geeilt und entsprechend ausgeschmückt worden.

Wir können das Thema „Wunderheilungen“ nicht verlassen, ohne der biblischen Augenheilungen zu gedenken. Jesus weigerte sich, blind Geborene zu behandeln. Das lässt tief blicken! In Laodikeia in Phrygien wurde aus einer roten Wurzel eine Augensalbe hergestellt, die weit vertrieben wurde. Sie kann auch Jesus bekannt gewesen sein. Augenkrankheiten kamen in allen frühen Völkern vermehrt vor, und das hatte verschiedene Gründe: In erster Reihe stand die mangelnde Hygiene der Zeit. Zwar heißt es heute, „einfache Völker seien reinlicher gewesen als viele städtische Kulturen der beginnenden Neuzeit", und das mag stimmen. Sie mochten sich oft baden, wenn Gewässer in der Nähe waren, auch in der intimen Hygiene ganz clever gewesen sein – aber man glaubte fest, dass zum Beispiel die vielen draußen spielenden Kinder sich mit ihren Fingern und Händen in die Augen fuhren, wenn sie ihre Hunde, Katzen und andere Tiere oder sich selbst am Hintern oder anderswo angefasst hatten. Dazu kamen die von Insekten verursachten Infektionen und in trockenen Wüstengebieten der feine Sandstaub, der tief in die Augen drang. So wies Jesus einen Bittsteller kurz ab, den er für vermögend genug achtete:

„Behandle deine Augen mit Salbe, dass du sehen kannst."

Er selbst wandte den Trick an, den er auch seinen Jüngern empfahl: Die Augen der Sehkranken zu massieren und dabei heimlich, ohne dass es bemerkt wurde, die Salbe zu benutzen. Die Salbe herzustellen hatte er bei Celsus in Rom gelernt.

„Mich züchtigen meine Nieren des Nachts", klagte ein Händler, dessen vorgereckter Bauch verriet, dass er ein Freund des Bieres und Weins sein dürfte.

„Du solltest mehr trinken", riet Jesus, „aber wenn ich sage ‚wohlan, alle die ihr durstig seid, kommt her', dann meine ich Wasser und nochmals Wasser aus euren Brunnen oder klaren Bächen."

Die Berichte der Evangelisten, in denen Jesus Tote zum Leben zurück erweckt, können wir nicht ernst nehmen. Wir bringen hier ein paar Beispiele als Beispiel, „dass nicht sein kann was nicht sein kann". Nun, wo das Leben Jesu

unstet aber berühmt zu werden begann, kamen auch jene Menschen zuhauf, die nur in Notlagen fremde Hilfe in Anspruch nehmen, der Synagogenvorsteher Jaïrus aus Kapernaum:
„Meine Tochter ist soeben gestorben, Jesus. Leg deine Hand auf sie, dann wird sie wieder lebendig werden."
„Sei ohne Furcht", tröstete Jesus, „allein glaube nur."
Unterwegs durch die Volksmenge berührte ihn eine Frau, die zwölf Jahre lang an Blutungen litt und dadurch zu den Unreinen zählte.
„Hab keine Angst, Tochter", fertigte Jesus sie nebenbei ab, „dein Glaube hat dir geholfen."
Im Haus des Vorstehers ging es ebenso rasch zu, als Jesus sagte:
„Dein Kind ist nicht gestorben, es schläft nur."
Das klang wie ein Befehl, und im nächsten Fall war's ein Befehl: In Naïn stoppte Jesus die Träger einer Totenbahre und sagte:
„Ich befehle dir, junger Mann, steh auf!"
Jesus nahm keine Rücksicht darauf, dass am Sabbath nicht geheilt werden durfte – wir werden noch erfahren, dass ihm diese Tätigkeit „an höchster Stelle" zum Vorwurf gemacht wurde. Jesus wehrte sich jetzt mit tragenden Argumenten:
„Was ist am Sabbath erlaubt, doch auch Gutes zu tun und Leben zu retten."
„Der Sabbath ist für den Menschen da, nicht der Mensch für den Sabbath."
Mit diesen revolutionären Behauptungen wollte man sich „oben" natürlich nicht abfinden. Ja, wenn die Römer so befehlen würden, dann ja, denn alle Machthaber „oben" waren ja das, was man heute mit „Radfahrer" abqualifizieren würde:
„Nach oben buckeln, nach unten treten."
Doch: „Der Menschensohn ist Herr über den Sabbath!"

Und: „Denn wie der Herr Tote erweckt und lebendig macht, so macht auch der Sohn lebendig, wen er will.“
Fazit: „Der Glaube oder nicht glauben, das ist hier die Frage!“

Ehe es losging „Auf nach Jerusalem“ müssen wir noch jene Reisen streifen, auf die wir hier nicht näher eingehen können, welche aber vom Evangelisten Markus erwähnt werden. Danach war Jesus in Sidon, Tyrus, in der Wüste südlich des Sees, in der ganzen Provinz Galiläa und soll auch „auf dem Wasser gegangen“ sein. Auf der bald anstehenden „großen“ Reise nach Jerusalem wurden „Wunder“ ein großer Teil des Lebens Jesu. Die Evangelien erzählen von Wundertaten in Galiläa, Judäa und noch in Jerusalem. Man geht heute davon aus, dass es tatsächliche Heilungen gab, die wenig mit echten Krankheiten, mehr mit Austreibungen zu tun haben, die man Exorzismen nennt. Der Inhalt des Begriffs „Wunder“ entstammt dem griechischen Wort „thauma“ und steht für Außergewöhnliches, Einmaliges und Erstaunliches.

Auf nach Jerusalem! Erster Teil

„Wir gehen nach Jerusalem!“
Jesus Christus befahl selten, hier tat er es. So wussten Maria, Maria Magdalena und ihr Beschützer Ermanius Bescheid und protestierten nicht. Aber sie dachten nach: Lasst ihn ziehen mit seinen Jüngern, aber wir kommen nach! Natürlich protestierten auch die Jünger, denn sie führten hier „auf dem Land“ ein Leben, wie es bequemer nicht sein konnte. Da begann Jesus zum ersten Mal am eigenen Entschluss zu zweifeln, „denn“, überlegte er, „warum habe ich es so eilig? Sollte ich nicht abwarten, bis Mutter…?“

Wir wissen nicht, wie Jesus entschieden hätte, wäre nicht Satanas so töricht gewesen, sich einzumischen – im Traum freilich nur, sonst hätte ihm Jesus wohl ein Paar hinter die Ohren geknallt. Also der Versucher trat auf!

„Jesus Christus, was willst du in der Großstadt, wo ich das Sagen habe?"

„Dir das Maul stopfen, Satanas!"

„Das schafft nicht einmal der Herr, wie du dann?"

„Weil ich ein Mensch bin und kein Phantom wie du."

„Denk doch daran", ließ Satanas nicht locker, „was du hier im Stich lässt: Dieses reiche Land rund um den See Genezareth, um welches sich in der Vergangenheit viele Völker gekloppt haben, das nun dir gehören kann. Sieh zu, dass du eine Familie gründest, hübsche Frauen gibt's hier genug, die auf einen ganzen Kerl warten, der sie glücklich machen kann. Setz Kinder in die Welt, das hat auch der Herr lieber als Asketen und Volksbeglücker."

Aber gerade der Umstand, dass Satanas ihn von der Reise abhalten möchte, steigert sein Verlangen nach ihr.

Ganz nah am Strand vom See, wo Jesus und die Jünger ihr erstes Abendmahl hielten, fand auch das zweite statt. Von Fischen hatte man noch genug, das Federvieh vermehrte sich mehr, als man halten konnte, so mussten dreizehn junge Hennen ihr Leben lassen, damit dreizehn Männer gut leben konnten. Und dreizehn Weinflaschen wurden geleert. Ehe danach die gewöhnliche Müdigkeit einsetzte und die Schakale herankamen, um den Platz von Knochen und anderen Essensresten zu säubern und dabei von Jesus gestreichelt wurden, da fiel ihm ein Gleichnis ein, das neu war:

„Man sagt auch, meine lieben Jünger, dass der Schakal den Rücken krümmt, wenn er getreten wird, und den Schwanz einzieht. Nun, unsere weltlichen und geistlichen Machthaber haben den Schakal, dem sie menschliche Züge andichten, lange genug getreten und wollen denselben untertänig

und botmäßig machen und ihm seine Würde endgültig nehmen. Aber das Zuviel schadet auch. Und so ist nun das Reißen des überspannten Bogens nahe. Sie fühlen es: Daher ihre Angst, ihre Suche nach Mitteln, denselben zu steuern. Aber umsonst! Wie immer, so graben sich diese Machthaber selbst die Grube, in welche sie andere hinzuwerfen gedenken."
Seine Jünger waren ernst geworden. Nicht, dass sie Jesu Worten zu viel beimaßen, aber weil sie instinktiv merkten, dass ihr Meister nicht mehr der Meister von früher war. Woher kamen seine düsteren Drohungen? Was trieb ihn an, heute, bei dem guten Essen und Trinken, nicht optimistisch zu sein? Ehe Petrus als eine Art Vorsitzender der Jünger in Jesus dringen konnte, sich zu erklären, dozierte dieser weiter:
„Überall möchten die Menschen, wenn sie auch von meiner Lehre etwas wissen und durch Hörensagen erfahren haben, dieselbe dem Leben so anpassen, dass es keiner Aufopferung und keiner Verleugnung bedarf, um meine Kinder zu werden."
„Jesus", rief Petrus jetzt dazwischen, „verlangst du nicht zu viel vom einfachen Menschen, der doch nur leben möchte?"
„Mein Reich ist unendlich", sagte Jesus, ohne auf den Einwand zu reagieren, „der geistige Besitz hat keine Grenzen und Schranken. Daher ist das ewige Fortschreiten möglich. Mit jeder Stufe ist ein größerer Genuss, eine größere Kraft und sind größere Fähigkeiten zu erreichen."

Petrus wiederholte seine Frage und Jesus antwortete:
„Natürlich hat der normale Mensch und die Mehrheit von ihnen nichts anderes im Sinn als in Ruhe das Auskommen zu haben: Der eine wenig, der andere etwas mehr und der Nächste hat es im Überfluss. Sollte man deswegen aufhören ihn zu belehren und zu erziehen?"

Petrus hatte seine Antwort bekommen und seine Kollegen wollten auch Fragen stellen.
Judas: „Was gefällt dir an Jerusalem nicht, Jesus?"
Andreas: „Ich glaube, Jesus, du weißt, wie man dich in Jerusalem empfangen wird. Warum gehen wir dennoch hin?"
Jakobus der Ältere: „Sag uns, Meister, was dir am Jerusalemer Tempel nicht gefällt?"
Jakobus der Jüngere: „Sag uns, Jesus, warum du deine Mutter nicht mitnehmen willst?"
Johannes: „Und warum Maria Magdalena nicht, die uns sehr nützlich ist?"
Bartholome: „Was geschieht mit uns, wenn dir etwas passiert?"
Philippus: „Wir sind alle keine Kämpfer und haben Angst um dich."
Thomas: „Warum bleiben wir nicht hier und missionieren Galiläa und Samaria statt Judäa?"
Simon: „Auch östlich des Sees in Dekapolis lässt sich leichter missionieren als in Jerusalem oder Bethlehem."
Matthäus: „Warum missionieren wir, Jesus, nicht in Rom weiter, wo wie angefangen haben?"
Thaddäus: „Mir ist jede Gegend recht, wo es am Herrn fehlt."
Jesus beantwortete keine dieser Fragen und Anregungen, schien enttäuscht und unglücklich zu sein. Doch ein Vorwurf? Nein! Aber eine Weissagung:
„Wisset, ihr Lieben, nach unserem nächsten, also dritten Abendmahl, werdet ihr ohne mich leben müssen. Der Herr sei mit euch – Domimus vobiscum!"

Jesus hätte eigentlich merken müssen, dass seine Mutter etwas plante: Früher gab sie nicht eher nach, bis ihr Sohn selbst nachgegeben hatte. Wir werden bald erfahren, was sie zu dieser Zeit vorhatte. Jetzt machte sie Jesus keine

Vorwürfe, als „er die Koffer packte“ und auf einer Karte den Reiseweg studierte. Maria Magdalena, stets wachen Auges und reger Gedanken, erkannte an Jesu Verhalten, was er insgeheim plante und vorhatte:
„Maria“, sagte sie, „er will nicht zurückkommen.“
„Woran erkennst du das, Freundin?“
„Wenn er nachdenkend stehen bleibt und sein Blick stur nach Süden gerichtet ist. Und was liegt im Süden?“
„Jerusalem.“
„Diese vermaledeite Stadt!“
Ja, sie war ein Ausrufungszeichen wert!

„Jerusalem“ ist hebräisch, auch Jeruschalajim geschrieben und im altgriechischen Hierosólyma genannt, bedeutet „die Heilige“. (Wir wollen Zynikern nicht folgen, welche gern von der „unheiligen“ Stadt sprechen und schreiben.) Aber doch den ersten menschlichen Spuren dieses Ortes. Keramische Ausgrabungsfunde bezeugen eine Besiedlung um 5.000 v. Chr. In der frühen Bronzezeit um 3.000 v. Chr. wurden erste Häuser und eine Stadtmauer erbaut – ein Zeichen, dass es schon damals nicht friedlich zuging in der Gegend. Das Alte Testament schildert denn auch allerlei Kriege und andere Techtelmechtel, deren Schilderung wir uns ersparen können. Erst König David, - der ein Vorfahre Josefs und damit Jesu sein soll -, ist ein historisch wertvoller Mann, auf den alle Juden heute noch stolz sein können.

Zur bei uns jetzt fraglichen Zeit war Jerusalem **der** Anziehungspunkt Samarias, Judäas und Idumäas, obwohl Rom und damit Pontius Pilatus Cäsarea als Hauptstadt auserkoren hatte.
„Ich müsste halbverrückt sein“, soll er gesagt haben, „statt in der Seestadt in dieser muffigen Binnenstadt zu residieren.“
Doch gab es politische und wirtschaftliche Fragen, die ihn in die jüdische Hauptstadt führten.

* * * * * *

Jesus befahl also, dass Maria, Maria Magdalena und Ermanius zuhause bleiben müssten, um, wie er anklingen ließ, eine Bleibe bei eventueller Rückkehr zu haben. Was er wirklich dachte, wussten auch seine Jünger nicht genau: Ließ er die zwei Ochsen und drei Esel zurück, weil er ahnte, dass die drei Genannten ihm doch folgen würden, so oder so? Und dann eben diese Zug- und Reittiere benötigten. Die Jünger, alle auf tüchtigen und starken Eseln beritten, warteten schon am Ortsrand von Kapernaum, als Jesus noch Abschied nahm. Ermanius ließ sich nicht sehen, Maria Magdalena auch nicht, schließlich waren sie keine echten Familienmitglieder!

„Wo wird der Stern des Herrn bleiben?“, fragte Maria unter Tränen, „hier oder bei dir?“

„Heute Abend weißt du es, Mutter“, antwortete Jesus.

„Tu autem Domine“, sagte Maria, „Dominus tecum est – Du bist des Herrn, der Herr ist mit dir.“

„De pace animam tuam“, antwortete Jesus, „Ego semper tecum – Friede deiner Seele, ich bin immer bei dir.“

Dann gab er dem unruhig gewordenen Esel den Befehl zum Losreiten. Und Maria kehrte ins Haus zurück und gab die Anordnung, für die morgendliche Abreise all das vorzubereiten, was noch nicht vorbereitet war. Jetzt trat Jakobus vor, wie es hieß ein entfernter Verwandter, und ab morgen vorläufiger Hausverwalter.

„Wenn niemand von uns heimkehrt“, sagte Maria fest und jetzt eine richtige Befehlshaberin, „spüre uns nicht nach, dann gehört alles dir und deiner Familie.“

Jesus machte zu dieser Reise eine Ausnahme: in seiner Kleidung. Nicht dass er irgendwie als schlampiger Junggeselle herumlief, nein, aber wenn er auch den alten Spruch

„Kleider machen Leute“ für überheblich hielt, so wollte er doch „auf meiner wichtigsten Reise“ so etwas wie ein großer König des Himmels und des Herrn darstellen. Welche Kleiderfarbe passte am besten dazu? Weiß!
„Seit dem Sündenfall“, heißt es ja, „tragen die Menschen Kleidung. Als Adam und Eva erkannten, dass sie nackt waren, schämten sie sich und bekleideten sich mit Schürzen aus Feigenblättern. Der Herr ersetzte diese dann durch Röcke aus Fell...“
Aber Kleider machten doch früh Leute:
„Die Kinder Israels sollten sich an den Zipfeln ihrer Oberkleider Quasten machen, und eine Schnur von blauem Purpur daran setzen, dass ihr, wenn ihr sie anseht, aller Gebote des Herrn gedenkt…“ - blauer Purpur bedeutete himmlische Herrlichkeit. Folgen wir einer Schilderung der Zeit:
„...angetan mit einem bis zu den Füßen reichenden Gewand und an der Brust umgürtet mit einem goldenen Gürtel“. Das lange Gewand unterstreicht seine Majestät. Seine Kleidung, weiß wie das Licht, weiß wie Schnee? und strahlend. Petrus meint, „Hier wird uns ein kurzer Blick auf die unermessliche Wertschätzung des Herrn für seinen geliebten Sohn gestattet. Und prophetisch sehen wir seine Herrlichkeit, die auf der Erde offenbart wird.“

* * * * * *

„Wie lange, Jesus, werden wir brauchen“, fragte Thaddäus, „bis die Türme der heiligen Stadt vor unseren Augen auftauchen?“
„Wir haben keine Eile“, antwortete Jesus, „lass es ein Jahr dauern. Je langsamer wir reisen, desto mehr Menschen werden wir des Herrn Wort lehren und Christen hinter uns lassen.“
„Was ist mit deinem Stern, Jesus?“, fragte Philippus, „wird er mit uns reisen oder zu Hause bleiben?“

„Was fragst du, kannst du nicht bis zum Abend warten!“
Die Jünger lernten erst jetzt ihren Jesus kennen, dass auch er gereizt sein und der vielen Menschen satt werden konnte.
Am Vorabend hatte man sich gemeinsam hingesetzt und den Weg nach Jerusalem besprochen.
„Ich glaube“, hatte Jesus vorgeschlagen, „dass es nicht vorteilhaft ist, in Jerusalem zu wohnen. Die Luft aus den vielen stickigen Häusern, das Vieh in der Stadt, diese Mischung aus Armenhäusern, Bethäusern und der Lärm um den Tempel werden uns nicht zur Ruhe kommen lassen. Ich schlage Bethlehem als vorläufigen Wohnort vor.“
Jesus verschwieg ihnen, dass er dort für immer ruhen wolle und dass er glaube, für die Geschichte klänge der Begriff „der Stern von Bethlehem“ wirkungsvoller als der jetzige Name.
„Werden wir unterwegs missionieren?“, fragte Simon.
„Das ist der eigentliche Zweck unserer Reise“, antwortete Jesus.
Wir beenden hier den ersten Teil der Reise und „schalten um nach Jerusalem.

Ein Komplott

„Er beginnt, das Volk aufzuwiegeln, Herr Präfekt.“
„Wir haben erfahren, Präfekt, dass er von Kapernaum aufgebrochen ist.“
„Er hat zwölf Jünger bei sich.“
„Was sind Jünger, Hoherpriester?“
„Helfershelfer, die ihm körperliche Arbeit abnehmen und auch in seinem Namen missionieren.“
„Wen oder was missionieren sie?“, fragte Pontius Pilatus.
Wie immer, wenn er mit „diesen Israeliten“ zu reden hatte, packte ihn ein Gefühl von Unmut und Ärgernis. Nicht dass er politische Heimlichkeiten für unmoralisch hielt, -schließlich war er ja eingefleischter Römer!-, aber das dau-

ernde „von hinten herum“ nahm er ihnen übel. So fragte er jetzt:
„Was, ihr hohen Herren vom Hohen Rat, habt ihr diesem Jesus Christus eigentlich vorzuwerfen? Keine Bagatellen bitte, sonst stehlt ihr mir die Zeit, und Zeit ist hier kostbarer als in Rom.“
„Erstens“, lautete die gemeinsame Antwort, „Jesus Christus bereitet einen Aufstand vor, der auch dich, Präfekt, davonjagen kann. Zweitens macht er das Volk glauben, Tote erwecken zu können. Drittens tut er dies auch am Sabbath. Viertens verweigert er den Steuergroschen. Fünftens hat er sich ohne unsere Erlaubnis schon einen Namen als neuer Herrscher zugelegt, er heißt INRI – IESUS NAZARENUS REX IUDAEORUM, Jesus von Nazareth, König der Juden. Sechstens: Er will unseren Tempel stürmen, jedenfalls lassen die Äußerungen seiner Jünger diese Vermutung zu. Siebtens: Er lässt seine Jünger kostenlos Arbeiten verrichten, die unseren Steuern zahlenden Handwerkern zustehen. Achtens: Er ist ein Unruhestifter, will unseren jetzigen Gott Jahwe absetzen und sich selbst als der Allmächtige einsetzen. Und neuntens, Präfekt: Auch wenn er nur geistig und geistlich daherredet: Er wird auch deine und Roms Oberherrschaft abschütteln wollen.“
Das waren alles Anklagen, die nicht Kopf und Kragen, aber doch Ausweisung und Verbannung nach sich ziehen konnten.

Pontius Pilatus hatte mehr als geduldig zugehört und sich jegliche Änderung seiner Gesichtszüge erspart. So dass nicht er, sondern seine Gesprächspartner sozusagen auf heißen Kohlen saßen. „Verräter“, verheißt ein altes Sprichwort, „haben immer heiße Hintern oder Füße, je nachdem, ob sie sitzen oder stehen“. Darum vertagte der Präfekt die Tagung bis auf den übernächsten Tag. Da hatte er dem Hohen Rat seine Antworten auf die neun Punkte schriftlich vorlegen lassen.

„Ich hasse es“, vertraute er seinem Schreiber an, „mit diesen Leuten an einem Tisch zu sitzen und mir ihr liederliches Gequake anzuhören.“
Hier sind die Antworten.
Zu Punkt eins: „Der Aufstand ist abzuwarten.“
Zu Punkt zwei: „Das muss ich selbst gesehen haben, ehe ich euch glauben kann.“
Zu Punkt drei: „Am Sabbath muss jedem Menschen geholfen werden können.“
Zu Punkt vier: „Ich habe mir sagen lassen, dass er bezahlt.“
Zu Punkt fünf: „Dieses INRI ist meine Erfindung – bitte keine Lügen mehr!“
Zu Punkt sechs: „Ihr habt ja Mann‘s genug, den Sturm abzuwehren.“
Zu Punkt sieben: „Wenn eure Handwerker nicht zu den Armen gehen...“
Zu Punkt acht: „Auch unter unseren römischen Göttern gibt‘s Kämpfe.“
Zu Punkt neun: „Hier heißt es ebenfalls abzuwarten.“
In unserer heutigen Sprache kann man feststellen: Der Hohe Rat von Jerusalem ist bei Pontius Pilatus abgeblitzt. Inzwischen hatte der Präfekt Nachrichten vom Kaiser erhalten, dass sich in Rom bereits eine vielköpfige Christengemeinde gebildet habe, „alles Personen, die sich als vorbildliche Untertanen benehmen und versprechen, dem Kaiser zu geben was des Kaisers ist und Zuspruch von allen Kreisen der Stadt bekommen. Ich ordne hiermit an, dass den Christen so lange kein Abbruch getan werde, wie sie sich als normale Bürger unseres Reiches benehmen.“

Auf nach Jerusalem! Zweiter Teil

Die Entfernung zwischen Kapernaum und Bethlehem beträgt als gerade Luftlinie cirka 140 Kilometer. Mit all den Umwegen das Jordantal hinab und den Abzweigungen, um zu missionieren und nachts unterzukommen, wird für Jesu

Reise eine Strecke um das Doppelte herauskommen. Was schaffte ein Ochsengespann damals? Denn diese bestimmte ja die Reisegeschwindigkeit und nicht die vorab gehenden Eselsreiter. Zehn bis fünfzehn Kilometer pro Tag erscheinen uns realistisch.

Das Ochsengespann zog eine Art von Wohnwagen, wie sie später, während der Völkerwanderungszeit in Mitteleuropa, von den Goten und Wandalen vielfach benutzt wurden. Deren meiste Wagen waren freilich offene, aber es waren auch geschlossene dabei, um Kinder und alte Leute beiderlei Geschlechts vor den Unbilden des Wetters ein wenig schützen zu können. Das Wetter war auch für Petrus, den Organisator und Führer der Reisegesellschaft, der Anlass für den geschlossenen Wagen gewesen; er hätte ja nie zugeben dürfen, dass er dabei an Jesus dachte. Nicht, dass Jesus weniger aushalten könne als seine Jünger, so meinte er das nicht, aber: Ihn strengte die Missionsarbeit mit den vielen Reden und Erklärungen, dem hundertfachen Handauflegen und der häufigen Wundbehandlungen doch mehr an als seinen mehr befreit auftretenden Jüngern. Die zwölf Jünger hielten insgesamt drei Hunde, die Herrchen gegenüber sehr folgsam waren, aber Fremden gern an die „Hosen gingen“ und damit als Tag- und Nachtwächter gut geeignet waren. Sie ernährten sich hauptsächlich als Selbstversorger, indem sie jede unvorsichtige Maus oder Ratte oder Hasen packten und sonst mit fleischlichen Abfällen zufrieden waren. Sie liebten Jesus mehr als ihre Herrchen und wärmten ihn in den kühlen Nächten.

Jesu Ruf war bereits so gediehen, dass er auf dieser Reise mehr Arzt und Helfer als Tröster, Heils- und Glaubensbringer war. Ein großer Teil des mitgeführten Vorrats war medizinischer Art: von ihm selbst angesetzte Augensalbe und Augentropfen, Salz vom Toten Meer, Teekräuter aus Galiläa, Abführmittel aus Abilene, Rachenputzer aus Phönizien, Spateln, Pinzetten, Bohrer, Feilen, Raspeln, Klemmen und Spreizen aus Damaskus und als Besonderheit ein Glasstück aus Sidon, das als Vergrößerungs- und Brennglas benutzt werden konnte. Ein Schmied aus Julias am See hatte für Jesus über hundert umhängbare silberne Kreuze gefertigt, die besonders rührigen Neuchristen als Belohnung verabreicht werden sollten. Haus-, Koch- und Bratgeräte wurden aufgeladen, dazu Holzteller und Blechbecher zum Essen und Trinken, Öllampen für den Abend und für die Nachtwächter. Dazu Waffen zur Verteidigung und Jagd in Form von römischen Kurzschwertern, Lanzen, Speeren, Pfeil und Bogen und maurischen Steinschleudern. Jesus trug bekanntlich „sein erneuerbares Geld“ in je einer Ausführung als Schekel, Aureus, Denar und Sesterze mit sich.

Zum ersten Mal in seinem Leben dachte Jesus „jagdlich“: Weil es um die Ernährung unterwegs ging. Petrus, der Alleswisser, wusste auch hier Bescheid:
„Es gibt in den Bergen viele essbare Tiere, Jesus, welche dir nachlaufen und vielleicht glücklich sind, von dir aufgegessen zu werden: Hirsche, Gazellen, Antilopen, Steinbock, Muffelwild, Rehe, die sich lohnen zu fangen oder zu jagen. Als Abwechslung Enten und Gänse am See, Rebhühner und Hasen als Delikatesse. Schließlich können wir auch Fischtage einlegen. Mich juckt es zwar, endlich mal Schweine zu essen, wilde wie zahme, aber das werde ich später einmal versuchen, wenn ich allein bin und auf religiöse Riten nicht zu achten habe. Der Herrn wird‘s mir wohl verzeihen.“

Wir nennen hier vorab die wichtigsten durchfahrenen, durchrittenen und durchwanderten Orte „von oben nach unten“: Tiberias, Nain, Skythopolis, Salem, Enon, Sichem, Alexandrium, Phasaelis, Archelais, Jericho, Bethabara, Hyrkanium, Herodium und Bethlehem. Damit war Jerusalem umgangen. Am Abend des ersten Reisetages, der kurz vor Tiberias endete, bildeten die Jünger eine Clique und

verlangten von Jesus Aufklärung. Sprecher war diesmal Judas, der Jesus in und den auch Jesus ans Herz geschlossen hatte:
„Herr und Meister, wir wollen und müssen wissen, warum diese Reise angetreten und Maria, Maria Magdalena und Ermanius ausgeschlossen bleiben."
Jesus zögerte nicht mit der Antwort, während er seinen Lieblingshund Nero, der nach Kaiser Tiberius Nero benannt war, kämmte und streichelte:
„Ich muss an den Herd allen Übels herankommen, Jerusalem und den Tempel, um dort Ordnung im Sinne des Herrn zu schaffen. Er hat es mir auch heute auf der Reise wieder anbefohlen. Er sagte ‚Hüte dich vor falschen Propheten, die in Schafskleidern zu dir kommen, inwendig aber die reißenden Wölfe sind'. Und in der vorigen Nacht vor unserem Aufbruch sagte er mir: ‚Habe ich nicht erwählt die Armen der Welt, die im Glauben reich und Erben des Reichs sind, das ich verheißen habe denen, die mich lieb haben?'".
„Aber was hat das, Herr, mit Jerusalem zu tun?"
„Jerusalem ist unsere Hauptstadt. Dort sitzt der Hohe Rat, dort hockt der Sanhedrin, dort tummeln sich meine Gegner im Glauben um des Herrn."
„Und warum dürfen Maria und die beiden anderen nicht mitkommen?"
Hier scheute Jesus die Wahrheit.
„Vielleicht", lockte Judas, „weil es gefährlich werden kann, Jesus?"
Da stimmte Jesus zu.
„Wir Jünger sind der Meinung", ließ Judas nicht locker, „dass sie nachkommen werden, ob du es verboten hast oder nicht."
„Der Meinung bin ich auch", antwortete Jesus.
„Dann lass einen von uns, mich zum Beispiel, zurück- und ihnen entgegenreiten."

Das wurde gemacht.

* * * * * *

Das rechte Ufer des Jordan war in der Nähe von Nain, das am Abend des zweiten Tages erreicht wurde, voller grüner Gebüsche und lichter Laubwälder, ein Biotop also, das von „Hirschartigen“ als idealer Lebensraum beurteilt und belebt wurde. Man sah ein Rudel mesopotamischer Damhirsche auf einer Lichtung stehen und man bekam Appetit auf Hirschragout. Wie scheu waren die Tiere hier gegenüber ihren zweibeinigen Jägern? Werte Leserschaft, auch wenn du kaum jagdlich gebildet sein wirst, so kannst du dir doch vorstellen, dass der so genannte Fluchtabstand des damaligen Wildes um ein gehöriges Maß niedriger war als heutzutage. Erst die Schusswaffen mit ihrem Knall, der für jedes Wildtier eine Beleidigung ist, hat alle jagdbaren Tiere zu Flüchtlingen gemacht.

Zwei Jünger gingen los zu versuchen, auf Schussweite mit Bogen und Pfeil an ein besonders schmackhaftes Stück Wild heranzukommen – Kalbfleisch war schon damals ein Genuss, den sich nur Jäger und Jagdherren leisten konnten. Ein Damwildkalb, just drei Monate alt, hatte Lust, mit den Jägern anzubandeln, aber seine Mutter sprang ab und das Kalb folgte ihr.

„Herr“, meinten die Jünger, „wenn wir heute noch satt werden sollen, musst du mithelfen.“

Das tat Jesus unter der Bedingung, dass er nicht zu töten brauchte.

„Brauchst du nicht, Herr, nimm einen Strick mit.“

Und es klappte ausgezeichnet. Mutter und Kalb blieben stehen, als Jesus herankam, die letzten Schritte kam das Kalb her, leckte Totes-Meer-Salz aus Jesu Händen und ließ sich den Strick anlegen, den Jesus an einem Ast befestigte.

Dann ging er ins Zelt, das man für ihn aufgestellt hatte und kam erst wieder hervor, als Judas verkündete:
„Dominus sit in mensa posuit, et nos gratias - Herr, der Tisch ist gedeckt, wir danken dir dafür."
Das Kalb war diskret abgemurkst worden, nachdem man seine Mutter fortgejagt hatte. Sein Fleisch war ungeheuer zart und für Gulasch bestens geeignet, das nun im Topf überm Feuer köchelte und zusammen mit roten Rüben, Porree und Hirsekörnern eine Mahlzeit bildete, wie sie die oberen Fünfhundert Jerusalems zur Zeit nicht serviert bekamen.
„Es tut mir leid", sagte Jesus, „dass der Feinschmecker Judas nicht an dieser Mahlzeit teilnehmen kann, er hätte gewiss ‚Gedankt sei dem himmlischen Herrn, der uns das Essen geschenkt hat' gesagt, und nun müssen wir uns überlegen, ob wir ein paar arme Leute finden, die wir mit einer Abendmahlzeit erfreuen können."
In diesem Augenblick begann der Stern von Nazareth zu leuchten, eine Wegstunde nördlich verkündete Judas seiner Reisegruppe „wir sind bald da, Frau Maria, ich rieche schon das Abendessen", worauf Ermanius seinem Esel symbolisch die Sporen gab und wie ein Blitz davon galoppierte.

So war die Eintracht aller, die sich kannten und liebten, „mit des Herrn Hilfe" wieder hergestellt. Und der Eintopf schien sich unterdessen so vermehrt zu haben, dass nicht nur Maria, Maria Magdalena und Ermanius „pappsatt" wurden, sondern auch ein halbblinder Knecht aus der Nachbarschaft, Ismael mit Namen und so voller Schmacht, dass man noch ein ganzes Rippenstück des Kalbes am Spieß braten musste, ihn satt zu kriegen.
„Wer bist du?", verhörte ihn Petrus, „dass du verhungert durch die Nacht taperst?"

„Ich habe den Stern gesehen", antwortete Ismael, „und dachte, wer so eine Laterne hat, hat auch zu Essen für mich. Mein Herr ist hartherziger als jeder Wechsler in Jerusalem und hat mich fortgejagt, weil ich Schwierigkeiten mit meinen Augen habe – Satanas möge ihn zu sich holen und mir meinen ausstehenden Lohn zahlen."
„Komm her zu mir", befahl Jesus, „ich will deine Augen untersuchen. Aber vorher sag mir, ob du das Licht über dir sehen kannst?"
„Ja, Herr, es scheint doch ein Stern zu sein."
„Wo liegt der Bauernhof", fragte Jesus, als er seine Augensalbe vorbereitete, „dessen Bauer dich so schmählich behandelt hat?"
Ismael beschrieb den Weg, während Jesus die Augen mit seiner Lupe untersuchte und die Lider auf und zuzog.
„Du wirst morgen wieder sehen können", versprach er, „nun leg dich so nieder, wie du in der Nacht zu schlafen gedenkst, das Gesicht nach oben."

Unterdessen schlichen sich die beiden Jakobus mit den Hunden Nero und Mars aus dem Lager und schlugen die Richtung ein, die Ismael vorhin angegeben hatte. Der Jordan-Vollmond wies ihnen den Weg und die Hunde zogen an der Leine, als wüssten sie ihn, den Weg. Hinter einer Tür des Hauses brannte ein Kerzenlicht, aus der halb geöffneten Luke drangen solche Schimpfworte heraus, dass Nero und Mars unruhig wurden, leicht knurrten und tropfende Lefzen bekamen.
„Was wollt ihr?", fragte der Bauer und knurrte ebenfalls, als Jakobus und Jakobus unaufgefordert eintraten.
„Wir kommen vom Herrn", antwortete Jakobus senior, „und wollen den Lohn abholen, den du Ismael noch schuldig bist."
Der Bauer, gedanklich nicht auf den Kopf gefallen, schaltete sofort, sah vor sich Nero, Mars, Jakobus und Jakobus

und hinter sich seine Knechte, die er soeben abgekanzelt hatte.
„Rück zehn Schekel raus, Bauer“, sagte Jakobus junior, „dann ist die Sache erledigt, sonst wird Donar, der Herr über Blitz und Donner, deinen Hof abfackeln.“

Eine halbe Stunde später, als auch Jesus mit seiner Augenbehandlung fertig war, konnte sich Ismael als Besitzer dieser Schekels glücklich fühlen. Er lag unter einer Decke auf dem Wagen und sah nichts mehr, denn seine Augenhöhlen waren mit einem Brei aus Salbe und Salz zugeklebt und verbunden worden.
„Guten Abend, gute Nacht“, sang Petrus ihn und alle anderen in den Schlaf, „vom Herrn bewacht, morgen früh, so er will, werdet ihr wieder geweckt.“ Ein paar Serenadenklänge der Zither durchzitterten die Nacht – Nero, Mars und Ares hielten die Wacht.

* * * * * *

Am nächsten Morgen stellte sich heraus, dass man mit Ismael einen guten Fang gemacht hatte: Er konnte nicht nur tadellos sehen, „wie ein Uhu“, sagte er stolz, er war auch Zimmermann und Bäcker zugleich – eine Berufskombination, die nie untergehen wird. So fasste Jesus einen Entschluss zur Erleichterung dieser Reise, zugleich fasste er fünfzigmal in die Tasche seines weißen Kleides, häufte das Geld vor sich auf und übergab es Maria. Dann entschied er: „Unsere Neuankömmlinge und Ismael fahren voraus nach Bethlehem, suchen sich dort eine Bleibe aus, in der man einige Monate leben kann und bauen mit allen Kräften, - viribus unitis -, eine kleine Holzkirche, in der ich predigen und Neulinge taufen kann. Wir kommen dann langsam nach.“

Zum ersten Mal sagte Jesus bewusst eine Unwahrheit, denn er ahnte „haargenau“, in welchem Zustand er nach Bethlehem kommen würde. So zogen denn Maria, Maria Magdalena, Ermanius und Ismail nach Bethlehem davon und unsere Dreizehnergruppe mit Nero, Mars und Ares reiste nach Skythopolis weiter.

Hier war Johannes der Täufer, der weiterhin „freiberuflich“ tätig war, noch vor einer Woche gewesen und hatte Jesus und seine Mannschaft angekündigt. Es war ihm gelungen, in der Stadt eine erste Christengemeinde zusammenzubringen, ähnlich wie es in Rom geschehen war, weil es hier viel arme Leute gab, die von vermögenden Landwirten, Handwerkern, Kaufleuten und Geldwechslern kujoniert und abwertend behandelt wurden. Sie warteten darauf, von einer richtigen Kapazität in Fragen von Religion und Glauben unterwiesen zu werden. So konnte Jesus in einer kleinen Kapelle endlich einmal verbal loslegen:
„Haltet den Glauben an unseren Herrn der Herrlichkeit frei von allem Ansehen der Person. Denn wenn in diese Versammlung ein Mann käme mit goldenen Ringen an den Händen und in herrlicher Kleidung, es käme aber auch ein Armer in schäbiger Kleidung, und ihr spráchet zum Reichen ‚Setze dich auf einen guten Platz!‘ und spráchet zum Armen ‚Stell du dich dorthin oder setze dich zu unsren Füßen‘, wäre das recht, dass ihr solche Unterschiede macht? Hat nicht der Herr die Armen der Welt erwählt, die im Glauben reich sind? Sind es nicht die Reichen, die Gewalt gegen euch üben und euch vors Gericht ziehen?“
Das war schon „scharfer Tobak“, wie man heute sagen würde, und musste die meisten Reichen, die solche Worte hörten, Jesu abspenstig machen. Und Jesus fuhr fort:
„Alle Gemeinden, in denen nicht deutlich gepredigt wird, dass Christen als Täter des Wortes durchs Leben zu gehen haben, so wie der Herr es gebietet, verwirken das Recht, sich als christliche Gemeinde zu bezeichnen. Weiterhin hat

jeder Christ das Recht verwirkt, sich Christ zu nennen, der meine Worte nicht in die Tat umsetzt, und das nicht mit Zwang sondern aus tiefer Dankbarkeit dem Herrn gegenüber."

Ist hier nicht auch klar geworden, dass Jesus beizeiten seine Zuhörer etwas arg, das heißt übertrieben, herannahm?

„Der Herr möchte", schloss Jesus seine Predigt, „dass wir die volle Wahrheit erkennen und uns nicht mit Halbwahrheiten abspeisen lassen, denn diese verhindern, dass wir in sein Reich gelangen."

Nach dieser Predigt kam der christliche Rabbiner zu Jesus und warnte ihn:

„Herr, wir haben gestern erfahren, dass gegen Johannes den Täufer, der uns ja den rechten Glauben offenbart hat, etwas vorliegt; so will ich es umschrieben nennen. Die Tochter des Herodes, ein lockeres Weib, hat ihrem Vater die Erfüllung ihres größten Wunsches abgelockt."

„Das ist nichts Besonderes", entgegnete Jesus, „das praktizieren viele Töchter mit ihren Eltern. So lange der Wunsch ehrenhaft ist..."

„Das ist es ja, Herr – sie verlangt seinen Kopf auf einem silbernen Tablett serviert!"

„Danke für deinen Rat", lobte Jesus, „der Herrn wird's danken. Ich werde Johannes so schnell wie möglich suchen und zu mir bringen lassen."

„Da haben wir den Salat", sagten die Jünger gemeinsam, „zeigt das nicht, oh Herr, dass die Hohen und Reichen für uns unerreichbar sein werden?"

„Andreas", befahl Jesus, „du bist der beste Reiter unter uns. Besorge dir ein Pferd, - hier sind ein paar Goldschekel -, reite wie Satanas voraus und bringe uns Johannes den Täufer!"

Von hier kamen sie an den Jordan zurück nach Salem und Enon, die dicht beieinander liegen. Man lud Jesus ein, in einer Schule den Kindern etwas über den Himmel zu erzählen. Das brachte Jesus natürlich in Verlegenheit, denn er konnte ja nicht sagen, schon da oben gewesen zu sein. Kindern konnte er auch nicht klarmachen, dass ein Leben nach dem Tod nicht unbedingt die Rückkehr zur Erde garantiere.

„Der Himmel ist ein Geschenk“, versuchte Jesus zu erklären, „das man sich weder erkaufen noch erarbeiten kann. Das einzige, was der Mensch tun muss, ist wie Kinder vertrauensvoll zum Herrn gehen. Der Herr weiß, was ihr braucht. Sorgt euch nur darum, dass ihr euch seiner Herrschaft unterstellt, dann wird er euch schon mit anderen versorgen. Sei ohne Angst, du kleine Herde, der Herr ist entschlossen, euch seine neue Welt zu schenken. Und ich sage euch: Wer sich des Herrn neue Welt nicht schenken lässt wie ein Kind, der wird niemals hereinkommen.“

Nach diesem „Kindergottesdienst“ hielt Jesus in Enon eine Versammlung ab, deren Mitglieder Tage vorher von Johannes im Jordan getauft worden waren. Der Alltag hatte sie wieder, mit ihm die Querelen eines normalen Lebens.

„Wir sehnen uns nach dem Himmel, Herr Jesus, ohne auf Erden sterben zu müssen. Wie sind die Verhältnisse jenseits der Wolken?“

„Viele, die jetzt vorn sind“, antwortete Jesus, „werden dann am Schluss stehen, und viele, die jetzt die Letzten sind, werden schließlich die Ersten sein.“

Das tröstete die Menschen hier wenig und einige dachten an „Austritt aus dieser Religion“.

So schob Jesus Angenehmeres nach:

„Im Himmel wird es kein Leid mehr geben, ist das nicht ein Ausgleich?“

* * * * * *

Hier, so dicht am See, wollte Jesus seine Fähigkeiten als Fischer und Angler vorführen.
„Kommt alle ans Ufer, die ihr hungrig seid, ich will euch sättigen."
Das wurde hier nicht eine zweite Speisung der Fünftausend, aber immerhin kamen ein paar hundert Hungrige, Neugierige und Spionierende. Jesus zog sich seinen weißen Mantel aus, schürzte das Unterkleid und tauschte seine Prachtsandalen gegen Alltagstreter. Dann stieg er bis an die Knie in den Jordan, gefolgt von seinen Jüngern, die nun eine Kette von Jesus bis zu den Empfängern am Ufer bildeten. Dort hatten diese Feuer entzündet und auch sonst zum Festmahl vorbereitet. Jesus befahl, dass sich Familien mit Kindern gesondert aufstellten und gebot den Jüngern:
„Die Dicken den Familien, die Dünnen den anderen."
Er meinte damit dicke Fische, zum Beispiel Welse und Störe, oder eben dünne wie Aal, Seeforelle und Rutten, auch Quappen genannt. Es wurde eine allgemein lustige und fröhliche Schmauserei: Die Fische stellten sich an, um von Jesus gegriffen und an die Kette weitergeleitet zu werden. Bei einem mächtigen Fünfzigpfundwels oder einem Einmeterstör mussten die Jünger aushelfen, damit Jesus sich nicht überanstrengte und einen oder zwei Bandscheibenvorfälle bekam. Eine essende Menschenansammlung am Fluss lockte auch Mittesser ein, also Geier, Milane, Möwen und Bussarde, deren kleinere sich auf Jesu Schulter setzen und aus seiner Hand gefüttert werden wollten – insgesamt eine Szenerie des Friedens, welche auf Erden nur um Jesus herum entstehen konnte.

Frieden?
„Es kann der Friedvollste nicht in Frieden leben, wenn es seinem Nachbar oder anderen Leuten nicht gefällt!"
Dieser Spruch, so alt wie die Menschheit, wollte sich nun bestätigen. Denn plötzlich tauchten am Ufer zwei Herodes-

Soldaten auf und begehrten Jesus zu sprechen. Weil Jesus nicht ans Ufer kam, musste einer der Soldaten zu ihm stiefeln und war deswegen schon „aufgeladen“.
„Bist du der Jesus von Nazareth?“
„So nennt man mich, Soldat. Und wer bist du?“
„Ein Soldat des Königs Herodes.“
„Welcher Herodes? Es gibt bekanntlich mehrere dieser Männer.“
„Der‘s hier zu sagen hat, Herodes Antipas.“
„Zu sagen hat‘s hier der römische Präfekt, Soldat. Und nun raus mit deiner Sprache: Was willst du von mir?“
Damit drückte Jesus dem bereits wütend aufbrausenden Soldaten einen zappelnden Wels in die Hand.
„Hier, nimm ihn und lass es dir und deinem Kameraden dort an einem der Feuer gut schmecken.“
„Herr“, sagte Petrus anerkennend, „wie du mit den Leuten fertig wirst...“

Petrus, dessen Augen kaum etwas in der freien Landschaft entging, hatte auf einem westlichen Abhang längst zwei Reiter entdeckt und machte Jesus darauf aufmerksam.
„Das sind Andreas und Johannes“, sagte Jesus mit Bestimmtheit, „sie beobachten uns und haben die Soldaten gesehen. Nimm du, Petrus, die Sache in die Hand. Ich gehe wieder in den Fluss.“
Petrus ging zu den Soldaten und fragte sie:
„Ihr sucht sicherlich Johannes den Täufer?“
„Ja, ist er hier bei euch?“
„Nein, zähl Jesu Jünger hier und du wirst auf zwölf kommen. Aber ich kann euch helfen.“
„Dann tu es. Wir können auch rabiat werden, besonders wenn wir gut gegessen haben.“
„Die Leute sagen“, antwortete Petrus unbeirrt, „er sei gestern hier gewesen und nach Nain aufgebrochen, um dort zu

taufen. Wollt ihr euch nicht taufen lassen, Soldaten, der Herr Jesus dort im Wasser könnte es eigenhändig tun."

„Was haben wir davon, Petrus?"

„Einen Vorsprung vor euren Kameraden und nebenbei das ewige Leben."

„Was haben wir vom ewigen Leben, Petrus?"

„Nun, das ewige Leben eben."

Jünger Matthäus mischte sich ein und spendierte den Soldaten eine Flasche Wein.

„Jedem", versprach er, „der sich nicht taufen lässt, wird einst die Sonne sich verfinstern, der Mond seinen Schein verlieren und die Sterne vom Himmel fallen, und die Kräfte des Himmels werden ins Wanken kommen. Und nur Getauften erscheinen die Zeichen des Himmels, dass der Herr gekommen ist."

Es blitzte und donnerte in der Ferne, ein Jordangewitter war im Anzug. Doch die Soldaten waren nicht überzeugt und wollten weiterziehen, als Petrus noch die entscheidende Frage einfiel:

„Warum sucht ihr einen unschuldigen Mann wie Johannes den Täufer?"

„Unschuldig? Er soll verhaftet werden."

„Was hat er getan?"

„Nichts außer die Königstochter, diese lose Vettel, beleidigt zu haben. Sie wünscht seinen Kopf, Leute. Wir kassieren je einen Schekel, wenn wir ihn packen."

Jetzt war auch Jesus, erschöpft vom Fischefangen, hinzugetreten, und fragte:

„Gold- oder Silberschekel?"

„Wer hat schon einen Goldschekel, Mann?"

„Ich hier", sagte Jesus und klimperte mit zweien dergleichen, „sie gehören euch, wenn ihr eure Jagd abbrecht und Salome mitteilt, Johannes wäre unauffindbar."

Es dunkelte schon, dieser Handel wurde abgeschlossen. Da riefen ein paar der nun satten Leute:

„Der Stern! Der Stern von Nazareth über uns!“
Auch die beiden Soldaten äugten gen Himmel und wurden wütend, genasführt zu sein.
„Das hier ist eine Narrenversammlung“, sagte der eine.
„Her mit den Schekels“, rief der andere.
Und sie verdrückten sich in Richtung Norden.

Als das Gewitter näher rückte, kam der dem Fluss am nächsten liegende Landwirt und schlug vor, Jesus, seine Jünger und Gespann und Wagen „ein Obdach für die Nacht zu geben, wenn ihr mir morgen eine Menge Fische fangt, die ich trockne, als Viehfutter verwende und auch selbst mit meiner Familie essen möchte“?
„Deinem Wunsch wird stattgegeben“, sagte Jesus feierlich, „es werden allerdings noch zwei Männer dazukommen.“
Auch dieser Handel wurde abgeschlossen und kurz darauf, als die ersten schweren Jordan-Regenschauer prasselten, ritten Andreas und Johannes auf den Hof.

* * * * * *

Als es am nächsten Morgen und nach stürmischer Gewitternacht ans Fischfangen für den Bauern ging, war Johannes der Täufer nicht wiederzuerkennen – ein nächtlicher Maskenbildner musste ihn in den Fingern gehabt haben: Aus einem Zweiäugigen war der sagenhafte Golem geworden, aus einem Kraftprotz ein Lahmer, aus einem Geschwätzigen ein Stotterer. So wurde Johannes eine Zeitlang Jesu dreizehnter Jünger!

Am nächsten Tag ging es bis nach Sichem, mehr im Inland gelegen, wo es noch sachte regnete und die Reisegruppe erwartet wurde.

„Dieses Erwartetwerden“, sagte Jesus zu seinen Jüngern, „gefällt mir eigentlich gar nicht. Es sieht nach Überwachung aus.“
„Ja“, stimmte Bartholome für alle bei, „das ist gewiss der Fall. Denke, Herr, an diesen verblödeten Herodes Antipas und seine Clique, die Johannes an den Wickel wollen.“
„Ja“, stimmte auch Thaddäus bei, „erst Johannes, dann einige von uns, dann du selbst, Herr und Meister.“
Jünger und Namensvetter Johannes fühlte sich nicht wohl in seiner Rolle, sagte aber zu, sich „jedenfalls, wenn es notwendig sein sollte, für den Täufer zu opfern“. Das veranlasste diesen, die Gruppe mit der Versicherung, „wir sehen uns in Bethlehem wieder“ zu verlassen.

Jesu Predigt, mehr Lehrstunde vor der Christusgemeinde Sichems, stand dieses Mal unter dem Thema „Regen“, denn „dies ist heute der Regen des Herrn, denn was wären wir armen Menschlein ohne den Regen des Herrn!“
„Lasst und darauf achthaben und danach trachten, den Herrn zu erkennen, denn er wird hervorbrechen wie die schöne Morgenröte und wird zu uns kommen wie ein Regen, der das Land feuchtet. So seid geduldig bis zum Kommen des Herrn. Sehet, der Bauer wartet auf die kostbare Frucht der Erde und ist dabei geduldig, bis sie den Regen empfange.“
Dann erklärt Jesus, weil es sich hier hauptsächlich um Städter handelt:
„Der Bauer muss so lange auf seine Ernte warten, bis der Regen gefallen ist. Der Regen sorgt nämlich dafür, dass die Erde weich wird und der Samen überhaupt erst keimen kann. Wenn die Pflanzen nicht gekeimt haben und nicht gewachsen sind, was soll da Regen im Herbst ausrichten?“
Und dann rückte Jesus damit heraus, dass er mit dem Regen den Heiligen Geist gemeint und nun das R mit dem S vertauschen wolle.

„Aus Regen wird Segen werden, so der Heilige Geist über euch kommt."
In die Stille hinein fuhr Jesus fort:
„Der Herr hat uns dieses Bild aus der Natur gegeben, dass keine Pflanze reifen kann, wenn sie nicht den Regen empfangen hat. Darum sollen wir den Herrn bitten, dass er jede Art von Regen, ob Spät- oder Frühregen, in den Heiligen Geist umwandle."
Und dann nach der Abschlusspause:
„Und ihr, Kinder des Herrn, freut euch und seid fröhlich im Herrn, der euch gnädigen Regen gibt, auf dass die Tennen (Dielen) voll Korn seien und die Keltern Überfluss an Wein haben werden."

Der nächste Halteplatz war Alexandrium, die alte Alexanderstadt. Hier wurde aus einigen wichtigen Gründen eine Pause von sechs Tagen gemacht. Allgemeines Ausruhen von Mensch und Tier war angesagt, der Wagen musste überholt werden, die Vorräte ergänzt und vor allem dem Vortrupp mit Maria und den anderen der Vorsprung gelassen werden.
„Sie sollen mindestens", entschied Jesus, „sieben bis zehn Tage vor uns in Bethlehem ankommen, damit alles vorbereitet ist."
In Alexandrium geriet Jesus mit einem Rabbi aneinander, der Alexander „bis in den Himmel" lobte und als Idealgestalt der Menschheit hinstellte:
„Einer Religion unter seiner Herrschaft könnte ich mich beugen."
„Er war ein Narr!", konterte Jesus und fügte dem erbosten Rabbi hinzu:
„Warum hat er nicht alle Stämme Griechenlands zu einem Großreich vereinigt? Aus welchem Grund zog er nach Osten in die Unendlichkeit hinein? Er war genau der Übermensch, den die Menschen nicht haben wollen, und der

Herr hat ihn gestraft für seinen Übermut und miserablen Lebenswandel."
Der Rabbi zog grußlos und mit solch einem Gesicht ab, dass die Jünger hier in Alexandrium Jesus im geschlossenen Wagen übernachten ließen und ihn dabei abwechselnd bewachten. Hier auch bewährte es sich, dass Jesus ein tüchtiger „Mediziner" und als solcher weit bekannt geworden war. Er brauchte nicht mehr „lasst die Kinder zu mir bringen" zu sagen, denn sie kamen von selbst. Ohne ihre Eltern meist, denn die Bewohner dieser Stadt waren große Geizkragen und vertrauten in Geldfragen dem Herrn.

So blieb Jesus diesen Leuten nicht als „der Herr" in Erinnerung, sondern als „der Doktor". Doch viele Kinder der Stadt wuchsen nicht als Krüppel mit X- und O-Beinen auf, bekamen keine Lepra, konnten auch im mittleren Alter noch gut sehen und Blutvergiftungen waren bei ihnen kein Thema mehr. Und noch eins kam hinzu: Jesus lehrte sie, wie man Schlangen packt und dass sie nicht nur essbar, sondern auch gute Lederlieferanten sind. Nur eine Ausnahme gegenüber anderen durchfahrenen Städten machte Jesus: Aus seiner reichlich bestückten Tasche floss nicht ein Schekel in die Stadt des Geizes und der Undankbarkeit.

* * * * * *

Mit dem Erreichen von Archelais war man schon in Judäa angekommen – der Geruch des Toten Meeres wehte ihnen entgegen. Hier tauchten wieder zwei Soldaten auf und fragten nach Johannes dem Täufer, es waren diesmal Abgesandte des Hohen Rates. Sie sollten nebenher als Spione arbeiten und boten sich als schützende Begleitung an. Jesus fertigte sie ab, so dass sie dann aufgaben:

„Ich bin im Namen des Herrn hierhin gekommen, und doch lehnt ihr mich ab. Wenn aber ein anderer in seinem Namen kommt, dann werdet ihr ihn anerkennen...“
Petrus nahm sich die beiden Soldaten vor, „damit“, wie die Jünger meinten, „Jesus nicht gezwungen wird, die Unwahrheit zu sagen“. So wurden auch diese Soldaten mit dem Hinweis, „Johannes der Täufer ist an den See Genezareth zurückgekehrt“ abgespeist.

In Jericho, dem nächsten Ort, wurde Jesus fast triumphal empfangen, denn es stellte sich heraus, dass die Bevölkerung, je näher man Jerusalem kam, desto mehr den Hohen Rat und die Hohepriester verachtete, ja teilweise hasste.
„Woher mag das kommen?“, fragte Jünger Philippus.
„Johannes der Täufer hat hier“, erklärte Jesus, „den Mund ziemlich voll genommen und gegen den Hohen Rat und den Sanhedrin verbal gefochten. Das tat er erst, als er von mir Rückendeckung bekam und mich zweifelnd gefragt hatte:
‚Bist du‘s, Jesus, der da kommen soll? Oder muss ich noch auf einen anderen warten?‘
Ich bestätigte ihm, dass ich des Herrn sei, und da fand er den Mut, die Hohenpriester anzugreifen. Jetzt hofft Kaiphas, dass entweder Pontius Pilatus oder der König Johannes beiseiteschaffen werden.“
Hier erfuhr Jesus durch einen Herbergsvater, wo sie sicher übernachteten, die näheren Umstände der Ungnade, in die Johannes der Täufer gefallen war:
„Herodes Antipas heiratete in zweiter Ehe Herodias, die Mutter der Salome, so dass diese in die Familie geriet. Das wagte Johannes öffentlich zu kritisieren, so dass der König wohl zu Recht behaupten konnte: ‚soll er doch taufen, wen er will, mir ist jeder recht, aber was geht diesen Burschen meine Familie an?‘ Du siehst, Jesus, wie leicht man hier in

tödliche Angelegenheiten geraten kann. Übrigens: Weißt du, wo Johannes der Täufer sich aufhält?"
Jesus nickte zustimmend, verriet aber nichts.

Nun zog die Karawane östlich von Jerusalem an dieser Stadt vorbei und machte erst in Herodium halt, einen Katzensprung von Bethlehem entfernt. Jesus sandte die beiden Jakobus voraus, die Lage zu sondieren. Dieses aus einem Sicherheitsbedürfnis hervor gehende Verhalten kritisierte der Hohe Rat später Jesu gegenüber:
„Warum bist du nicht direkt in Jerusalem eingezogen? Hattest du Angst, Jesus Christus?"
„Ja, hatte ich", antwortete er, „schließlich war bekannt geworden, dass du mich beobachten ließest."
Nun, das ist ein wenig vorgegriffen. Dem Hohen Rat wurde nun einiges zugetragen:
„Er trägt, Hoher Rat, keinerlei Abzeichen seiner Würde, weder Purpur, Gold noch Silber. Sein weißes Kleid leuchtet auf, sobald er vom Herrn spricht, und hat er Diener nötig, so steht er mit ihnen auf Duzfuß und verbittet sich jegliche äußerliche Zeichen der Verehrung. Dann kann sich ein Geheilter dankbar auf den Boden werfen – er hebt ihn wieder auf. Er ist mal die Ruhe selbst, introvertiert sagt man wohl, und dann wieder ungeduldig, wenn die Zeitenwende nicht schnell genug vor sich geht. ‚Ach du wenig belehrbare Menschheit', klagte er mir einmal, ‚wie lange muss ich noch bei dir verweilen?' Und dann sagte er auch: ‚was ihr für meine geringsten Brüder getan habt, das habt ihr mir getan'."
„Ist er vielleicht nicht ganz richtig im Kopf", fragten sich die Mitglieder des Hohen Rates, und einer von ihnen antwortete, „dass er uns allen voraus sein könnte."
„Wie sieht es mit seinem Machthunger aus? Es gibt keinen Revolutionär, der nicht machthungrig ist."

„Die Jünger sagen, dass er keine Ambitionen habe, weltliche Macht ausüben zu wollen, denn die Macht des Herrn sei jeder anderen überlegen."
„Das ist es doch gerade! Das wollten wir hören. Jedenfalls sind wir sicher, dass er das Volk aufwiegeln wird, so oder so."
„Das wollte dieser Johannes ja auch. Wo ist er übrigens geblieben?"
„Vielleicht hat ihn jemand im Jordan ertränkt und will nicht entdeckt werden."

Während dieser ziemlich mörderischen Diskussion saßen Jesus und seine Jünger mit der christlichen Gemeinde Herodiums beisammen und Jesus musste mal wieder Rede und Antwort stehen:
„Sammelt nicht Schätze auf der Erde, wo Motten und Würmer sie zerstören und Diebe ihretwegen einbrechen. Denn wo euer Schatz ist, ist auch des Herrn Herz."
Den einfachen Fischern ging das Herz nicht ganz auf, und wie ihre von Wind, Sonne, Wasser und Schweiß gegerbten Gesichter verrieten, brauchten sie ihre ganzen Herzenskräfte, um Familien zu ernähren und ein paar Schekel zu verdienen. Gerade deswegen fügte Jesus hinzu:
„Sorgt euch nicht um euer Leben oder darum, dass ihr genug zu essen habt oder nichts anzuziehen habt. Ist nicht das Leben wichtiger als die Nahrung?"
„Du hast gut reden, Herr, aber die Zöllner und Steuereinnehmer fackeln nicht lange, wenn wir nicht zahlen können."
Jesus blieb trotzig:
„Wer von euch kann mit allen seinen Sorgen sein Leben auch nur um eine kleine Zeitspanne verlängern?"
„Darum geht es nicht, Herr! Es geht ums Leben überhaupt. Soll ich meinen Kindern bei Tisch sagen, wenn's Essen nicht ausgereicht hat, ‚seid ohne Furcht, Kinder?'"

„Ihr könnt morgen mit uns essen“, sagte Jesus den Männern, um sie aufzumuntern, „wir gehen ins Gebirge und fangen Forellen, soviel ihr wollt und nach Hause zu euren Kindern tragen könnt. Ich stelle nur eine Bedingung: dass ihr mir zuhört, wenn ich meine erste Bergpredigt einübe. Demnächst werde ich eine ganz große halten, welche die Erde und den Hohen Rat erschüttern soll.“

* * * * * *

Das Bergland um Bethlehem, Herodium und Hyrkanium steigt bis auf über 900 Meter an und bietet herrliche Ausblicke aufs Tote Meer. Es war damals von namenlosen Bächen durchzogen, die nicht ins Tote Meer reichten, sondern einfach versickerten. In ihrem klaren und sauerstoffreichen Gewässern tummelten sich Bachforellen, die zwei Fußlängen erreichten und wohl der herrlichste Leckerbissen waren, der in diesem von der Sonne gedörrten Land aufzutreiben war. Nur eines störte den Frieden: Wenig friedvolle Gesellen, die Reisenden auflauerten und ausraubten.
„Jesus“, fragte Petrus im Namen aller Jünger, „was riskierst du, dort eine Predigt abzuhalten?“
„Nur so viel, dass einige Wegelagerer Christen werden. Lohnt sich das oder nicht? Wer Angst hat, mag hier bei unseren Sachen bleiben.“
Das sollte sich als eine gute Idee erweisen, denn, - wir greifen wieder einmal vor -, damit hatten die Räuber, exakt zwölf Mann, nicht gerechnet.

Am anderen Morgen, der einen gedeckten Tag anzukündigen schien, wanderten Jesus, sechs Jünger, Nero und zwei Dutzend „Abenteurer des Wortes“ hinauf bis zu einem Teich, der von zwei Bächen gespeist wurde. Die anderen Jünger nebst Ares und Mars blieben unten und bewachten das Lager. Jesus setzte sich kaum auf einen Baumstamm und hielt die Füße in den Teich, da kamen sie herangeschwommen und knabberten an seinen Zehen und Hacken und ließen sich, wie erlöst von ihren albernen Tätigkeiten, greifen, aufschneiden, ausweiden und in die aufgestellten Pfannen legen, unter denen ein munteres Feuerchen loderte.

Wie dem auch war, ob sie gelauert oder ihre Nasen in den Bratenduft geschoben hatten – sie waren nach wenigen Minuten da: Ein Räuberhauptmann mit seinen Untergebenen.

„Kann man mitessen?"

Es war gerade ein Dutzend gebratene Fische zum Abkühlen beiseitegelegt worden, auf die Petrus verwies und „man kann" sagte.

„Ist zwar kein Antilopen- oder Steinbockfleisch und für uns was ganz Neues, dass man Fische essen kann – aber immerhin."

Er und seine Männer bissen so herzhaft hinein, - Petrus hielt Nero am Zügel -, dass ihnen spontan je ein Bündel Gräten in den Hals kam, so dass eine Hustenorgie nie hier gehörten Ausmaßes losbrach. Jesus erhob sich und sagte ohne Pathos, so wie er es in seinen nun bald kommenden Predigten sagen wird:

„Fragt nicht, was sollen wir essen, was sollen wir trinken, was sollen wir anziehen? Der Herr weiß, was ihr braucht, euch sollte es aber zuerst um des Herrn Reich und um Gerechtigkeit gehen. Dann wird er euch alles andere dazugeben. Sorgt euch also nicht um morgen, denn der morgige Tag wird für sich selbst sorgen. Jeder Tag hat genug eigene Plage."

Hier gab Petrus Nero frei, der nun unter scharfem Gebell und Zähnefletschen an zahlreiche Beine fuhr und den Räubern Beine machte. Auch vom Lagerplatz drang Geschrei herauf, wo die Räuberbande, ohne sich Jesu Lehren anhören zu müssen, von Ares und Mars fortgejagt wurde.

Oben, wo nun tatsächlich im Frieden genossen werden konnte, erzählte Jesus, - selten genug das -, von sich selbst, um den Zuhörern ein Beispiel von Bescheidenheit zu geben:
„Ich weiß, ich falle aus der Rolle, wie man so schön sagt und bin anders als andere. Besitz und Reichtum interessieren mich nicht. Selbst Füchse, Dachse, Marder und Bären haben ihre Wohnhöhlen, Vögel machen ihre Nester, wenn sie sich vermehren wollen, und die Fische im Wasser fühlen sich dort wohl - wenn ich nicht gerade komme", - fügte er lächelnd ein, „aber der Herr weist mir keinen Ort, wo ich mein Haupt betten kann."

Doch in der nächsten Nacht konnte er dieses doch! Denn sie hatten gemeinsam beschlossen, bei Dunkelheit in Bethlehem einzuziehen. Da war Ermanius plötzlich zu Pferd aufgetaucht, führte ein zweites am Zügel mit sich und brachte Jesus allen voran ins neue Haus in Bethlehem. Er schlief schon den Schlaf aller Gerechten, nämlich traumlos und ohne Schnarchen, während die anderen zwei Stunden später ebenfalls das Ziel der langen, langen, mühsamen und doch erfolgreichen Reise erreichten. Auch des Herrn Stern, der ab morgen „Stern von Bethlehem" heißen wird, leuchtete bereits hell und klar allen, die des Herrn waren. Und sie alle hörten nicht um Mitternacht den Soldatengesang aus einem der Bordelle Bethlehems:

„Im Schwarzen Walfisch zu Askalon
wird kein Prophet geehrt,
wenn er nicht bar bezahlen kann,
was alles er verzehrt."

In Bethlehem

Es waren keine zehn Kilometer bis Jerusalem. Aber erst einmal hieß es für jedermann: Schlafen, Ausschlafen, Pennen! Jesus schlief auf ausdrücklichen Wunsch Marias mit

Petrus in einem Zimmer, Maria und Maria Magdalena hatten ein eigenes Zimmer, die elf Jünger schliefen gemeinsam in einem scheunenartigen geschlossenen Unterstand, wo ihnen Ermanius, Ismael und Johannes der Täufer Gesellschaft leisteten. (Der Täufer hatte sich inzwischen selbst enttarnt und sein Auge wiederhergestellt.) Dazu gab es ein Esszimmer, einen Esssaal, Küche, Bad und Toiletten außerhalb des Hauses. Das Haus selbst war, wie wir heute sagen würden, eine Art Fertighaus und von Maria und ihrer Vorausbegleitung durch immense Fleißarbeit errichtet worden. Maria hoffte, hier mit Jesus den Lebensabend verbringen zu dürfen.
„Von hier aus“, riet sie, „kann man gut nach Jerusalem wandern, auch in der Umgebung wandernd zu sich kommen und taufwillige Menschen ebenfalls zu sich kommen lassen.“
Maria stand am nächsten Morgen an Jesu Bett und betrachtete ihren Sohn sorgenvoll. Ja, er schlief tief und hätte nicht einmal den Herrn rufen gehört, aber er murmelte kaum Verständliches wie „mein Vater, warum hast du...“ und „Vater, in deine Hände...“, unvollendete Sätze, die Maria nicht begreifen konnte.
„Da braut sich was zusammen“, sagte sie zu Maria Magdalena.
In der ersten Woche des Hierseins und nachdem er sich ausgeschlafen hatte, ging Jesus sogar den Handwerkern zur Hand, die in Wirklichkeit seine Jünger waren. Überall war noch einiges nachzubessern. Es kamen auch ein paar Nachbarn, um zu helfen, sich vorzustellen und Jesu Rat bei Krankheiten und Blessuren (Verwundungen) einzuholen. Einer, Samuel mit Namen, zog Jesus unauffällig zur Seite und sagte:
„Herr, ich möchte dir mitteilen, dass du aufmerksam und vorsichtig sein musst.“
„Das bin ich schon ein wenig“, antwortete Jesus.

„Ich musste leider unter Androhung von Strafen zustimmen“, sagte Samuel, „dass du von einem meiner Fenster aus beobachtet wirst. Schau nicht hin, sonst merkt der Spion, dass wir darüber sprechen. Verzeih mir, dass ich es zulasse.“

„Da gibt‘s nichts zu verzeihen“, sagte Jesus, „der Herr wird dich belohnen. Hast zu schon den Stern über unserem Haus gesehen?“

„Dann taufe ich dich hier jetzt auf dem Hof im Namen des Herrn und des Heiligen Geistes.“

Es war das erste Mal, dass Jesus diese Taufformel anwandte.

„Achte heute Abend auf den Stern, Samuel, wenn du ihn siehst, bist auch du des Herrn.“

* * * * * *

Jesus sagte den anderen Bescheid, dass er beobachtet werde und beschloss, eine Woche verstreichen zu lassen, „ehe wir den Mann am Schlawittchen nehmen“. In dieser Woche ging er nicht aus, um zu missionieren, und widmete sich seinen Besuchern. Aber seine Jünger schwärmten paarweise aus, gaben sich als Touristen oder Neubürger Bethlehems und halfen beim endgültigen Ausbau der neuen „Christus-Kapelle“, wie sie nun heißen sollte. Zusammen mit Ermanius und Maria Magdalena stand er jetzt auf der Stelle, wo der „Altar zu Ehren des Herrn“ aufgestellt werden sollte.

„Behaltet für euch“, sagte er jetzt, „was ich euch anvertraue: Genau hier, wo wir stehen, macht eine Grube in Grabgröße und mauert sie mit Steinen aus. Dort legt mich hinein, wenn‘s so weit ist, ohne Sarg so wie ich bin, in meinem weißen Haik gekleidet. Sagt nur Maria, Johannes und meinen zwölf Jüngern, wo ich geblieben bin.“

„Herr?“, fragten Maria Magdalena und Ermanius, „du willst uns verlassen?“
„Nicht wollen“. antwortete er, „aber müssen!“

In dieser einen Woche des Erholens und der Häuslichkeit, sie Jesus zweifellos genoss, regenerierte er Körper und Geist und begann, sich über sein Schicksal klar zu werden. „Sie werden“, sagte er auf einer Jünger-Vollversammlung, „eines schlechten Tages so viel Belastendes über mich zusammengetragen haben, dass sie mich erledigen können.“
„Herr“, fragte Thaddäus, „hast du Angst vor dem Tod?“
„Nein, lieber Thaddäus, aber ich bedaure nur, wenn er bald kommen sollte, das Werk des Herrn auf Erden nicht vollendet zu haben.“
„Wir werden es fortführen“, versprachen die Jünger.
„Ja“, stimmte Jesus zu:

„Ite in mundum universum, praedicate Evangelium omni creaturae.“

„Gehet hin in alle Welt und predigt das Evangelium aller Kreatur.“

Gegen Ende der ersten Woche spielten Jesu Jünger selbst Spione. Sie hatten den Vorschlag gemacht, in Jerusalem die Lage zu sondieren und mischten sich dort unters Volk.
„Seid vorsichtig gegenüber Schriftgelehrten“, empfahl Jesus, „denn sie gehen gern umher, sind eitel bis dorthinaus und lieben es, wenn man sie unterwürfig grüßt. Vielleicht könnt ihr darauf eingehen und ihnen Nachrichten entlocken. Sie sitzen in den Synagogen auf den vorderen Bänken und schwatzen dort viel, setzt euch hinter sie und spitzt die Ohren!“
Judas war besonders hellhörig und hatte Erfolg, als er sich, einen Trottel mimend, hinter zwei Männer setzte: ein Schriftgelehrter und ein Hohepriester – einen besseren Sitz- und Horchplatz konnte er nicht erwischen! Er erfuhr

die Bestätigung, dass Jesus durch Spione, die sich gegenseitig ablösten, überwacht werde und es darum ging, ihn eines Tages wegen Hochverrats, übler Nachrede, Übertretungen des Sabbaths und Ungehorsam „dranzukriegen".
„Er hat sich jetzt den dreizehnten Jünger zugelegt", sagte der Schriftgelehrte, „so mag diese Zahl sein Unglück werden."
„Es heißt", sagte der Hohepriester, „er heilige den Sabbath nicht. Unser Beobachter Elezar, der diese Woche Dienst tut, wird uns vielleicht einige Übertretungen melden. Schließlich haben wir ihm dreißig Silberlinge gegeben."

Es ist wohl angebracht, an dieser Stelle ein paar Zeilen „in Sachen jüdischer Sabbath" zu schreiben; man kann sich dann selbst ein Urteil bilden. Jesus hat seine Regeln kritisiert. Den historischen Werdegang der Sabbath-Regeln können wir hier nicht ausbreiten, sie reichen weit in die Geschichte Israels zurück. Zur Zeit Jesu verbietet der Sabbath, auch Schabbat geschrieben, 39 Tätigkeiten, die, ganz offensichtlich von frühen Bürokraten formuliert, das Brotherstellen in elf Einzelschritte aufteilen; wir nennen sie: Pflügen, Säen, Ernten, Garbenbinden, Dreschen, Worfeln, (Dreschen gegen den Wind), Verlesen, Mahlen, Sieben, Kneten und Backen. Oder dreizehn zur Tuchherstellung wie zum Beispiel Scheren, Reinigen, Färben, Nähen und so weiter.

Da legte man auch Ausnahmen fest, die Krankheiten und deren Behandlungen betrafen. Handeln zum Lebenserhalt wurde geregelt, Beschneidungen am Sabbath wurden erlaubt.
„Siehe", hieß es, „der Sabbath ist euch übergeben, nicht ihr seid dem Sabbath übergeben."
Natürlich wurde auch Essen und Trinken reguliert, auch das Feuermachen und Warmhalten: Als Mittel zum Warm-

halten wurden Gewänder, Früchte, Hobelspäne, Taubenfedern, Felle und Wolldecken erlaubt. Wir zitieren:
„Wenn Israel nur ein einziges Mal den Sabbath halten würde, könnte der Messias kommen, denn das Halten des Sabbath kommt dem Halten aller Gebote gleich."
„Würden die Israeliten zwei Sabbathe nach Vorschrift halten, würden sie sofort erlöst werden."
„Am Vorabend des Sabbath gibt der Heilige dem Menschen eine zusätzliche Seele, und am Ende des Sabbath nimmt er sie ihm wieder."

* * * * * *

Jesus ging in Begleitung Petrus' selbst hinauf ins Nachbarhaus, wo sie den Spion am Fenster überraschten.
„Na", sagte Jesus jovial, „Elezar, hast du deinen Bericht an den Hohen Rat schon fertiggestellt?"
Dieser lag auf dem Tisch und wurde von Petrus konfisziert. Elezar zuckte wie vom Blitz getroffen zusammen und fragte:
„Wieso kennst du meinen Namen, Herr?"
„Jesus Christus weiß alles", antwortete Petrus, „was in Bethlehem vorgeht. Er kennt jeden Säugling, jede Großmutter, jeden Erbonkel und Verräter – wie du einer bist."
„Ich ein Verräter?"
„Ja, für dreißig Silberlinge."
Elezar war ganz perplex und meinte vertraulich:
„Dann musst du, Herr, tatsächlich der Messias sein, der vielen Leuten Angst einjagt und noch mehr segnet. Segne und taufe mich, Jesus Christus."
Das tat Jesus natürlich und Elezar beeilte sich, aus Bethlehem zu verschwinden.
Dann lasen Jesus und Petrus den konfiszierten Bericht, der heute noch an den Hohepriester ausgeliefert werden sollte.

Erster Tag, Jom Rischon: „Er hält den Sabbath nicht ein und heilt ein Kind."
Zweiter Tag, Jom Scheni: „Er predigt von der Ehrfurcht und der Göttlichkeit des Herrn, dessen Sohn er sei."
Dritter Tag, Jom Schlischi: „Er geht mit einigen Jüngern nach Jerusalem und sagt, wolln mal schauen, was die Schriftgelehrten so treiben."
Vierter Tag, Jom Revi'i: „Er unterweist und segnet Gläubige und gibt ihnen auf, den Armen und nicht den Reichen zu vertrauen."
Fünfter Tag, Jom Chamischi: „Er hat mich erkannt und macht dem Hausbesitzer Vorwürfe, das Spionieren zuzulassen. Das sei Pharisäer-Art und dem Herrn nicht gefällig."
Sechster Tag, Jom Schischi: „Er schimpft auf den Jerusalemer Tempel und die Zustände dort, wofür der Sanhedrin verantwortlich sei."
Siebter Tag, Schabbat: „Das heißt ja Ruhe, aber Ruhe war nicht. Ich schenke euch ein neues Herz, sagte er, und gebe euch einen neuen Geist. Ich glaube außerdem, diesen gesuchten Johannes der Täufer hier erkannt zu haben."
Von diesem Bericht haben die Schriftgelehrten und Hohepriester natürlich nichts erfahren.

Maria machte noch einen Versuch, ihren Sohn zu retten.
„Ist es nicht besser und sinnvoller, du schlägst hier endgültig deinen Wohnsitz auf, wo doch deine Anhänger und alle, die es werden wollen, ohne eine Aufforderung herkommen? Du brauchst gar nicht mehr zu rufen ‚lasset die Kindlein zu mir kommen', sie kommen von selbst in Scharen und bringen ihre Eltern mit."
„Du hast vollkommen Recht, Mutter", schien Jesus einzulenken, „aber große Dinge sind noch nie am Mittags- oder Abendtisch ausgedacht und entschieden worden." Petrus kam außer Puste vorbei und rief:

„Alle Leute suchen dich, Herr!"
„Ich weiß", antwortete Jesus, „alle Leute suchen mich. Hast du es gehört, Mutter?"
Es ist schier unmöglich, alle missionarischen Tätigkeiten, die Jesus in seiner Bethlehemer Zeit unternahm, literarisch wiederzugeben. Sie glichen sich außerdem so, dass ihre Schilderung Langeweile hervorrufen würde. Jesus besuchte, stets in Begleitung dreier oder vierer Jünger, zuerst die nächste Umgebung, die man in einer Tageswanderung erreichen konnte: den Berg-Suro, Hebron, später Engedi und Massada, beide direkt am Toten Meer gelegen. Er befand sich jetzt, 29 n. Chr., körperlich in den besten Jahren und schritt aus, als wenn ihm Durst, Hunger, Sonne, Hitze, Staub, An- und Abstieg im Bergland nichts ausmachten. Wenn er das Gehtempo verringerte, dann nur aus Rücksicht auf seine Jünger.

Sein Wirken im Weichbild Jerusalems schmälerte den Gewinn der dortigen Händler, Wechsler und Vermieter, denn wer als Tourist das Glück hatte, Jesus draußen im Freien zu erleben, brauchte nicht in die überfüllte und staubige Stadt mit ihren Taschendieben und Dirnen zu gehen. Prompt beschwerte man sich über ihn. Für einen Städter kaum glaubliche Geschichten wurden aus dem Bergland südlich Bethlehems gemeldet und im Hohen Rat entsprechend kommentiert:
„Er ist ein Scharlatan und Gaukler."
Schildern wir einen solchen „Vorfall". Jesus predigte in Bethanien nahe Jerusalem und hatte angekündigt, „eure Kindlein zu taufen, denn sie sind eure Zukunft", und als er an einem Wasserloch Platz genommen hatte, kam eine Kropfgazelle mit Kalb heran, um zu trinken. Beide zeigten keine Scheu und das Kalb, - eine Reinkarnation an Kindlichkeit und Schönheit -, ließ sich in seinem Schatten nieder. Gerade sagte Matthäus „alle Kindlein kommen zu dir, Jesus", da rief eine Frau aus den Zuschauern:

„Herr Jesus Christus, meine Kinder haben noch nie Fleisch gegessen!“

Diese Kinder, fünf an der Zahl von 4 bis 10, standen vor ihrer Mutter und starrten Jesus wie einen Heiligen an. Matthäus sah Jesus an, Jesus ihn – da wussten beide, was sie zu tun hatten: Matthäus nahm das Kalb in dem Moment auf den Arm, als das Muttertier seinen Durst gelöscht hatte, und so folgte es Matthäus, den Kindern und deren Mutter ins nahe Zuhause. Sollen wir das Schicksal von Muttertier und Kalb schildern? Nein: Denn nur satte Menschen können Tierfreunde sein!

Es kam zwei- oder dreimal vor, dass Jesus und seine Jünger auf ihren Wanderungen wenig oder gar nichts zu essen hatten: Kein Bauernhof weit und breit, kein Teich oder Bach, den man befischen konnte, und dreizehn Mägen knurrten ganz weltlich! Die Jünger haben nie klären können, warum ein jagdlicher Laie wie Jesus jene Tricks „drauf hatte“, die wir jetzt beschreiben wollen. Zum Beispiel: Wie fängt man jene Rotte Rebhühner dort auf dem Kahlschlag, wo sich die Vögel sonnen und ihre Sandbäder nehmen? Heute kann man sich solchen wachsamen Tieren und Hunde mehr fürchtenden als den Menschen nicht einmal auf hundert Metern nähern; dann fliegen sie ab. Aber damals, vor zweitausend Jahren, da ließen sie Menschen, die sich als arbeitende Landleute gaben, auf zwanzig Schritt heran, ehe sie zu Fuß davonliefen.

„Zwei von euch“, wies Jesus an, „nehmen ein großes Netz, breiten es aus und gehen mit ihm an beiden Seiten der Rebhühner vorbei, bis das Netz über den Tieren schwebt. Dann lasst das Netz fallen, unter dem die Tiere flattern und sich greifen lassen müssen – guten Appetit bald!“

Dreizehn Rebhühner an je einem Spieß übers Feuer gehalten, bis sie knackig-braun geröstet sind – da konnten zwölf Jünger Missionsarbeit Missionsarbeit sein lassen. Auch

Jesus genoss den Braten, natürlich, aber er war verantwortlich dafür, dass hier gewildert wurde: Heiliges Land hin oder Heiliges Land her – so wie heute durfte auch damals nicht jedermann nach Lust und Laune jagen. So genannte Großgrundbesitzer, die man später in Deutschland Junker nannte, waren Jesus ein Gräuel, „mehr noch als Satanas selbst“, mit dem man fertig werden konnte, und er hat viele freche Äußerungen in ihre Richtung getan.

Intermezzo: Kreuzigungen

Man spürt, dass wir in unserer Schilderung des Lebens Jesu einem Höhepunkt zusteuern. Um eine intensive Schilderung seines Leidensweges zu vermeiden, informieren wir hier über eine der abscheulichsten und auch meist qualvollsten Hinrichtungsmethoden der Zeit: Es ist die „römische Kreuzigung“. Ein Allgemeinwissen über Kreuzigungen liefert ein Internet-Lexikon. Danach stammen die ersten historischen Überlieferungen von den Phöniziern, einem Seefahrervolk des Mittelmeeres. Sie praktizierten noch eine moderate Form der Kreuzigungen, indem sie Bäume mit seitlich abgehenden Ästen nutzten und so den Delinquenten mit ausgebreiteten Armen aufhängen konnten. Dann überließ man ihn dem Verdursten, einem Hitzschlag oder dem Erfrieren – Vorgänge ohne direkte Quälereien, die dauern konnten.

Warum nicht einfach „Kopf ab“ oder fachgerechtes Hängen durch Genickbruch? Weil sich offenbar die Strafvorstellungen geändert hatten: Ein normales Todesurteil genügte nicht mehr zur Abschreckung der Täter, sie, diese Täter, sollten leiden und Höllenqualen ausstehen, ehe ihr Körper nicht mehr mitmachte. Um die Zeit 1.000 v. Chr. hatte sich das Kreuzigen bereits im ganzen vorderen Orient durchgesetzt, aber noch wurden die Opfer nur „ans Kreuz gebunden“, nicht „ans Kreuz genagelt“. Die so genannten alten Griechen waren dabei nicht zimperlich, sie begannen

Richtplätze einzurichten, meist auf Anhöhen, so dass die Gekreuzigten wie warnende Menetekel wirken konnten. Der „ach so edel verehrte“ Alexander ließ 332 v. Chr. 2.000 Männer kreuzigen.

Um 500 v. Chr. wurde die jüdische Tora schriftlich festgehalten und sah als Höchststrafe die Steinigung vor. Zur Kreuzigung kam es nur, wenn die Strafe noch gesteigert wurde und dem Täter der Ausschluss aus Gottes erwählten Volk dazu aufgebürdet wurde, nach dem Motto:
„Verflucht ist, wer am Holz hängt!“
Man ließ die derart Verendeten bis zum Abend hängen und begrub sie dann.

Von den Macedoniern und Karthagern übernahmen die Römer das Kreuzigen. Zuerst vornehmlich gegen Sklaven, die etwa hatten flüchten wollen oder sich gegen ihre Herren aufgelehnt hatten – Abschreckung war die Devise. Auch Aufständische wurden so bedient und Eroberte, die sich nicht beugen wollten. Historisch ist ein Ereignis um 71 v. Chr., als ein Heer befreiter und ausgebrochener Sklaven unter ihrem Führer Spartacus nach Norden zu entkommen trachtete und besiegt wurde: 6.000 von ihnen hingen dann an Bäumen der Via Appia zwischen Rom und Capua. Um 80 v. Chr. ließ der jüdische König Alexander Jannäus 800 Rebellen auf einmal kreuzigen, während die Gekreuzigten zusehen mussten, wie ihren Frauen und Kindern die Kehlen durchgeschnitten wurden. Da wurde sogar das Holz knapp:
„Die Soldaten nagelten nun in ihrer gewaltigen Erbitterung die Gefangenen zum Hohn in den verschiedensten Körperlagen an, und da ihrer gar so viele waren, gebrach es bald an Raum für die Kreuze und an Kreuzen für die Leiber.“

* * * * * *

Die Römer der hier fraglichen Zeit führten die Kreuzigungen zu ungeahnten Höhen und Tiefen menschlicher Leidenschaft und Rachegelüste. Nun wurde absichtlich gepeinigt und gequält, gedemütigt und eingeschüchtert. Römische Wachmänner, Henker und Helfershelfer lebten selbst unter der Drohung, hingerichtet zu werden, wenn sie die Vorschriften der Kreuzigung nicht beachteten und Mitleid zeigten. Die Delinquenten wurden neuerdings vor der Kreuzigung „verprügelt": Geißeln wurde das genannt und bestand aus Hieben mit Peitschen, welche mit Eisenteilen und Nägeln bestückt waren. Die Prozedur der Kreuzigung folgte vier festgelegten Teilschritten.
Erstens: Entkleidung des Delinquenten und öffentliche Geißelung;
zweitens: den Querkalken des Kreuzes, genannt Furca, zum Richtplatz tragen;
drittens: Fesselung oder Nagelung seines Körpers an den Querbalken;
viertens: die Befestigung dieses Querbalkens an einen Baum oder dem zugehörigen Pfahl und dessen Geradestellung in einem vorbereiteten Erdloch.
Beim Annageln achtete man darauf, dass der Blutverlust so gering wie möglich ausfiel. Genagelt wurde nicht, wie es seitdem auf allen Kruzifixen Jesu zu sehen ist, durch den Handteller, sondern durch den Handwurzelknochen. Die Füße wurden meist übereinander gelegt und mit einem langen Nagel am Holz befestigt. Damit der Delinquent „gut festsaß", nicht verrutschte oder gar sich bewegen konnte, auch damit seine Qualen sich verlängerten, „ritt" er mit seinem Gesäß auf einem Querholz.

Dr. Truman Davis hat die vorangehende Geißelung aus medizinischer Sicht untersucht und teilt uns mit:
„Die schwere Peitsche wird wieder und wieder mit voller Kraft über Schulter, Rücken und Beine geschlagen. Zuerst

schneiden die schweren Riemen nur durch die Haut. Dann, wenn die Schläge fortgesetzt werden, schneiden sie tiefer in das Gewebe und rufen zuerst Blutungen der Venen und der Haut hervor. Schließlich spritzt das Blut aus den Arterien der darunter liegenden Muskeln. Die kleinen Bleikugeln rufen zuerst große, tiefe Quetschungen hervor, die durch die nachfolgenden Schläge aufbrechen. Schließlich hängt die Haut des Rückens in langen Streifen herab und der ganze Körper ist eine unkenntliche Masse von aufgerissenem blutendem Gewebe. Wenn der Zenturio vom Dienst feststellt, dass der Gefangene dem Tod nahe ist, werden die Schläge eingestellt."

Die Kreuzigung wurde durch das Brechen der Beine beendet. Dadurch wurde verhindert, dass das Opfer sich zum Atmen aufrichten konnte. Dr. Truman Davis hat auch beschrieben, was im menschlichen Körper, der am Kreuz hängt, vor sich geht:
„Wenn die Arme ermüden, verursachen starke Muskelkrämpfe unbarmherzig pochende Schmerzen. Zu diesen Schmerzen kommt die Unfähigkeit, sich aufrichten zu können. Wenn das Opfer an den Armen hängt, werden die Brustmuskeln gelähmt und die zwischen den Rippen liegenden Muskeln können nicht mehr arbeiten. Die Luft kann in die Lungen eingesogen, aber nicht mehr ausgeatmet werden. Der Gekreuzigte kämpft, um sich aufzurichten und dadurch wenigstens einen kurzen Atemzug tun zu können. Schließlich sammelt sich Kohlendioxyd in den Lungen und im Blutstrom, und die Krämpfe lassen teilweise nach. Stoßweise kann er sich aufrichten, um auszuatmen und den lebenswichtigen Sauerstoff einzuatmen. Nach einer Weile stellt sich ein Kollaps des Gehirns und Herzens ein. Wenn die Richter den Tod beschleunigen oder die Folter beenden wollten, wurden die Beine des Opfers unter-

halb der Knie mit einer Keule gebrochen. Dadurch wurde verhindert, dass es sich aufstützen konnte."

Wir wollen uns hier jeden Kommentar ersparen und uns in nettere Gefilde begeben, jene, die Jesus mit seinen Predigten beglückte.

Predigten

Nach Absprache mit seinen Jüngern beschloss Jesus eine Predigerreise entlang der Küste beginnend in Gasa und endend in Cäsarea.
„Dieses Gebiet", stimmten die Jünger zu, „haben wir noch nicht abgegrast und mit deiner Mission, Herr, bekannt gemacht."
„Maria Magdalena", sagte Petrus, „hat mich gebeten, sie mitzunehmen..."
Auf Jesu bedenkliches Gesicht fügte er schnell hinzu:
„...das ist sehr vorteilhaft für uns, Herr, denn sie kocht besser als jede andere Hausfrau in Palästina und möchte dich gerne betüteln (bedienen, verwöhnen)".
Der Antrag wurde angenommen. Wer war eigentlich diese Frau? Die im Schriftlichen und Überlieferten nicht gut wegkommt! Wir wagen es nicht, ein Urteil über sie abzugeben – aber im Verlauf unserer Erzählung wird sich herausstellen, „dass sie in Ordnung" war. Ihre Bitte um Mitnahme auf der Reise und Jesu Begleitung war freilich voller Hintergedanken, die sie und Maria ausgedacht hatten:
„Wenn ihm etwas passiert, Maria", hatte Maria Magdalena gesagt, „zum Beispiel dass die Tempelpolizei ihn verhaftet und der Hohe Rat ihn verurteilt, dann werde ich ihm einen Trank brauen, der ihm hilft, alles zu überstehen. Bist du einverstanden, Maria?" War Maria, voll der Sorgen!

Die Auswahl dieser Reise war eine gute Wahl. Die Städte direkt am Meer oder in unmittelbarer Nähe desselben stan-

den in gemäßigter Opposition zu Jerusalem und zur römischen Besatzungsmacht. Ihre Bürger hatten längst erfahren, dass Jesus kein Duckmäuser zu Pontius Pilatus und den Hohepriestern war - „sie werden dir, Herr, netter entgegenkommen als andere Stadtbewohner“.
„Non tibi videatur – wir werden sehen.“

Man saß in Gasa direkt am Meer und hatte für Jesus ein Zelt aufgeschlagen, das Sonne und Wind abhielt, und auf seinem Rednertisch ein Getränk und einige süße Happen bereitgestellt. Jesus entdeckte natürlich unter den versammelten liegenden und sitzenden Zuhörern und Zuschauern auch kritische Gesichter voll leichten Hohns und hintergründiger Schadenfreude. Diese Merkmale wichen schnell nach Jesu ersten Worten.
„Admoneri bonus gaudet, pessimus quisque rectorem asperrime patitur – der Gute freut sich, ermahnt zu werden, gerade die Schlechtesten ertragen den, der sie belehrt, nur sehr schwer.“
„Herr Jesus Christus“, fragte derjenige, der sich Vorsteher nannte, „warum soll unser Herr Jahwe abgeschafft werden?“
„Wer behauptet, dass er abgeschafft werden soll?“
Schweigen, ratloses und betretenes.
„Hätte ein Abzuschaffener“, sagte Jesus, „einen Gesalbten gesandt, Leute?“
„Bist du der Gesalbte, Herr?“
„Der Geist des Herrn ist auf mir“, antwortete Jesus, „weil er mich gesalbt hat, zu verkündigen das Evangelium den Armen. Er hat mich gesandt zu predigen den Gefangenen, dass sie frei sein sollen, und den Blinden, dass sie sehen sollen, und den Zerschlagenen, dass sie frei und ledig sein sollen, zu verkündigen das Gnadenjahr des Herrn.“

„Herr Jesus Christus, warum geht's immer nur um die Armen? Sollen die Vermögenden und Reichen außen vor bleiben, wenn das Gnadenjahr des Herrn beginnt?"
„Ein Armer geht leichter durch die Himmelstür", antwortete Jesus, „die schmal ist und Arme sind dünner als Reiche."
Gelächter, der Bann war gebrochen.
„Wird unser Leben leichter werden, Herr Jesus, wenn wir deinen Segen bekommen haben und Christen geworden sind?"
„Nein", antwortete Jesus, „nein und ja: Denn einerseits ist es schwerer, im Herrn zu sein, andererseits leichter, seinen Werken zu folgen."
Jesus machte eine Vesperpause, aß und trank, „wie ein richtiger Mensch", was einige Leute beeindruckt feststellten, und gab auch einigen sonst bissigen Hofhunden Leckerbissen ab.
„Es wird geschehen in den letzten Tagen", fuhr er fort zu predigen, „spricht der Herr, da will ich ausgießen von meinem Geist auf alles Fleisch, und eure Söhne und Töchter sollen weissagen, und eure Jünglinge sollen Gesichte sehen und eure Alten sollen Träume haben."

Jesus mochte sich drehen und wenden: Er spürte und wusste, dass seine Darlegungen schwer verständlich waren und nicht alle Anwesenden erreichen konnten. Je jünger diese waren, desto eher schienen sie ihn zu lieben. Wie der dreijährige Isaak, der sich bisher, auf dem Schoß der Mutter schlafend, um nichts kümmerte, aber jetzt, mit dem Wachwerden aufstand, sich wie ein Hund schüttelte, zu Jesus kam, sah und siegte: Indem er Jesu Schoß erkletterte und stolz in die Runde blickte. Da siegte auch Jesus, denn wer konnte hier wohl ein trauteres Idyll sehen als dieses: Jesus auf seinem Hocker, Isaak im Arm und Hund Marko, ein arger Kläffer und Beißer, vor ihnen zu Füßen. Hinter Jesus, den Sitzenden überragend, stand Maria Magdalena – keine strahlende Schönheit, beileibe nicht, - denn die gab's hier kaum -, aber wie eine Mutter und Ehefrau wirkend. Wenn jetzt noch ein paar Zuhörer schwanken sollten, „Taufe oder nicht taufen?“, so brach Jesus mit seinen Schlussworten jeden Bann:

„Höret die Hauptsumme aller Lehren: Fürchtet den Herrn und haltet seine Gebote! Das gehört allen Menschen zu. Denn der Herr wird alle Werke vor Gericht bringen, alles was verborgen ist, es sei gut oder böse.“

Ob nun Klein-Isaak gut oder böse war, blieb dahingestellt, jedenfalls war er ein Schlaumeier und zuerst im Wasser des Mittelmeeres, um sich taufen zu lassen. Ihm folgten dreißig Personen nach, darunter zehn unter 10 – für sie hatte Maria Magdalena Seife und Handtuch mitgebracht und konnte ihnen die Köpfe waschen…

* * * * * *

Der nächste Missionsort war Askalon.

„Diese Stadt“, belehrte Jesus seine Jünger und Maria Magdalena, „war schon vor achthundert Jahren so wie heute eine wichtige Handelsstadt mit strategischer Bedeutung. Hier lebte damals der Prophet Amos, dessen Werke die ersten in Buchform überlieferten sind. Hier verfluchte der Herr den Moab und seine Moabiter, dieser Fluch hat heute noch Gültigkeit. Ich kenne den Text auswendig und möchte ihn euch nicht vorenthalten, vielleicht könnt ihr ihn später verwenden.“

Alle 26 Ohren wurden gespitzt:

„Ich werde euch nicht schonen, weil ihr die Unschuldigen für Geld und die Armen für ein Paar Schuhe verkauft habt. Und bei allen Altären schlemmt ihr auf gepfändeten Kleidern und trinkt Wein vom Geld der Bestraften im Haus eures Herrn.“

Hier, wegen eines aufziehenden Gewitters in einem Betsaal, hatte Jesus eine Hörerschaft vor sich, wie sie gemischter nicht sein konnte: Schüler ab 12, Prüflinge mit 16, Meister mit 35, Centurionen mit 45, Sieche mit 60 und bald Sterbende mit 80. Jesus kam ihnen wieder lateinisch:
„Horae quidem cedunt et dies et menses et anni; nec praeteritum tempus umquam revertitur; nec quid sequatur sciri potest! - Die Stunden entschwinden und mit ihnen die Tage, die Monate, die Jahre; und die vergangene Zeit kehrt weder je zurück noch kann man herausfinden, was die Zukunft bringt.“
„Wenn immer wieder über mich gelästert wird“, erklärte er dann, „dass ich mich zu sehr den Armen widme, so sage ich, dass ich nicht immer die materiell Armen meine, sondern auch diejenigen unter uns, die reich an Geld und arm am Herzen sind. Von mir wird gesagt, dass ich reich bin, aber nichts besitze. Das stimmt. Ich gehe durch die Welt und suche, aber wenn ich Herzen finde und dem Herrn senden kann, fällt der Reichtum über mich. Der Herr sagt, ich zitiere ihn: ‚Der Arme wird nicht aufhören inmitten des Landes‘, und er meinte damit, dass Armut die Personen wechselt, die mal arm, mal reich sind. Und den zur Zeit Reichen sagt er: ‚Denn die Armen habt ihr allezeit bei euch, und wenn ihr wollt, könnt ihr ihnen wohltun. Wenn du ein Mahl machst, so lade Arme ein. Wer sich des Geringen erbarmt, leiht dem Herrn‘.“
Dann sprang Jesus hundert Jahre zurück, um heutigen Reichen nicht zu sehr auf die Füße zu treten:
„Die religiösen Führer hatten kein Interesse an Armen und Bedürftigen. Sie werden von den alten Propheten als geldliebend beschrieben und als Menschen, welche die Häuser der Witwen verzehrten. Wie anders doch teilweise heute!“
Und er teilte seinen Zuhörern mit, dass „meine Jünger und ich und meine Verwandten eine Kasse unterhalten, mit der wir kurzfristige Nöte zu lindern helfen“.

Jesus machte hier am schönen Mittelmeer die Probe aufs Exempel, indem er zu einem jungen Mann ging, dessen Habitus auf Vermögen wies:
„Verkaufe alles, was du hast, und verteil es an Arme. Und du wirst einen Schatz im Himmel haben, komm und folge mir nach!“
Nach einigem Hin- und Herüberlegen verzichtete der junge Mann auf eine Karriere als Armer.
Wir können nicht alle Auftritte Jesu bis nach Cäsarea hin besprechen; in Asdod, Emmaus, Lydda und Antipatris fielen sie ähnlich aus wie in den vorigen Ortschaften: immer erfolgreich im Sinn von Taufen und neuen Christen. In Cäsarea sollte die Reise enden und auf direktem Weg heimführen.
„Mein Werk fängt an, getan zu sein“, beschrieb Jesus etwas umständlich seine Mission, „und jeder Künstler, - bin ich einer? -, sollte aufhören, wenn er nichts mehr von sich zu geben weiß.“
In Wahrheit drängte es ihn, zu einem Ende zu kommen. Er befand sich nun auf dem Höhepunkt seines Lebens – den die meisten Menschen erst nach 30 erreichen. Sein Name war im vorderen Orient in aller Munde, wie man schon damals sagte, seine Gedanken flogen wie Schwalben von Ort zu Ort, von Ohr zu Ohr, machten nachdenklich, stutzig, verhoffend, erhoffend und erwartungsvoll. Vom Westen, von der Hauptstadt her, drang Kunde von Liederlichkeiten der oberen Tausend der Stadt, und deren Christen, schon auf mehrere Gruppen angewachsen, sahen die von Jesus prophezeite Zeit unerbittlich herannahen.

* * * * * *

In Cäsarea residierte nach wie vor Pontius Pilatus. Auf dem Ritt sozusagen nach Jerusalem. Denn Hoher Rat, Hohepriester, Sanhedrin, Schriftgelehrte und ganz normale

Nörgler führten Klage gegen das Treiben dieses Jesus Christus.
„Wenn Ihr, Hoher Herr“, hatte man Pilatus geschrieben, „diesen Gesalbten weiterhin nicht unter Redeverbot stellt, dann...“
„Ja“, fragte Pilatus seinen Haushofmeister, „was dann?“
Da wurde Jesus mit seiner Reisegruppe gemeldet.
„Lassen wir ihn in Ruhe“, befahl der Präfekt, „und sehen ihn uns an und hören wir zu, was er predigt.“
Eine kopfstarke Gruppe von Neuchristen, die sich selbst im Mittelmeer getauft hatten, ging Jesus entgegen und nahm ihn in die Mitte. Der Neurabbiner sagte:
„Herr, es gibt Zeitgenossen, die Euch übel wollen. Sie sitzen nicht nur in Jerusalem, sondern auch hier und flüstern dem Pilatus Unwahrheiten über Euch in die Ohren. Gebt Acht auf Euch, wir können nicht helfen, die Soldaten sind zu zahlreich hier.“
Jesus dankte und fasste den Plan, die von ihm geplante Seligsprechung nicht erst in Jerusalem, sondern zur Probe hier in Cäsarea zum ersten Mal vorzunehmen. Die Jünger und Maria Magdalena, alle sorgenvoll, drängten zum Aufbruch, zur Heimkehr. Doch es blieb ihnen keine Wahl, wollten sie Jesus nicht verlassen. Man geleitete die Gruppe zur ersten Anhöhe landeinwärts, wo sich bereits „viel Volks“ versammelt hatte und der Präfekt „inkognito“ sich versteckt hielt. Wir zitieren hier den Evangelisten Matthäus, der wie alle seinesgleichen die knappe Sprache perfekt beherrschte:
„Da er (Jesus) aber das Volk sah, ging er auf einen Berg und setzte sich. Seine Jünger traten zu ihm, und er tat seinen Mund auf, lehrte sie und sprach.“
Das nun Folgende fängt achtmal mit „Selig sind...“ an und kann in weniger als einer Minute hergesagt werden.
„Da kann von einer Ansprache oder Rede keine Rede sein“, meldeten fortan die Kritiker ziemlich zynisch – wie bleiben

neutral und fassen uns noch kürzer als Matthäus: „Selig sind-

- die da geistlich arm sind, denn das Himmelreich ist ihr;
- die da Leid tragen, denn sie sollen getröstet werden;
- die Sanftmütigen, denn sie werden das Erdreich besitzen;
- die da hungert und dürstet nach Gerechtigkeit, denn sie sollen satt werden;
- die Barmherzigen, denn sie werden Barmherzigkeit erlangen;
- die reinen Herzens sind, denn sie werden den Herrn schauen;
- die Friedfertigen, denn sie werden des Herrn Kinder heißen;
- die um Gerechtigkeit willen verfolgt werden, denn das Himmelreich ist ihr."

Jesus machte eine seiner Pausen, so dass Pontius Pilatus seinem Sekretär zuraunen konnte:
„Und dieser Mann soll gefährlich sein?"
„Es heißt doch in den alten Schriften", antwortete der Sekretär, „‚Am Anfang war das Wort' oder so ähnlich. Dieser Jesus Christus, Herr, ist ein Meister des Wortes und das ärgert diese Pharisäer in Jerusalem. Denen solltet Ihr, Herr, den Marsch blasen und nicht diesem Messias."
„Dieser Messias" kam nun zum Ende seiner Veranstaltung, bevor er Hunderte Brote verteilte:
„Selig also seid ihr, wenn euch die Menschen um meinetwillen schmähen und verfolgen und reden allerlei Übles wider euch, denn dann lügen sie. Seid fröhlich und getrost, es wird euch im Himmel wohl belohnt werden. Ihr seid das Salz der Erde. Ihr seid das Licht der Welt."
Die Jünger bildeten nun einen Chor, der von Maria Magdalena dirigiert und von Petrus mit der Zither begleitet wurde. Sie sangen so herzergreifend, dass Pontius Pilatus sein Schnupftuch benutzen musste:

„So nimm denn meine Hände und führe mich
bis an mein selig Ende und ewiglich.
Ich mag allein nicht gehen nicht einen Schritt,
wo du wirst gehen und stehen, da nimm mich mit!
In dein Erbarmen hülle mein schwaches Herz
und mach es gänzlich stille in Freud und Schmerz.
Lass ruhn zu deinen Füßen dein armes Kind -
es will die Augen schließen und glauben blind.
Wenn ich auch gleich nichts fühle von deiner Macht,
du führst mich doch zum Ziele auch durch die Nacht.
So nimm denn meine Hände und führe mich
bis an mein selig Ende und ewiglich!"

Plötzlich standen zwei Stapel Brote neben Jesus, links ungesäuertes, so genannte Matze, rechts gesäuertes, das Jesus, seine Jünger und Maria Magdalena bevorzugten, weil es bekömmlicher war. Die Jünger begannen schon mit der Verteilung, als Jesus zu dem Abschluss kam, der Pontius Pilatus endgültig beruhigte:

„Ihr solltet nicht wähnen, dass ich gekommen bin, das Gesetz oder die Propheten aufzulösen. Ich bin nicht gekommen aufzulösen, sondern zu erfüllen. Denn ich sage euch wahrlich: Bis dass Himmel und Erde zergehe, wird nicht zergehen der kleinste Buchstabe noch ein Tüttel vom Gesetz, bis dass alles geschehe."

„Was ist ein Tüttel?", fragte Pilatus seinen Nebenmann.

„Es bedeutet so viel wie Tüpfel oder das Pünktchen auf dem I oder ‚es fehlt noch etwas'. Er weiß eben Sprache zu gebrauchen, Herr."

„Lassen wir ihn also gewähren", entschied Pontius Pilatus, erhob sich und fügte hinzu, „der Trick mit der Brotverteilung ist genial, da sollen sich die Hohenpriester mal etwas einfallen lassen."

Er ging und bekam infolgedessen nicht mit, dass eine wundersame Brotvermehrung stattfand, die erst mit der Dämmerung endete, als der Stern von Nazareth, den man jetzt

„von Bethlehem“ nannte, in voller Kraft zu leuchten begann. Nach einer ruhigen Nacht, in der Hunderte Gesättigte schliefen „wie der Ratz (Iltis) in seinem Bau“, machte sich unsere Reisegesellschaft auf den Rückweg. „Viel Volks“ freilich brach zu spät auf, wie Matthäus zu berichten weiß:
„Und sein Gerücht erscholl durchs ganze Land. Und Leute brachten ihm allerlei Kranke, mit mancherlei Seuchen und Qual behaftet, die Besessenen, die Mondsüchtigen und die Gichtbrüchigen...“
Da war Jesus schon in Joppe, wo er von Pontius Pilatus auf dessen Weg nach Jerusalem überholt wurde.

Nullum ad nocendem tempus angustum est malis!

Sagte Jesus, als er und seine Begleitung wohlbehalten und unter Umgehung Jerusalems in Bethlehem eingetroffen waren:

„Böswillige haben immer Zeit zu schaden!“

Maria, Ermanius und Johannes der Täufer führten Jesus, Maria Magdalena und die Jünger in die nun vollendete christliche Kapelle Bethlehems, die erst fünfzig Jahre später neu errichtet werden sollte. Ermanius räumte den Altar zur Seite und öffnete eine hölzerne Luke, die in einen Keller zu führen schien - „es ist deine Gruft, Herr Jesus, wie du es befohlen hast“. Jesus antwortete:

„Ecce ego dormio cum pace –
Hier werde ich ruhig schlafen.“

Und vergaß offensichtlich seine Auferstehung! In die etwas traurige Stimmung, die nun aufgekommen war, sprach Jesus die große Hoffnung aller Menschen aus, die er für seine Mission gewonnen hatte und vor allem seine Jünger aufmuntern sollte:

„Im Haus meines Vaters gibt es viele Wohnungen, und ich gehe bald hin, um dort einen Platz für euch freizuhalten. Sonst hätte ich euch doch nicht mit der Ankündigung beunruhigt, dass ich bald weggehe. Und wenn ich gegangen bin und euch den Platz bereitet habe, dann werde ich zurückkommen und euch zu mir nehmen, damit auch ihr seid, wo ich bin.“
Werte Leserschaft, ergeht es dir nicht auch wie Milliarden Menschen vor und wohl ebenso vielen nach dir: Dass alle Versprechungen für ein Weiterleben nach dem Tod, so aufrichtig sie dir geboten werden, nicht bewirken können, freudig zu sterben...

Der Sanhedrin oder Hohe Rat schien es geschafft zu haben: Trotz römischer Oberhoheit, dargestellt durch Pontius Pilatus, war er noch ein gewisser Machtfaktor in Palästina, jedenfalls gefürchtet – ein Zustand, den jeder Machthaber seit eh und je herzustellen versucht. Die 71 Mitglieder waren Priester, „Älteste“, Schriftgelehrte und andere meist adelige Herren, Sadduzäer, die allesamt nichts dagegen einzuwenden hatten, wenn ein gewisser Prozentsatz ihrer Bevölkerung zu den Armen zählte. Das griechische Wort Sanhedrin bedeutet „Sichhinsetzen“, war ein Allgemeinbegriff für Zusammenkünfte und bedeutete zu Jesu Zeit Religionsgericht. Ein Hohepriester hatte den Rang eines „Hauptmann des Tempels“ inne. Jesus kannte diese Sippschaft, denn er soll ja selbst ein Hohepriester gewesen sein.

Er war also wieder zu Hause und brauchte dieses Mal keine große Erholungspause, um zu wissen, wie es weitergehen sollte. Wie alle Reformer, Eiferer, Fleißigen, Ruhelosen und ewige Wanderer fand er nun in der Ruhe keine Ruhe mehr und verwarf alle Vorhaltungen seiner Nächsten, „es langsam angehen zu lassen“. Es war sowieso zu spät! Denn der Hohepriester wollte die „Sache Jesus“ nun vorantreiben und sie friedlich zu lösen versuchen. Aber da hatte

Jesus schon einen „Termin“ gemacht, den er nicht zu ändern gedachte: Die Wiederholung der Seligpreisungen von Cäsarea und die anschließende große Rede, die als Bergpredigt in die Geschichte eingegangen ist.
„Nennt mir einen günstigen Platz für diese Rede, so dass sie weit schallt und auch im Himmel gehört wird!“
Johannes der Täufer, der noch immer unentdeckt in der Familie lebte, nannte den Ölberg (806 Meter hoch) im Osten Jerusalems zwischen Gethsemane und Bethanien, und Jesus stimmte zu.
„Ich lasse dich ungern gehen“, sagte Maria, „und bitte dich, den Hohen Rat nicht zu provozieren.“
In diesem Augenblick kam ein Mann angelaufen, dem man den Tempelwächter von weitem ansah und dem die Zunge mehr aus dem Hals hing als bei Nero, wenn er die Bethlehemer Katzen auf Schwung brachte.
„Herr“, rief er, „Herr Jesus Christus, ich kenne dich, weil du eines meiner Kinder geheilt hast und ich selbst von dir getauft worden bin. Man nennt mich Marathon, weil ich so gut zu Fuß bin. Ich komme, um dich zu warnen. Man hat etwas gegen dich vor, entweder nun bei deiner Predigt oder wenn du den Tempel besuchst. Du hast unvorsichtig verlauten lassen, dort aufräumen zu wollen.“
Sprach‘s und trollte sich davon: die acht Kilometer bis Jerusalem in einem Rutsch durch...

Am Vorabend saßen sie alle beisammen im großen Essraum des Hauses in Bethlehem.
„Was hast du vor, Herr?“, fragten die Jünger.
„Nun“, antwortete Jesus, „nichts anderes als die Prophezeiung im Buch Sacharja in Erfüllung gehen zu lassen.“
„Nach jüdischem Glauben“, sagte Maria Magdalena, „soll der Messias über den Ölberg, der eigentlich Olivenberg heißt, in Jerusalem einziehen...“
„...und Gericht halten“, fügte Maria hinzu.

„Bist du der Messias, Herr?“, frage Ermanius.
„Man sagt es, treuer Ermanius.“
„Wirst du einst Gericht halten, Herr?“, fragte Johannes der Täufer.
„Man sagt es, lieber Johannes.“
„Propheten können sich irren“, sagte Petrus.
„Mich, den Sohn“, sagte Jesus, „kennt nur der Vater und den Vater allein der Sohn.“
Ist aufgefallen, dass viele Antworten Jesu mehr verschleiern als aufklären?

* * * * * *

Dieser Ölberg ist über 800 Meter hoch und bot einen fantastischen Ausblick auf Jerusalem und Umgebung, wenn man durchs Kidrontal anstieg. Hohepriester Josef Kaiphas klirrten die Ohren, als er die Berichte seiner Späher hörte und seine Augen wollten den Dienst versagen, als sie den „Zug Volks“ sahen, der sich von Bethlehem herzog, sich alle hundert Meter vermehrte und sich „oben“ löste und ausbreitete wie eine Mare-Nostrum-Welle bei Flut.
„Er ist ein richtiger Volksführer“, sagte der hinzugetretene Pontius Pilatus.
„Er ist ein richtiger Volksverführer“, antwortete Kaiphas.
„Ihr seid solche Volksaufläufe nicht gewohnt“, sagte Pilatus warnend, „in Rom gehören sie zum Alltag und du solltest sie nicht ernst nehmen.“
„Er wiegelt das Volk auf“, beharrte Kaiphas.
„Ich habe ihn in Cäsarea gesehen und gehört“, sagte Pilatus deutlicher warnend, „und wenn man dir etwas anderes erzählt hat, bist du belogen worden.“
Der Hohepriester spürte den Boden unter sich wanken und erinnerte sich daran, dass dieser Römer hart und weich gleichzeitig sein konnte.

„Nimm dich in acht“, sagte Pilatus denn auch, „dass nicht alles, was ihr dem Nazarener antut, auf dich und den Hohen Rat zurückschlägt.“

Unterdes murrte Jesus ein wenig, weil er nicht vorhatte, seine Veranstaltung zu einem Volksfest werden zu lassen: Denn hier oben, wo er sich mit seinen Jüngern, Ermanius, Maria und Maria Magdalena niederlassen wollte, gab es für Hungrige einen Suppeneintopf, ein belegtes Matzenbrot, Hartkäse, ein „Ochsenauge“ genanntes süßes Gebäck und Dünnbier - „mehr Wasser als Bier“! Die Jünger gingen hin und her und sahen manche Gesichter, deren Besitzer eindeutig als Spitzel des Hohen Rates zu erkennen waren: verkniffen, verbiestert, gelangweilt und herausfordernd. Petrus, Judas und Andreas machten sich den Spaß, sie als „hebräische Hoppewitze“ anzusprechen und zu „einem Bierchen“ einzuladen.

Jesus begann zu sprechen und alle Zuhörer wunderten sich, dass seine Stimme wie die Posaunen Jerichos empor in den Himmel fuhr und verstärkt zurückkehrte. Thomas machte sich die Mühe, bis zu entfernt Stehenden, - mehr als 500 Schritt -, hinzugehen und sie zu fragen:
„Kannst du unseren Herrn und Meister verstehen?“
„Besser als jeden Rabbi im Tempel, klar doch.“
Jesus begann also wie in Cäsarea: mit „selig sind...“, so dass wir mit unserer Schilderung „danach“ beginnen können:
„Ihr habt gehört, dass zu den Alten gesagt ist...“
Jesus meinte die seit Moses bekannten und vielzitierten Gebote und irrte sich wohl in der Annahme, dass sie jedem hier geläufig waren. Wie jeder öffentliche Redner und Schreiber seit Moses schien er der Meinung zu sein, dass, was er auswendig wisse, anderen wenigstens in den Grundzügen bekannt sein müsste. Also:

„Ihr habt gehört, dass den Alten (den Vorfahren) gesagt ist...“
„...du sollst nicht töten. Wer aber tötet, soll des Gerichts schuldig sein. Ich sage dir wahrlich, du wirst nicht vondannen kommen, bis du auch den letzten Schekel bezahlt hast.“
„...du sollst nicht ehebrechen. Ich aber sage euch, wer ein Weib ansieht, sie zu begehren, der hat schon mit ihr die Ehe gebrochen in seinem Herzen.“
„...es ist auch gesagt: Wer sich von seinem Weib scheidet, der soll ihr einen Scheidebrief geben. Ich aber sage: Er macht, dass sie die Ehe bricht.“
„Ihr habt weiter gehört: Du sollst keinen falschen Eid tun und sollst dem Herrn deinen Eid halten! Ich aber sage euch: dass ihr überhaupt keinen Eid schwören sollt.“
„...ihr habt gehört, dass da gesagt ist: ‚Auge um Auge, Zahn um Zahn‘! Ich aber sage euch, dass ihr nicht widerstreben sollt dem Übel, sondern, so dir jemand einen Streich gibt auf deine rechte Backe, so biete ihm die linke auch dar.“
„...dass gesagt ist: Du sollst deinen Nächsten lieben und deinen Feind hassen! Ich aber sage euch: liebt eure Feinde, segnet, die euch fluchen, tut wohl denen, die euch hassen, bittet für die, so euch beleidigen und verfolgen.“

In der anschließenden Rede-, Ess-, Trink- und Tuschelpause ging es nicht darum, ob alle alles verstanden hatten – die Tatsache allein, dass so etwas noch nie öffentlich, unter freiem Himmel und in der Anwesenheit tückischer Spitzel gesagt worden war, erschien schon so sensationell, dass diese Unterbrechung vom Herrn vorprogrammiert sein musste. Die Jünger hörten sich um und erfuhren dieses Positive:
„Der Mann muss vom Himmel gesandt sein.“
„Das ist Jahwes Stimme, Jesus ist sein Dolmetscher.“

„Geheiligt werde sein Name..."
„...wie auf Erden so im Himmel."
Die Jünger hörten sich weiter um und erfuhren dieses Negative:
„Das sind ja allgemeine Weisheiten, die jeder kennt."
„Ich hätte den Tag auch netter verbringen können."
„Dass die Pharisäer sich so etwas bieten lassen!"
„Wir sind für Nichts und Wiedernichts auf den Berg geklettert."

Evangelist Matthäus lässt hier Jesus ein paar Menschen heilen und ihn dann auf ein Schiff steigen, das prompt „ein großes Ungestüm im Meer" überstehen muss. Wir glauben diesen Einschub nicht und streichen ihn. Und lassen Jesus auf dem Berg weiterreden, bis die Dämmerung einbricht und der Stern von Bethlehem so hell leuchtet, als sei er von Halogen auf LED umgestellt worden. Vielleicht sind's aber auch Jesu Schluss-Ermahnungen ans Volk, das, - er vergaß dieses wohl -, nicht über Gebühr ermahnt werden möchte.
„Wer nun mich bekennt vor den Menschen, den will ich bekennen vorm Herrn. Und wer mich verleugnet vor den Menschen, den will ich auch verleugnen vor dem Herrn. Denn ich bin gekommen, den Menschen zu erregen und gegen seinen Vater und die Tochter gegen die Mutter und die Schwiegertochter gegen ihre Schwiegermutter."
Jetzt klang Murren auf und regte sich Unwillen im Volk.
„Wer seine Eltern mehr liebt als mich, der ist mein nicht wert..."
Knurren wie von bösen Hunden, Buhrufe!
„...und wer Sohn und Tochter mehr liebt als mich, der ist mein nicht wert."
Hört-hört-Rufe, ein Kommentar „sehr richtig!"
„Und wer nicht sein Kreuz auf sich nimmt und mir nachfolgt, der ist mein nicht wert!"

(Unser Kommentar und unsere Vorabankündigung: Jesus wird das Kreuz nicht tragen!)
„Wer sein Leben findet, der wird es verlieren, und wer sein Leben verliert um meinetwillen, der wird es finden. Wer euch aufnimmt, der nimmt mich auf, und wer mich aufnimmt, der nimmt den auf, der mich gesandt hat."
Jesus wollte noch ein Gleichnis bringen, doch da fiel ihm Simon der Bauer in die Rede und sagte:
„Herr Jesus Christus, ich nehme dich auf..."
Jesus und seine Jünger betrachteten einen Mann, den man als „Methusalem des Jahrhunderts" bezeichnen konnte.
„...wenn du mich aufnimmst."
Hier endlich können wir mit einem echten Beispiel gelebten Christentums aufwarten!

Es war stockfinster geworden, nur der Stern beleuchtete ein paar Quadratmeter unter sich und Jesus; seine Jünger, Maria, Magdalena und Ermanius waren besorgt, wie sie ungefährdet heimkommen oder sonst wie unterkommen könnten. Simon erklärte sich nun:
„Nur tausend Schritte Gehzeit von hier liegt mein großer Bauernhof, auf dem ich notfalls tausend Neuchristen unterbringen könnte. Wie wollt ihr in dunkler Nacht und zwischen etwaigen Häschern nach Bethlehem gelangen?"
Jesus nickte Zustimmung, taufte Simon kurzerhand und ließ ihn damit den Stern erblicken. Viele der abgehenden Zuschauer und Zuhörer fragten Simon und Jesus, „ob wir morgen kommen können, den Segen zu empfangen und die Taufe dazu?"
„Meinen Segen habt ihr schon", verkündete Jesus und hob beide Arme, „und den Herrn gebe ich euch morgen."

Simons Bauernhof, im Fackellicht einigermaßen erkennbar, war die Arche Noah Judäas.

„Hier“, sagte Simon, „muss die Arche angelegt und ihre Reisenden entlassen haben. Ich bin ein direkter Nachkomme Noahs.“
Jesus schmunzelte bei diesem Vergleich und nahm das Angebot an, hier die Nacht zu verbringen und das Abendmahl einzunehmen – sein vorletztes! (Hier sollte das Abendmahl nicht mit einer Abendmahlzeit gleichgesetzt werden!) Zu Tisch saßen, vom Gastgeber so gewollt, Jesus mit seinen Jüngern, sie wurden von Maria, Maria Magdalena und Ermanius bedient und hatten folgendes Menü einzunehmen: Erstens geräuchertes Forellenfilet aus dem Kidron, zweitens gebratene Lammkeule mit Zwiebelsoße, drittens Sinaigazellenragout in Kürbistunke, viertens Mehlschwitze aus Hirse, Honig, Rosinen und Dickmilch, fünftens und letztens Rosé aus dem Hinnomtal.

Nach jedem Gang und jedem Schluck wurde Jesus gesprächiger als er es je gewesen war, „denn hier“, sagte er, „bin ich ganz ich“ und fügte hinzu:
„Ich bin das Brot des Lebens. Wer zu mir kommt, der wird nicht hungern und wer an mich glaubt, der wird nimmermehr durstig sein.“
Das sagte er nach dem ersten Schluck Wein. Nach dem ersten Gang sagte er:
„Wer gut isst, verachte den nicht, der nicht isst; und wer nicht isst, richte den nicht, der isst – denn der Herr hat ihn angenommen.“
Nach dem zweiten Gang klang es so:
„Ob wir nun essen oder trinken, es ist zu des Herrn Ehre.“
Nach dem dritten Gang war‘s mehr geheimnisvoll:
„Wer reichlich gibt, wird gelabt, und wer reichlich tränkt, der wird auch getränkt werden.“
Nach dem vierten Gang kam der Herr an die Reihe:
„Er sättigt die durstige Seele und die Hungrigen füllt er mit Gutem.“
Fünftens sagte er:

„Und der Herr sprach seht her, ich habe euch alle Pflanzen gegeben, die Samen bringen und alle Bäume mit Früchten, die Samen bringen zu eurer Speise."
Alle Anwesenden bemerkten Jesu Nachdenklichkeit und Melancholie, als er sagte, dass er ihnen zum Dank an den Herrn etwas vorbeten möchte. „Ich weiß, ‚ein voller Magen betet nicht gern', aber hört, was ich mir zum Abschluss meiner irdischen Reise ausgedacht habe – es ist eine Erstaufführung."
Er erhob sich, mit ihm alle, die gegessen, aufgetragen oder einfach gelauscht hatten:

„Herr im Himmel! Dein Name werde geheiligt.
Dein Reich komme, dein Wille geschehe auf Erden wie im Himmel.
Unser täglich Brot gabst du uns heute.
Vergib uns unsere Schulden wie wir den Schuldigern vergeben.
Und führe uns nicht in Versuchung!
Sondern erlöse uns von allem Übel.
Denn dein ist das Reich, die Kraft und die Herrlichkeit in Ewigkeit!
Amen!"

Nach einer Nacht großer Friedlichkeit und Erholung, einem exzellenten Frühstück und der Taufe aller noch nicht Getauften und der endlichen Abreise fanden Simons Kinder im Garten unter Steinen versteckt oder an Sträuchern aufgehängt einen Goldschekel nach dem anderen, insgesamt dreizehn Stück – es aßen ja zwölf Jünger und ihr Herr und Meister!

Das Abenteuer im Tempel und anderes

Josef Kaiphas hatte noch einmal, „dem Satanas zu Trotz", um Audienz beim Präfekten nachgesucht. Die Höflichkeit

und der Sinn nach Frieden im Palästinaland gebot diesem, den Wunsch nicht abzuschlagen.
„Außerdem“, sagte er seinem Sekretär, „können wir ihn an seinen eigenen Worten prüfen, wann er die Wahrheit sagt oder uns belügt.“
Nach den beiden von uns dargelegten Predigten war Jesus in aller Munde, was nicht überall als Lob bezeichnet werden konnte. Aber Nörgler, Denunzierer und Nach-dem-Mund-Redner hielten sich zurück, bis sie sicher waren, dass der Hohe Rat endlich energisch gegen Jesus vorgehen werde.

„Dieser Mann“, sagte der Hohepriester, „verursacht Volksaufläufe, die Rom nicht dulden sollte, Präfekt.“
„Ich habe feststellen lassen und selbst festgestellt“, antwortete Pilatus, „dass die Völker, welche sich Jesus anschließen und ihm gefesselt zuhören, friedlicher fortgehen als sie hergekommen sind. Das ist doch auch in eurem Sinn, Priester.“
„Aber immer wieder lässt er durchklingen, „murrte Kaiphas, „dass unsere Obrigkeit erst an zweiter Stelle steht, wenn es um Gehorsam und Folgsamkeit geht.“
„Ist es denn nicht so? Stehen nicht die römischen Kaiser und Jupiter und die griechischen Könige unter Zeus!“
„Im Himmel ja, auf Erden nicht. Lässt du nicht auch, Präfekt, Unbotmäßige und Verbrecher im Namen deines Kaisers ans Kreuz schlagen oder anderweitig umbringen?“
„Klar, das tut jeder Vertreter des Kaisers in Rom.“
Jetzt tat Pilatus verschmitzt, denn er war‘s leid, immer wieder von A bis O „den warmen Brei“ aufzurühren.
„Wenn du mir die Meldung bringst, dass Jesus Christus Aufruhr schürt oder gar Gewalt predigt oder anwendet, ja, dann bist du mein Mann. Dann helfe ich dir.“
Dieser von Kaiphas wohlverstandene Hinweis besiegelte Jesu Schicksal.

* * * * * *

Den nun folgenden Tathergang haben alle vier Evangelisten beschrieben – unterschiedlich beschrieben! Kurz und knapp machte das Matthäus im 21. Kapitel, Verse 12 und 13:

„Und Jesus ging zum Tempel des Herrn hinein und trieb heraus alle Verkäufer und Käufer und stieß die Tische der Wechsler und die Stühle der Taubenkrämer um. Und sprach zu ihnen ‚es steht geschrieben mein Haus soll Bethaus heißen, ihr aber habt eine Mördergrube daraus gemacht‘!“

Markus beschrieb „dieses Vergehen“ Jesu im 11. Kapitel in den Versen 15, 16, und 17:

„Und sie kamen in Jerusalem an. Jesus ging in den Tempel, fing an und trieb die Verkäufer und Käufer aus dem Tempel. Die Tische der Wechsler und die Stühle der Taubenkrämer stieß er um und ließ es nicht zu, dass jemand etwas durch den Tempel trüge. Und er lehrte und sprach zu ihnen: ‚Mein Haus soll heißen ein Bethaus allen Völkern, ihr habt eine Mördergrube daraus gemacht‘!“

Lukas machte aus dem Vorgang eine Kurzfassung im 19. Kapitel, Verse 45 und 46:

„Und er ging in den Tempel und fing an auszutreiben, die darin verkauften und kauften, und sprach zu ihnen: ‚Mein Haus ist ein Bethaus, ihr aber habt‘s zur Mördergrube gemacht‘!“

Johannes hat die Geschichte schon im 2. Kapitel, Verse 14 bis 16 beschrieben:

„Und er fand im Tempel sitzen, die da Ochsen, Schafe und Tauben feil hatten, und die Wechsler. Er machte eine Geißel aus Stricken und trieb sie alle zum Tempel hinaus samt den Schafen und Ochsen und verschüttete den Wechslern das Geld und stieß die Tische um. Er sprach zu denen, die

die Tauben feil hatten, tragt das von dannen und macht nicht des Herrn Haus zum Kaufhaus!“
Aber jetzt gab es, laut Johannes, eine Reaktion:
„Was zeigst du uns für ein Zeichen, dass du solches tun magst?“
„Brecht diesen Tempel ab“, antwortete Jesus, „und am dritten Tag werde ich ihn wiederaufrichten.“
„Dieser Tempel“, sagten die Leute, „ist in sechsunddreißig Jahren erbaut worden, wie willst du ihn in drei Tagen aufrichten?“

Lohnt es, sich über diese ganze Geschichte zu wundern? Nein, behaupten wir, denn sie kann so nicht wahr sein. Jesus Christus als Gewalttäter? Wie soll er allein ganze Menschenansammlungen „getrieben“ haben? Nach allem, was wir bis hierher erfahren haben, war er zwar verbal nicht auf den Mund gefallen, aber doch zu handgreiflichen Tätlichkeiten außerstande. Und noch eines: Wie sollte Jesus Christus sich vor seinen Jüngern verantworten, wenn er gegen „Kinder des Herrn“ handgreiflich wurde? Wie auch alles gewesen sein mag: Einen Tumult mit lautem Wehgeschrei, Gezeter der Händler, Beschimpfungen, „versehentlichem“ Umstürzen der Tische und Fluchtgetümmel wird es gegeben haben – ganz nach den Wünschen der Pharisäer, Schriftgelehrten, Hohepriester und Tempel-Wachmänner!

Jesu Jünger waren gewitzter als er und sollten mit ihrer Vermutung, „das war eine Inszenierung“, Recht behalten. Denn kaum waren sie am Abend nach Bethlehem zurückgekehrt, als schon genannter Lang- und Schnellläufer Marathon, wiederum atemlos, ins Haus stürzte und keuchend verkündete:
„Herr Jesus, das war eine Falle! Unser Tempelhauptmann hat händereibend erklärt, ‚das hat ja fantastisch geklappt, jetzt haben wir ihn, cruzifige – cruzifige‘!“

* * * * * *

„Er hat, Hoher Herr“, sagte Kaiphas, „zum ersten Mal Gewalt angewendet und die Leute aus dem Tempel getrieben.“

Präfekt Pontius Pilatus, der sich selbst als römischer Schlaumeier bezeichnete, fiel nun auf die drei Worte „aus dem Tempel“ herein: Denn alle diese von den Evangelisten „Wechsler“ und „Taubenverkäufer“ genannten Individuen durften sich nur im Vorhof des Tempels aufhalten, nicht in dessen heiligem Inneren.

„Haben seine so genannten Jünger dabei geholfen?“, fragte Pilatus.

„Nein, Herr, sie hielten sich zurück und waren selbst sehr verwundert.“

„Dann ist es gut“, sagte Pilatus, „ich hätte sie nicht gern kreuzigen lassen, denn sie sind brave Männer.“

„Das stimmt“, pflichtete Kaiphas sofort zu.

„Wenn du den Nazarener verhaftet hast“, befahl Pilatus, „überstell ihn mir sogleich, damit ich das erste Verhör führe.“

Das missfiel dem Kaiphas sehr, aber er gehorchte. „Wir sind“, dachte er im Stillen, „arme Knechte der Römer. Vielleicht sollte man mit diesem Messias gemeinsame Sache machen und die Römer ins Meer treiben“.

„Wo ist eigentlich dieser Täufer geblieben?“, fragte Pilatus noch, „Johannes mit Namen? Könnte Jesus ihn versteckt halten?“

„Wir wollen ihn nicht suchen lassen“, gab Kaiphas zu, „nur weil ihn eine lüsterne Dirne köpfen lassen will.“

Das ließ Pilatus gelten und das Gespräch war beendet.

Während Jesus auf den Rat seiner Jünger, die drohende Gefahr ein wenig auslaufen zu lassen, mit ihnen und Johannes des Nachts zu Simon dem Bauern zog, ließ Kaiphas

die Verfolgung Jesu erst einmal langsam angehen. Er hatte ja auch nicht das letzte Wort in dieser Angelegenheit: Der Clan der Hannas mit Söhnen dominierte die kleine Fraktion des Sanhedrin, und als sich diese versammelte, hatte Kaiphas genug zu tun, sie gegen Jesus einzuschwören.
„Es ist besser“, argumentierte er, „ein einzelner Mensch stirbt als das ganze Volk.“
(Hier wurde buchstäblich eine Mücke zum Elefanten gemacht, wie das so oft geschieht, wenn man eigene Untaten verschleiern will.)
„Auf gar keinen Fall dürfen wir“, riet Kaiphas den Richtern des Sanhedrin, „aus Jesus einen Märtyrer machen.“
„Das beste Mittel dafür ist“, sagte Althohepriester Hannas, „ihn in Ruhe zu lassen. Er ist politisch indifferent und wenn wir ihn aburteilen, kann ein radikalerer Messias an seine Stelle treten. Unser Land ist voll von diesen Leuten, die, wenn man sie unbehelligt lässt, sich selbst totreden.“
„Aber er hat doch gesagt, unseren Tempel niederreißen und in drei Tagen einen neuen aufstellen zu lassen.“
„Das war symbolisch gemeint, sein Körper, sein Geist, seine Seele sollen der neue Tempel sein.“
„Ich bin auch dafür, ihn eine Weile, vielleicht ein Jahr lang, im Land herumpredigen zu lassen, bis er sich erschöpft und leergepredigt hat.“
Man ersieht aus dieser Diskussion, dass die Anklage von Anfang an auf wackeligen Beinen stand.

* * * * * *

Weil die Wandergruppe erst beim Hellwerden den Hof Simons erreichte, wurde sie natürlich von Kaiphas‘ Spitzeln entdeckt und ausgezählt: dreizehn Personen!
„Also war Johannes der Täufer nicht unter ihnen“, meldeten sie an den Sanhedrin und irrten sich: Petrus hatte den Trick ausgeheckt, Andreas bei den Frauen in Bethlehem zu

lassen und statt seiner Johannes mitzunehmen – so kam dieser endlich aus Jerusalem heraus. Kaum angekommen und das Frühstück verzehrend, berichtete Judas Iskariot von seinem Abenteuer:
„Du weißt, Herr, dass mich Maria losgeschickt hat, um einige Sachen in Bethlehem einzukaufen. Da trat ein Mann an mich heran, dem ich den Tempelhauptmann an der Nase ansah. ‚Freund', redete er mich an, ‚willst du dir dreißig Silberlinge verdienen, leicht verdienen?' Ich fragte ihn, was dafür zu tun sei. ‚Kaum etwas', antwortete er, ‚und nur ganz Leichtes: Wenn ich zu euch komme, um Jesus zu verhaften, zeigst du nur unauffällig auf ihn, damit ich nicht den Falschen erwische. Alles klar?' Und er griff in die Tasche, mir das Geld zu geben. Ich stieß ihn zurück und machte mich davon. Habe ich richtig gehandelt, Herr?"
„Das hast du, guter Mann. Ich habe nie an einem von euch gezweifelt."
Hier ist die Gelegenheit mitzuteilen, dass wir die allbekannte und weltbekannte Verrätergeschichte des Judas Iskariot nicht glauben. Sie ist eine publikumswirksame Erfindung eines der vier Evangelisten, die ja sowieso im Verdacht stehen, voneinander abgeschrieben zu haben. Auch teilen wir jetzt schon mit, dass wir die nächste Verräterei und Verleugnung, dem treuen Petrus in die Schuhe geschoben, nicht glauben und gar nicht erwähnen werden. (Wenn der Hahn zum dritten Mal kräht ist tatsächlich eine geniale Kolportage!)

In der scheinbaren Sicherheit dieses gut bemannten Bauernhofes fühlte sich Jesus stark genug, erneut zu predigen. Zumal viele Menschen aus Jerusalem herbeikamen, den Segen zu empfangen, sich im Hofteich taufen zu lassen, an den Mittagsmahlzeiten teilzunehmen, die Predigten anzuhören und auch zu spionieren. Gegen Abend, als alles ruhig war, der Stern von Bethlehem sich selbst entzündete und

nur noch unmittelbare Nachbarn des Hofes sich eingefunden hatten, hielt Jesus Christus seine letzte öffentliche Predigt. Sie war scharf gewürzt, ließ die Herzvorkammern ordentlich pochen und die Zukunftsaussichten vage und wenig verlockend erscheinen. Jesus ging erst einmal auf den Jerusalemer Tempel ein:
„Wahrlich, ich sage euch: Es wird hier nicht ein Stein auf dem anderen bleiben."
„Sage uns Herr", sagte Petrus im Namen aller, „wann das sein wird. Und welches wird das Zeichen des Endes der Welt sein?"
Wieder einmal ließ Jesus die Antwort offen und warnte, sich nicht verführen zu lassen:
„Denn es werden viele unter meinem Namen kommen und sagen ‚Ich bin Christus' und viele werden verführt."
Die Jünger wunderten sich und behaupteten, sich niemals von anderen Heilanden täuschen zu lassen.
„Ihr werdet Kriege hören und Geschrei von Kriegen. Das muss vorher geschehen und ist nicht das Ende. Denn ein Volk wird sich empören gegen ein Königreich, und es wird sein Pestilenz und Erdbeben. Da wird sich allererst die Not erheben, und Trübsal wird sein und man wird euch töten. Und ihr müsst gehasst werden um meinetwillen von allen Völkern."
Da erst begriffen die Jünger, dass Jesus „die Zeit nach ihm" meinte. Ja, er hatte sie doch schon verpflichtet mit „Geht hinaus in alle Welt..." - was wohl, dachten einige der Jünger zaghaft, eine happige Angelegenheit werden kann.
„Wer aber beharrt", sagte Jesus, „bis ans Ende, der wird selig werden."
Dann erhob er sich, sagte Gute Nacht und verkündete, am nächsten Morgen, „so der Herr will", das letzte Abendmahl mit ihnen halten zu wollen.
„Ein Abendmahl am Vormittag?", fragte Bartholome, „ist das nicht paradox, Meister?"

„Ist es, lieber Jünger und ihr lieben anderen Jünger, doch morgen Abend werde ich nicht mehr euer Meister sein."

Der Anfang des Endes

„Er steckt beim Bauern Simon", sagte der im Prinzip ehrliche Marathon zum Kaiphas, „predigt den Leuten von der Zukunft und futtert und trinkt dem reichen Simon die Vorräte weg."

„Er hält sich nicht an den Sabbath", klagte ein anderer.

„Er erniedrigt das Pessahfest", jammerte ein anderer.

„Er propagiert die Gleichheit von Mann und Frau", entsetzte sich ein anderer.

„Ich bin sicher, er versteckt den Täufer", behauptete der Vertreter des Herodes.

„Er soll stets viel Goldschekel bei sich haben", quengelte der Oberwechsler, „woher stammen diese, Hoherpriester?"

„Er soll sich in Bethlehem sein Grab hergerichtet haben", sagte ein Tempelhauptmann.

„Dann hinein mit ihm!", rief Sanhedrin-Vorsitzer Hannas.

Man vertagte sich, um für den bedeutenden morgigen Tag frisch und munter zu sein, und hatte keinen Arg gegen Marathon. Dieser machte sich, wie er seiner Familie mitteilte, „auf die Socken" und traf Jesus an, der auf seinem Feldbett lag und unentwegt in den Himmel starrte – auf seinen Wunsch hatte man das Bett ins Freie gestellt. Zählte er die Sterne?

„...der Herr hat sie gezählet,
dass ihm auch nicht eines fehlet..."

Oder betrachtete er nur seinen Stern? In der Nähe wachten seine Jünger, bereit, sich auf jeden Entführer zu stürzen und ihn „zur Schnecke zu machen". Marathon berichtete, dass der Sanhedrin morgen den Hauptmann schicken und ihn verhaften würde.

„Verratet mich nicht", bat er, erhielt von Petrus seinen Lohn und machte sich abermals auf die Socken. Er schaffte es auch noch, in Bethlehem bei Maria vorstellig zu werden und sie und Maria Magdalena und Ermanius von der neuen Entwicklung in Kenntnis zu setzen. Verbleiben wir eine Zeitlang in diesem Haushalt.

„Was tun wir?“, fragte Ermanius, „wenn sie ihn morgen verhaften?“

„Wir müssen bei ihm sein“, befahl Maria, „ihm die letzten Stunden zu erleichtern.“

„Wie werden diese verlaufen?“, fragte Ermanius verängstigt.

Maria Magdalena erklärte:

„Sie, diese Herrschaften Philister, Hohepriester, Pharisäer und Sadduzäer werden sich beeilen, entgegen allen römischen Vorschriften, Jesus noch morgen ans Kreuz zu schlagen. Sie werden sich aber noch Zeit lassen, ihn die Qualen eines solchen Vorgangs gehörig spüren zu lassen: Die Dornenkrone aufs Haupt, die Geißelung, das Kreuz wird er nicht tragen können, das bestellte Volk wird ihn verhöhnen, bespucken und auslachen. Das ist hier so die Art in Jerusalem. Aber er wird nicht leiden“, fügte Maria Magdalena mit Blick auf Maria an.

„Was meinst du damit, Freundin?“, fragte Maria, kaum noch bei Sinnen.

„Ich werde ihm einen Trank mischen, dass ihm Hören und Sehen vergeht – der Herr mag mir dabei gnädig sein, hoffe ich.“

Und sie wies auf ein paar Tonfläschchen, in denen sie den Extrakt von Schierling, Tollkirsche, Maiglöckchen, Engelstrompete, Aronstab und Blauer Eisenhut aufbewahrte und für morgen bereithielt.

„Ich werde“, sagte sie abschließend, „meinen letzten Rest Charme und einige Goldmünzen am zuständigen Centurio in Szene setzen, dass der Herr nicht aufgenagelt wird und ihm nicht die Beine gebrochen werden.“

* * * * * *

Die Jünger saßen mucksmäuschenstill, fast ohne zu atmen, und man konnte die sonst lautlosen Fledermäuse flattern hören – neben Jesu Stimme:
„Herr, werde ich das durchstehen?"
„Herr, in deine Hände..."
„Herr, hast du mich verl…?"
„Herr, ist's möglich, dass dieser Kelch von mir gehe?"
Dann sprach Jesus wie normal, hatte aber, wie ganz klar zu hören war, den Bezug zur Wirklichkeit verloren:
„„...und als dann wird erscheinen das Zeichen des Menschensohnes am Himmel. Und dann werden heulen die Geschlechter auf Erden und werden sehen kommen des Menschen Sohn in den Wolken des Himmels mit großer Kraft und Herrlichkeit. Und er wird senden seine Engel mit hellen Posaunen und sie werden sammeln seine Auserwählten von den vier Winden von einem Ende des Himmels zu dem anderen..."
Da fassten vier Jünger das Feldbett und transportierten ihren schlafenden Herrn ins Haus zurück.

Trotz der späten Stunde waren in Jerusalem noch zwei Personen wach, die wir zu Recht sozusagen vergessen haben: König Herodes Antipas und seine Tochter Salome. Herodes Antipas heiratete in zweiter Ehe Herodias und hierdurch kam Salome in diese Familie. Diesen Umstand hatte Johannes der Täufer kritisiert, so dass der König zu Recht sagen konnte, „soll er doch taufen wen er will, aber was geht diesen Burschen meine Familie an!" Jetzt zergelte (nörgelte) Salome, dass man ihn immer noch nicht erwischt habe.
„Ich kann dir den Kopf dieses Jesus anbieten", schlug Antipas vor, „wenn du so scharf auf Köpfe bist. Kaiphas oder Pilatus würden da wohl mitmachen. Morgen soll ihm der

Prozess gemacht werden. Ich werde Kaiphas anweisen, ihn nach dem Täufer zu befragen."

Am nächsten Morgen kurz nach Sonnenaufgang lud Bauer Simon, nachdem er Johannes den Täufer in den Wald geschickt hatte, Jesus und seine Jünger zum Frühstück ein.

„Nur gesäuertes Brot und Wein", befahl Jesus.

Und so spielte sich jene Mahlzeit ab, die unter dem Namen „Abendmahl" Weltgeschichte gemacht hat.

„Nehmt dieses Brot", sagte Jesus und brach es in Stücke, „esst es und stellt euch vor, dies ist mein Leib."

Sie taten es.

„Nehmt diesen roten Wein", sagte Jesus und goss die Becher halbvoll, „und stellt euch vor, dieses ist mein Blut."

Sie taten es. Aber beides schmeckte ihnen nicht.

„Warum isst und trinkst du nicht mit uns?", fragte Petrus.

„Warum sollte ich?", fragte Jesus zurück, „ich brauche nichts mehr."

„Warum, Herr, bist du da so sicher?", fragte Matthias.

„Weil ich sie schon kommen höre."

„Was hörst du, Herr, wo wir nichts hören?"

„Das Geklapper der Pferdehufe auf der Straße und das Knarren der Räder auf der Straße."

„Was für Räder, Herr?", fragte Simon.

„Die des Gefängniswagens, lieber Freund."

Allen schmeckte es nicht mehr.

„Werdet ihr am Nachmittag", fragte Jesus, „auf Golgatha sein, wenn…?"

„Was ist Golgatha?", fragten einige Jünger.

Sie wurden aufgeklärt. Jetzt rief Jesus Simon den Bauern und beauftragte ihn, seine Jünger, „wenn ich schon unterwegs bin", mit Pferd und Wagen nach Golgatha zu bringen, damit sie rechtzeitig vor Ort sind. Weil Simon kein Geld nehmen wollte, gab Jesus dem Petrus alle Schekel, die er noch locker machen konnte, damit er sie so verstecke, dass sie gefunden werden mussten. Dann hörte auch jeder das

Nahen der römischen Reiterei, welche als Wachmannschaft den „Karren“ begleitete.
„Himmel und Erde werden vergehen“, sagte Jesus, „aber meine Worte werden nicht vergehen.“
Der römische Hauptmann stoppte sein Pferd, das sich aufbäumte und sprang auf den Boden, wo er sich breitbeinig aufbaute, die Hand aufs Kurzschwert legte und barsch fragte:
„Wer ist der, der sich König der Juden nennt?“
„Der ist nicht hier“, antwortete Petrus.
„Nun gut: Wer ist der, der sich Messias, Heiland, Gesalbter und Sohn Gottes nennt?“
Jesus erhob sich:
„Siehe her, Hauptmann, ich bin der Sohn Gottes – Filii autem Dei sum!“
„Du bist ja ein Mensch – Tu es homo!“, rief der Hauptmann.
„Ich bin der Menschensohn“, antwortete Jesus, „ - Ego Filium hominis.“
„Du bist verhaftet“, befahl der Hauptmann, „es von deprenditur, venire!“
Er trat vor und wollte Jesus am Rock packen. Jesus, diesmal wie ein echter Herr auftretend, fuhr ihn an:
„Ich verbitte mir, du Fürstenknecht, wie ein Verbrecher behandelt zu werden!“
Petrus, nie um Worte verlegen, gab noch einen Nachschlag:
„Hauptmann, sorge für dein Seelenheil! Willst du für Tausende Jahre verflucht sein und deine Familie bis ins fernste Glied auch?“
Das traf den Römer vom Kopf bis Fuß! Man hatte ihn gewarnt, dass Jesus über außerirdische Mächte verfüge. Jesus stand schon ungefesselt auf dem Karren und rief mit einer Stimme, die weit bis übers Land klang und auch im Himmel gehört werden müsste, eine letzte Ermahnung an seine Jünger:

„Geht hin in alle Welt und predigt das Evangelium allen Menschen. Wer glaubt wird selig werden. Tut nur Gutes, dann braucht niemand getauft zu werden!"
Man schlug ihm die Tür des Karrens vor der Nase zu, die Fahrt ging los und Jesus hatte Zeit, über den Verlauf dieses Tages nachzudenken.

Das Ende

Ihm nach folgte die Kavalkade des Simon, welcher es sich nicht nehmen ließ, die Jünger nach Jerusalem zu begleiten und, angekommen, Maria, Maria Magdalena und Ermanius aus Bethlehem abzuholen und nach Jerusalem zu bringen.
Bevor wir den weiteren Verlauf des Tages mit seinen Vernehmungen und Verhören bis zum Abmarsch Jesu nach Golgatha erzählen, werfen wir noch kurze Blicke in die vier Evangelien. Diese sind für uns zwar nicht bindend, aber doch lehrreich für die Geschichtsschreibung. Wir zitieren Matthäus, als man Jesus schon gegriffen hatte:
„Zu der Stunde sprach Jesus zu den Scharen: ‚Ihr seid ausgegangen wie zu einem Mörder, mit Schwertern und mit Stangen, mich zu fangen. Bin ich doch täglich bei euch gesessen und habe gelehrt im Tempel. Und ihr habt mich nicht gegriffen. Und das ist alles geschehen, dass erfüllt würden die Schriften und Propheten‘."
Markus schreibt: „Und bald am Morgen hielten die Hohepriester einen Rat mit den Ältesten und Schriftgelehrten, dazu der ganze Rat, und banden Jesus und führten ihn hin und überantworteten ihn dem Pilatus."
Lukas schreibt: „...und fragten ihn: ‚Bist du Christus, sage es uns?‘ Er aber sprach zu ihnen: ‚Sage ich‘s auch, so glaubt ihr‘s nicht; frage ich aber, so antwortet ihr nicht und lasst mich nicht los. Darum von nun an wird des Menschen Sohn sitzen zur rechten Hand des Herrn‘. Da sprachen sie

alle: ‚Bist du denn des Herrn Sohn?‘ Und er sprach zu ihnen: ‚Ihr sagt es, denn ich bin‘s.‘“
Johannes schreibt: „Wer mir dienen will, der folge mir nach, und wo ich bin, da soll mein Diener auch sein. Und wer mir dienen wird, den wird der Herr ehren. Jetzt ist meine Seele betrübt und was soll ich sagen, Herr, hilf mir aus dieser Stunde!“

Eins wird uns allen klar sein: Heute würde sich niemand über einen „Fall Jesus“ aufregen. Doch bilden wir uns nicht ein, so viel toleranter als die Menschen von damals im vorderen Orient zu sein! Zyniker sagten hierzu: „Der Unterschied besteht hauptsächlich darin, dass die Todesstrafe abgeschafft ist!“ Der Autor erinnert sich aus seiner ach so langen Lebenszeit daran, einen katholischen Gemeindepastor kennengelernt zu haben, der sich darüber aufregte, dass in seinen Kindergarten ein vierjähriges protestantisches Kind „gerutscht“ war; oder der evangelische Pfarrer, der sich weigerte, ein drei Monate altes Baby zu taufen, weil seine Eltern nicht kirchlich getraut waren; oder der katholische Geistliche, der die Protestanten der Bundesrepublik als Sekte bezeichnete. Genug davon! Aber: Hätte es das Christentum um 1500 noch nicht gegeben und wäre Jesus erst dann erschienen – sein Schicksal wäre ähnlich verlaufen. Folgen wir jetzt also dem Verlauf jenes Justizverbrechens, dem Jesus zum Opfer fiel – auf den genannten Begriff werden wir noch zu sprechen kommen. Versuchen wir aber vorher noch, die so genannten Ankläger zu verstehen. Sie hatten gewiss Verständnis für die Menge Propheten, Prediger, vornehmlich Chaos-Prediger, Unglücksboten und Heilsbringer, die den vorderen Orient bevölkerten und bisher selten so weit gegangen waren, zu behaupten, von Jahwe, Jehova und dergleichen mehr geschickt worden zu sein, den Teil der Menschheit zu retten, der sich zum rechten Glauben bekannte. (Siehe heutzutage!)

Diese Leute wurden so lange geduldet, bis sie an die Fundamente der Macht rüttelten. Das tat bekanntlich Jesus nicht, wie wir erfahren haben.

Alle Menschen, so wird behauptet, lieben die Wahrheit. Wenn es ihnen dabei ans Leder geht, sieht die Sache schon anders aus. Jedes heutige Gericht hört sich die Einlassungen von Beklagten an, mit denen sie ihre Schuld abzuwälzen, zu verneinen und zu mildern suchen. Jede vernünftige Art von Zeugen beider Parteien werden zugelassen. Der Autor erinnert sich noch an 1954, - just waren nach Hitlers Zeit „normale" Zeiten eingekehrt -, als er im Zeugenstand auf die Frage „wie alt sind Sie?" arglos das Geburtsdatum nannte und schnauzend belehrt wurde, dass der Richter „Jahre, Monate und Tage" wissen wollte. Wie mag, lautet die logische Frage, der Ton der Richter gegenüber Zeugen und Beklagten vor 2.000 Jahren gewesen sein?

Die lapidare Berichterstattung der Autoren der vier „gültigen" Evangelien verschweigt, ob Jesus sich über zwei Fehler der Prozessführung gegen ihn beschwert hat. Das war, dass keine Zeugen „für" ihn auftraten und dass die Prozessregel grob verletzt wurde – indem an einem Tag, ohne eine Nacht dazwischen, Verurteilung und Vollstreckung durchgeführt wurden. Darum unser Hinweis „oben" namens Justizverbrechen!

* * * * * *

Jesus saß also tief in der Bredouille! Auf Simons Hof war er noch stark genug gewesen, wenigstens erschienen, die Bürde der Menschheit auf sich zu nehmen. Auf der Fahrt in der Armesünderkarre waren die ersten Zweifel aufgetaucht, ob sich solch ein Opfer lohne. Je mehr er jetzt jene Menschen kennenlernte, die ja auch Nutznießer und Gewinner seines Opfergangs sein würden, desto mächtiger krochen ihn die Zweifel an, es nicht zu tun und sich eine Verteidi-

gung zurechtzulegen, welche auch den gelehrtesten Schriftgelehrten zum Lehrling verblassen würde.
„Ich brauche nur“, dachte Jesus jetzt, wo er auf seine erste Vorführung entweder beim Präfekten und beim Sanhedrin wartete, „ich brauche nur alles Vorherige zu widerrufen, mich in der Rede zu mäßigen und zuzugeben, mich in Sachen des Herrn und der armen Leute geirrt zu haben.“
Bei diesen Gedanken hatte Jesus das Gefühl, vom Herrn missbilligend betrachtet zu werden.
„Also das ist nichts“, überlegte er weiter, „doch würde ich dann wohl weiter predigen können, wenn auch in anderen Themen.“
Bei diesen Gedanken hatte Jesus das Gefühl, vom Herrn verachtungsvoll betrachtet zu werden.
„Also auch das ist nichts“, überlegte er weiterhin und suchte nach Möglichkeiten, unsterblich zu werden, und so fiel ihm ein, dass er ja schon auf bestem Weg dazu war: Nämlich diesen Kreaturen vom Sanhedrin, Hohen Rat und Tempelpolizisten zu zeigen, „wo der Weg langgeht und am kürzesten zum Herrn führt“. Bei dieser Einschätzung hatte Jesus das Gefühl, vom Herrn hochachtungsvoll betrachtet zu werden. Also:

„Näher, Herr, dir!“

„Komm, Herr, der Präfekt will dich sprechen.“
„Bringt mir erst einen neuen Haik, diesen habe ich auf eurem Mistkarren beschmutzt, so kann ich nicht zum Präfekten gehen.“
Nach wenigen Minuten kam Kaiphas, einen neuen Mantel unterm Arm, aber dennoch lamentierend:
„Du stellst hohe Ansprüche, als wärst du der König der Juden?“
Und bewarf Jesus mit dem Kleidungsstück.
„Du solltest nicht so sicher tun, Hoherpriester. Denk erstens an dein Seelenheil und dass du auf tausend und mehr

Jahre verflucht sein kannst und zweitens, dass der Präfekt, zu dem ich jetzt gehe und der baumhoch über dir steht, mir gnädig, das heißt vernünftig gesonnen ist. Und drittens sage ich dir, dass du deinen Polizisten, Wächtern und Knechten befehlen sollst, dass ich nicht verhöhnt, bespuckt, gegeißelt und gequält werde."
„Bist du ein König, dass ich dir gehorche?"
„Ich bin mehr als ein König, du bist nur Hoherpriester, ein Titel, den der Herr nicht ausstehen kann."

Pontius Pilatus war schlecht aufgelegt, weil kurz vorher Antipas ihn besucht und nach dem Verbleib Johannes des Täufers gefragt hatte.
„Unter deinen Jüngern, Jesus Christus", fragte er, „soll sich ein Johannes befinden. Ist das der gesuchte?"
„Nein", antwortete Jesus, „nur ein Namensvetter, Präfekt."
„Weißt du etwas über den gesuchten Johannes?"
„Ich weiß nur, dass er untergetaucht ist."
„Ich kann in das kommende Urteil des Sanhedrin über dich eingreifen", lockte Pilatus, „wenn du mir mitteilst, wo er zu finden ist."
Jesus schwieg.
„Nun? Du deckst ihn? Warum?"
Hier war nun der Scheitelpunkt seiner Angelegenheit erreicht, wusste Jesus. Die letzte Chance sozusagen - „verraten oder nicht verraten" lautete die Frage.
„Weil ich nicht möchte", sagte Jesus fest, „dass ein guter gottesfürchtiger Mann wegen der Laune einer Dirne, die man in Rom Flittchen zu nennen pflegt, seinen Kopf verlieren soll."
„Dirne, Flittchen?"
„Ja, Prokurator, sie prostituiert sich vor Männern, wenn sie tanzt. Und ich glaube nicht, Herr Pilatus, dass du einem königlichen Hampelmann wie Antipas zu Diensten sein solltest."

„Was ficht dich an, Jesus, mir Vorschläge zu machen. Bis du etwa ein König?“
„Ja, aber einer ohne Königreich, Herr.“
„So hüte dich, einer ohne Kopf zu werden!“
Pontius Pilatus sah aus, als müsse er noch über eine Sache nachdenken, tat das dann auch und fragte brutal:
„Was wird aus deinen Jüngern, wenn der Sanhedrin dich schuldig spricht?“
„Sie gehen hinaus in alle Welt.“
Wieder dachte der Präfekt nach, aber seine Entscheidung war längst gefallen.
„Hast du noch einen Wunsch, Jesus Christus?“
„Noch zwei, Herr. Einen für meine Jünger, einen für mich.“
„So nenn sie jetzt, ich habe wenig Zeit.“
„Dass meinen Jüngern nichts geschieht und dass ich nicht geschunden, gegeißelt und von den Knechten des Tempels und des Hohen Rates nicht verhöhnt und ans Kreuz nur gebunden, nicht genagelt werde.“
„Bescheidene Wünsche, du Sohn des Herrn. Aber sie sind gewährt.“
„Versprochen?“
„Versprochen!“
Auch Pontius Pilatus schien zu spüren, dass heute ein Tag war, der sein Schicksalsjahr werden konnte. Er ließ für sich und Jesus verdünnten Wein kommen und nachdem beide je einen Schluck genommen hatten, begann er jovial zu werden:
„Versteh mich doch, Jesus, dass ich es hier nicht leicht habe. Hier in diesem Palästina prallen zwei unterschiedliche Kulturen aufeinander, wir Römer sind und ihr Juden seid die einzigen Kulturträger ums Mare Nostrum herum, die sich der allumfassenden griechischen Kultur verweigern. Wir Römer haben unsere Götter….“

„Nicht lange mehr, denn in Rom mausern sich die Christen. Weißt du übrigens, dass ich und der Kaiser Tiberius so etwas wie Freunde sind..."
„...ihr Juden haben euren einzigen Gott Jahwe. Warum kommst du dazwischen?"
„Ich bin der Gesandte des Herrn."
„Warum hast du nicht bis nach dem Passahfest gewartet, Jesus? Jetzt ist das Volk leicht aufzuregen."
„Es wird vom Sanhedrin künstlich erregt."
„Du kennst doch die Regel: ‚Wer einen Tumult erregt und das Volk verhetzt, kann gesteinigt werden'. Zumal wenn er eine neue Sekte oder Religion einzuführen gedenkt. Ich werde also deinen Fall dem Sanhedrin übergeben und hoffe, dass du mit den Herrschaften dieser feinen Gesellschaft zurechtkommst."

* * * * * *

„Dieser verdammte römische Kaiserknecht", dachte, aber sagte nicht Kaiphas zum Vorsitzenden des Sanhedrins Hannas. Laut aber sagte er:
„Es sieht nicht gut aus für unsere Sache. Wenn der Präfekt sich mit einem Gefangenen lange unterhält, wird dieser meist freigesprochen und entlassen."
„Das gebe Jahwe nicht", brummte Hannas.
Im gleichen Moment kam der Bote und brachte Kaiphas zum Prokurator. Der Hohepriester kehrte nach einer Weile zurück und machte gleichzeitig ein trauriges und glückliches Gesicht und verkündete:
„Wir haben ihn, er ist erledigt."
Ein Ratsbote hatte Jesus herbeizuholen, und in der Zwischenzeit berichtete Kaiphas seinen Spießgesellen:
„Der Prokurator ist zwar nach wie vor der Meinung, dass Jesus ein harmloser Mensch sei, hat aber erklärt, er wolle nicht schuldig werden und hat uns den Fall überlassen.

Sollen wir es zügig angehen oder dem Messias eine Chance lassen?“
„Eine Chance lassen“, rief Hannas, „frag ihn klipp und klar, ob er der König der Juden sei. Auf seine Antwort kommt es an...“

Jesus wurde vorgeführt und betrat den Raum mit der Gewissheit, dass er von hier seinen letzten Gang antreten würde. Es war schon bekannt geworden, dass man ihn geziemend zu behandeln hatte. Die Wachsoldaten schubsten ihn nicht und schienen zu glauben, dass die schon angelaufenen Arbeiten zur Kreuzigung eingestellt werden würden. Es war nachmittags 2 Uhr geworden. Viele schaulustige Menschen waren zum Mittagessen heimgegangen, andere waren sowieso nicht mehr interessiert, weil ja aller Rabatz abgesagt war. Jesu Jünger sättigten sich an einem Marktstand, Maria Magdalena und Maria waren bei Freunden untergekommen und Ermanius wich keinen Schritt von Maria, welche zusehends zu verfallen drohte. Werte Leserschaft, vermagst du dich in die Rolle dieser braven Frau zu versetzen? Es gab auch damals nicht viele Mütter, welche der Hinrichtung eines Sohnes zuschauten! Sie war jetzt kurz vor 60 und gedachte überhaupt nicht, diesen Tag überleben zu wollen. Maria Magdalena, wirklich eine „tolle Frau“, trug zwei Tonflaschen und zwei Becher an Schnüren über der Schulter, so dass sie wie eine Marketenderin aussah (frühere Soldatenbewirterin) – aber sie hütete sich, von ihren Getränken auszuteilen!

Der Rat forderte Jesus auf:
„Wenn du der Christus bist, dann sag es uns.“
„Mein Name ist Jesus Christus“, antwortete Jesus und fügte hinzu, „der Menschensohn wird heute an der rechten Seite des mächtigen und rechten Herrn Platz nehmen.“

Jesus schien nichts unternehmen zu wollen, die Stimmung zu lockern. Er fügte hinzu:
„Selbst wenn ich es euch sagen würde, ihr würdet es auf keinen Fall glauben. Und würde ich euch etwas fragen, würdet ihr nicht antworten."
Also wieder eine von Jesu undurchsichtigen Entgegnungen, mit denen seine Verhörer nichts anfangen konnten.
„Du bist Jude", sagte Hannas, der durchaus ein Quentchen Sympathie für Jesus aufbringen konnte, „deine Anhänger sind Juden, du predigst vor und für Juden und forderst von ihnen, auf vieles zu verzichten, das seit Tausenden von Jahren das Judentum ausmacht. Du bist kein Heilsbringer, bringst aber Unheil."
„Du hättest", fügte Kaiphas hinzu, „dich auf Galiläa beschränken sollen, auf Nazareth und rund um den See Genezareth, woher du stammst. Warum bist du nach Jerusalem gekommen?"
„Weil diese Stadt das neue Sündenbabel geworden ist und der Herr mich geführt hat."
„Welcher Herr? Du sprichst immer vom Herrn, wir kennen diesen nicht."
„Gerade darum bin ich gekommen, Hoher Rat."
„Wir wollen uns von dir nicht belehren lassen", keifte Hannas.
„Ihr müsst es jetzt aber", rief Jesus aufgebracht, „es sei denn, ihr reißt mir die Zunge heraus."
„Das könnte geschehen..."
Aber da legte Jesus schon los zu einer Rede, die man heute als Schimpfkanonade bezeichnen würde:
„Wehe euch, Schriftgelehrte und Pharisäer, ihr Heuchler, die ihr die Becher und Schüsseln außen sauber haltet, innen aber den Dreck kleben lasst! Wehe euch, Schriftgelehrte und Pharisäer, die ihr den übertünchten Gräbern gleich seid, welche auswendig hübsch erscheinen, aber inwendig sind sie voller Totengebeine und Unflats. Weh euch, Schriftge-

lehrte und Pharisäer, ihr Heuchler, die ihr der Propheten Gräber baut und schmückt der Gerechten Gräber und sprecht, ‚Wären wir zu unserer Väter Zeit gewesen, so wollten wir nicht teilhaftig sein mit ihnen'. Ihr Schlangen- und Otterngezücht! Wie wollt ihr der höllischen Verdammnis entrinnen!"
Sie antworteten nicht, waren auch nicht empört, weil ihnen doch sicher schien: „Wer so mit uns redet, ist entweder nicht bei Verstand oder des Todes würdig". Abschließend und erregt, dass ihm das Blut zum Kopf stieg, stieg auch sein Diskant:
„Oh du Jerusalem, die du tötest die Propheten und steinigst, die zu dir gesandt sind – wie oft habe ich deine Kinder versammeln wollen, wie eine Henne ihre Küken zu versammeln pflegt, aber ihr habt nicht gewollt. Sehet, euer Haus soll auch wüst gelassen werden! Denn ich sage euch: Ihr werdet mich von jetzt an nicht sehen, bis ihr sprecht: ‚Gelobt sei, der da kommt im Namen des Herrn!'"

Im Namen des Herrn, den sie nicht kannten, wollte der Hohe Rat nun endlich zum Abschluss kommen.
„Der Präfekt", sagte Kaiphas, „hat dir den Namen INRI gegeben und hält dich dadurch vielleicht für den König der Juden. Ich frage dich, Jesus Christus, bist du der König der Juden?"
„Ehe du antwortest", rief Hannas aufspringend, „bedenke die Wucht dieser Frage: Der Anspruch, Messias oder Gesalbter zu sein, also der das Volk Israel zum Heil führt, ist eine Provokation. Denn damit wäre derjenige die oberste Autorität des Judentums. Wir werden das nicht gern vernehmen, aber die Römer werden erboster sein als wir. Bedenke also deine Antwort, Jesus von Nazareth!"
„Ich wiederhole hiermit meine Frage, Jesus: Wenn du der Christus bist, dann sag es uns, jetzt hier und heute."
„Ich bin es!"

* * * * * *

„Er hat gestanden!“
„Das Urteil ist gefallen!“
„Er wird gekreuzigt!“
„Gleich geht es los!“
„Wurde auch Zeit, mein Abendessen wartet.“
„Die Gerechtigkeit hat gesiegt.“
„Statim crucifige illum – kreuzigt ihn sofort!“
„Crucifigerent – ans Kreuz mit ihm!“
„Justitia obtinet – die Gerechtigkeit siegt.“
„Vido, vir justus – seht, nur ein Mensch!“
Rufe nur, aber das Volk hielt sich zurück. Schmährufe nur? Nein, aber die anderen gingen unter, weil zu leise gerufen. Es war 6 Uhr abends, in zwei Stunden würde es dunkel sein. Maria und Ermanius waren schon vor Ort auf Golgatha. Maria hatte schon drei Stunden kein Wort gesprochen, Ermanius hatte ihr einen Hocker besorgt, damit sie nicht körperlich zusammenbrach.
„Ich bin so stolz auf ihn“, sagte sie, als die Gruppe heraufkam und die Knechte sich fertig machten und Ermanius dasselbe sagte. Entdeckte, dass die Knechte am Stamm in halber Höhe seitlich zwei Brettchen angeschlagen hatten, und er wusste sofort Bescheid, was sie bedeuteten: Auf ihnen sollte Jesus stehen, er würde also nicht am Kreuz hängen! Hier jene paar Worte, die längst erwartet werden: Was hat es mit den beiden anderen Delinquenten auf sich, die laut schriftlicher Überlieferung rechts und links neben Jesus gekreuzigt und von uns noch mit keinem Wort erwähnt wurden? Unsere Antwort ist einfach und eindeutig: Wir glauben nicht an sie! Sie sind nach unserer Meinung eine Erfindung geschickter Literaten, die wussten, wie man Aufmerksamkeit erregen kann.

Es gab noch zwei Erleichterungen für den Delinquenten: Er trug zwar die ihm zugedachte Krone, - war er doch ein König! -, aber Maria Magdalena, ein perfekter Tausendsassa unter den Frauen hier, hatte an der Kopfseite die Dornen abgezwackt, so dass sie nicht in den Kopf stechen konnten. Niemand hinderte sie daran, als sie aus einem ihrer Tonflaschen ihm einen Trunk gab und sagte „nimm es, es wird dir dann leichter".
„Gib mir auch einen Schluck, Weib", sagte ein Soldat, der eigentlich das Amt der Geißelung auszuführen hatte und nun zornig war, weil es ja ausfiel, „meine Arbeit ist auch schwer genug."
Maria Magdalena goss ihm aus der zweiten Flasche ein – niemand fand Auffälliges dabei, dass dieser Soldat nach getanem Dienst zu Hause zusammenbrach und starb.

Es heißt bei dieser Art der Hinrichtung immer, „er muss sein Kreuz tragen". Das ist nur halb wahr, denn auch das stärkste Opfer kann kein komplettes Kreuz tragen, man halst ihm nur den Querbalken auf. Jesus weigerte sich, auch dies zu tun, und sofort kamen seine Jünger herbei, diese Last zu übernehmen. Einige mutige Christen Jerusalems schritten der Gruppe voran, murmelten Gebete wie „Herr, sei gnädiglich" und „erbarme dich seiner" und sangen ein neues Lied:

„Allein zu dir, Herr Jesus Christ,
meine Hoffnung steht auf Erden,
ich weiß, dass du mein Tröster bist,
kein Trost mag mir sonst werden.
Von Anbeginn ist nichts erkoren,
auf Erden ist kein Mensch geboren,
der mir aus Nöten helfen kann..."

Oben angekommen, lieferte man Jesus ab und übergab ihn den Henkersknechten. Er ging zu Maria, die sich erhob und ihn umarmte.

„Verzeih mir, Mutter“, sagte Jesus, „dieses Leid, das ich dir antue.“
„Es ist kein Leid, mein Sohn, ich bin stolz auf dich. Wir sehen uns wieder.“
Jesus wandte sich den drei stumm stehenden Knechten zu und segnete sie:
„Der Herr wird euch verzeihen.“
Dann dankte er Ermanius und den Jüngern, segnete auch sie, nahm den Becher Maria Magdalenas, leerte ihn in tiefen Zügen und rief laut in den beginnenden Abend:
„Geht hinaus in alle Welt und berichtet von diesem Abend – der Herr sei mit euch jetzt und immerdar bis an der Zeiten Ende!“
Man bemerkte, dass ihm das Reden schwer fiel, als er, schon Querbalken hängend, seine letzten berühmt gewordenen Worte sprach:
„Vater, du hast mich nicht verlassen und .. in … deine …. Hände ….. lege …… ich ……. meinen …….. Geist!“
Da rastete der Querbalten in den Stehbalken ein und das nun fertige Kreuz rutschte ins vorbereitete Erdloch. Erde nachgefüllt und festgetreten, es stand wie eine Eins!
„Er wird es nicht lange machen, liebe Frau“, sagte der römische Centurio der Wache zu Maria, „wenn er tot ist, kannst du ihn durch die Leiter dort abhängen lassen und mitnehmen. Ich danke dir, dass du und deine Begleitung keine Schwierigkeiten gemacht haben.“
Da war Jesus Christus schon tot und Maria Magdalena warf ungesehen, weil es rasch dunkelte, ihre beiden Tonflaschen fort den Abhang hinab. Der Stern von Bethlehem/Nazareth, der bis zu Jesu Aufrichtung schon aufzuleuchten begonnen hatte, war erloschen. Die Menge der Leute verlief sich und ließ Maria, Maria Magdalena, Ermanius und die zwölf Jünger zurück. Nach einer Stunde holte Ermanius die Leiter, stellte sich ans Kreuz, stieg auf, befühlte Jesus, stieg ab und verkündete:

„Unser Herr ist tot. Maria, wir sollten ihn abnehmen und zur Beisetzung nach Hause oder in unser Kirchlein tragen.“ Das geschah, ohne dass jemand sie hinderte, und als sie Jesus in die Grabkammer legten und diese zugedeckt hatten, „auf dass niemand weiß, wo er geblieben ist“, begann der Stern über der Kapelle zu glimmen und dann so aufzuleuchten, dass sein Licht für Tausende Jahre ausreichen wird. Er soll, heißt es, noch immer jedem leuchten, der des Herrn und gläubig genug ist…

Es ist noch eine Bilanz zu ziehen: Zweitausend Jahre Christentum! Das liest sich, als wenn Jesus Christus und der Herr einen Riesenerfolg feiern könnten. Aber Zahlen sind unbestechlich und täuschen nicht. Heute soll es, bei 9 Milliarden Erdbewohnern, ungefähr 2,5 Milliarden Christen geben. Wir meinen: Nach zweitausend Jahren Verfolgungen beider Seiten, Millionen unschuldiger Opfer, Milliarden Stunden mühsamer Missionsarbeit, Tausender Scheiterhaufen und Millionen Folterungen religiöser Art und ebensolcher Spaltungen und Trennungen ist das eine äußerst magere Bilanz – eigentlich ein Bankrott! Denn nach dem, was wir hier in unserer Abhandlung erfahren haben, kann Jesu Ziel, wenn er befahl „Geht hinaus in alle Welt“, ja nur gewesen sein, „alle Welt“ Christen werden zu lassen! Und das ist eindeutig misslungen...

E N D E

Autoren- und Verlagshinweise

Lektorat: Ilka Wallmeyer-Rohdich, Greven.
Dieses Buch ist auch als E-Book erhältlich.
Die Abbildungen stellte Pixabay zur Verfügung, Autor und Verleger danken.

Der Autor macht auf sein weiteres biblisches Werk aufmerksam, das im gleichen Verlag erschienen ist und als Taschenbuch und als E-Book zur Verfügung steht: Es heißt „Die ganz neue Darstellung der Schöpfung", ISBN 978-3-96103-203-7.

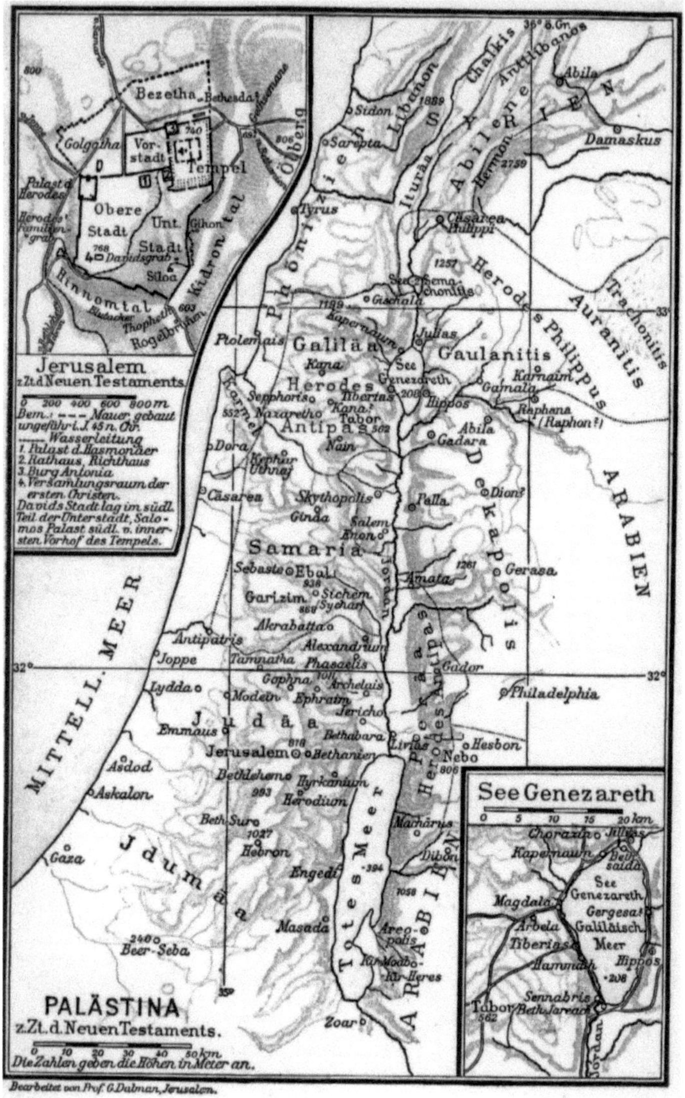

PALÄSTINA
z.Zt.d. Neuen Testaments.

Bearbeitet von Prof. G. Dalman, Jerusalem.